個人旅行主張

有人在旅行中享受人生，
有人在進修中順便旅行。
有人隻身前往去認識更多的朋友，
有人跟團出國然後脫隊尋找個人的路線。
有人堅持不重複去玩過的地點，
有人每次出國都去同一個地方。
有人出發前計畫周詳，
有人是去了再說。
這就是面貌多樣的個人旅行。

不論你的選擇是什麼，
一本豐富而實用的旅遊隨身書，
可以讓你的夢想實現，
讓你的度假或出走留下飽滿的回憶。

有行動力的旅行，從太雅出版社開始。

個人旅行
109

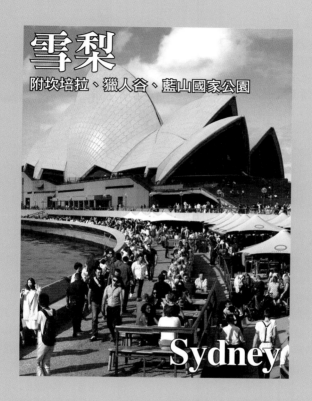

雪梨

附坎培拉、獵人谷、藍山國家公園

Sydney

作者◎ Mei

太雅

個人旅行 *109*

雪梨
附坎培拉・獵人谷・藍山國家公園

【目錄】

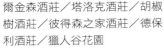

如何使用本書

本書精采單元：風情掠影、分區導覽、熱門景點、逛街購物、特色餐飲、住宿情報、旅遊黃頁簿以及深度報導，一網打盡個人旅遊所需。

先作功課的：

【風情掠影】描繪雪梨生活的各個面向，從歷史、生態、美食、必買伴手禮、行程與預算規畫等介紹，讓讀者事先預習城市特色與風情。

【旅遊黃頁簿】從行前資訊到當地旅遊概況，讓讀者做好準備再出發。

邊走邊看的：

【行程建議及時間表】每分區備有精心安排的行程表，輕鬆掌握旅遊節奏，減少無謂的時間虛擲。

【熱門景點】詳盡介紹雪梨重要景點、特色小區，讓讀者知道該怎麼去、該怎麼玩，隨時發現旅遊驚喜。

【分區地圖與主題地圖】本書提供各分區地圖及主題旅遊地圖，共計24張，羅列書中景點及城市位置，只要按圖索驥便能找到目的地。

【旅行小抄】【玩家交流】【知識充電站】為讀者設身處地設想，提供當下極想立刻了解的旅遊背景及TIPS資料。

【深度特寫】透過作者多年的旅遊功力，歸納出單一主題的雪梨旅遊重點，讓讀者能從不同面向切入，讓雪梨之旅更深入、寬廣。

需要時查詢的：

【逛街購物】【特色餐飲】【住宿情報】吃喝玩樂、血拼、住宿好所在，包括營業時間、價位、交通方式等資訊，滿足讀者全方位的旅遊享受。

【全書地圖目錄】列出全書地圖所在頁碼，協助讀者快速索引所需地圖。

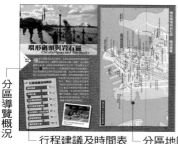

分區導覽概況　行程建議及時間表　分區地圖

知識充電站　深度特寫專題

熱門景點　玩家交流　旅行小抄

逛街購物　特色餐飲

作者序

還記得第一眼望見雪梨大橋及雪梨歌劇院的雀躍，當這兩大地標變成我日常進城的交通幹道和觀賞表演的功能性場所，每見各地遊客興奮地拍照留影，不免覺得自己能居住於令人嚮往的城市是何其幸運。

雪梨有山有海、特殊動植物、豐富的藝文活動、熱鬧的體育賽事、多元的文化、各國美食及三不五時舉辦的大小節慶，這是一個可以滿足不同遊客需求的多面向城市，我期待讀者能透過此書的介紹，順心規畫行程，並納入團體旅遊時總會忽略的景點，像是逛逛特色小區及市集、在沙灘邊大啖炸魚薯條或是搭上渡輪漫遊雪梨灣，用自己的步調感受雪梨的美好！

在此感謝我的另一半HS的全力支持，擔任我出遊的司機及伙伴、協助我了解體育賽事，更重要的是，在我趕稿之際一手包攬所有家事，讓我能在全職工作之餘完成此書。

關於作者　Mei

在數字圍繞的工作環境中打滾多年，打工度假開放初期來到澳洲，對當地工作／休閒平衡的生活方式感到認同而決定定居。目前居住在雪梨灣北岸樹多、鳥多、野兔多的郊區，全職進口採購，業餘時蒔花弄草，旅遊癮一來便想請假整裝上路的壞習慣難改，秉持行前細心規畫、旅程中彈性調整的原則，曾在歐、美及亞洲多國自助旅遊；熱愛雪梨的一切，100%市集控一枚，對於純手工、當地限定、排隊商品和美食免疫力極低，發現隱藏版景點時則欣喜難掩，行事曆上總是標示著欲參與的節慶活動，願望是讓所有人發現雪梨的美好。在雪梨開心玩耍、過日子的同時，懷抱著提前退休後旅居世界各地的美夢。

編輯室提醒

出發前，請記得利用書上提供的Data再一次確認

每一個城市都是有生命的，會隨著時間不斷成長，「改變」於是成為不可避免的常態，雖然本書的作者與編輯已經盡力，讓書中呈現最新最完整的資訊，但是，我們仍要提醒本書的讀者，必要的時候，請多利用書中的電話，再次確認相關訊息。

資訊不代表對服務品質的背書

本書作者所提供的飯店、餐廳、商店等等資訊，是作者個人經歷或採訪獲得的資訊，本書作者盡力介紹有特色與價值的旅遊資訊，但是過去有讀者因為店家或機構服務 態度不佳，而產生對作者的誤解。敝社申明，「服務」是一種「人為」，作者無法為所有服務生或任何機構的職員背書他們的品行，甚或是費用與服務內容也會隨時間調動，所以，因時因地因人，可能會與作者的體會不同，這也是旅行的特質。

新版與舊版

太雅旅遊書中銷售穩定的書籍，會不斷再版，並利用再版時做修訂。通常修訂時，還會新增餐廳、店家，重新製作專題，所以舊版的經典之作，可能會縮小版面，或是僅以情報簡短附錄。不論我們作何改變，一定考量讀者的利益。

票價震盪現象

越受歡迎的觀光城市，參觀門票和交通票券的價格，越容易調漲，但是調幅不大(例如倫敦)，若出現跟書中的價格有微小差距，請以平常心接受。

謝謝眾多讀者的來信

過去太雅旅遊書，透過非常多讀者的來信，得知更多的資訊，甚至幫忙修訂，非常感謝你們幫忙的熱心與愛好旅遊的熱情。歡迎讀者將你所知道的變動後訊息，善用我們提供的「線上讀者情報上傳表單」或是直接寫信來taiya@morningstar.com.tw，讓華文旅遊者在世界成為彼此的幫助。

太雅旅行作家俱樂部

內文資訊符號

$ 價格，費用	http 網站
✉ 地址	@ email
☎ 電話	➡ 前往方法
⏰ 營業時間	MAP 地圖
⁉ 注意事項	

地圖資訊符號

🎡 旅遊景點	🚌 巴士站	🌉 橋	公園·綠地
🍴 餐廳	✈ 機場	🚶 步道	河川·湖泊
🛍 購物商店	⚓ 渡輪碼頭	ℹ 遊客中心	鐵路
🛏 旅館住宿	🚡 纜車	T 火車站	高速公路、高架橋
		L 輕軌站	一般道路

看懂雪梨標誌

要找不起眼的火車站入口，先找T標誌準沒錯，租車自駕看不懂停車標誌可要小心違規停車的罰款，鄉間路旁繪有動物圖案的路標可不是提醒你停車觀賞小動物，到海邊要先認清安全水域範圍才能安心戲水，看懂各項標誌讓你的雪梨旅遊行程更順暢！

火車及輕軌站標示

利用T標誌找到火車站，
用L標誌找到輕軌站。

停車標誌

A. 45度斜角停車，限6公尺以下的小客車
B. 左側道路全時段禁止停車
C. 右側道路週一～五08:00～18:00，最長可停車2小時，需購買停車券放置車內方向盤前，以待查驗
D. 右側道路週一～五18:00～22:00，最長可停車4小時，需購買停車券放置車內方向盤前，以待查驗

*1：其他未標明要購票的時段免費停車
*2：D部分08;00～22:00沒有寫時間，原是假日停車需收費，後已取消，所以也可免費停車

過路費標誌

搭乘計程車或是自駕開車時，經過有e標誌的路段需繳交過路費，依時段收取AU$2.8～6不等，多採電子收費，故不需停車，租車公司會從信用卡扣款。

行人按鈕

過馬路要按鈕後等交通號誌轉換。

出口及機場候車月台

Way Out是出口(Exit)的意思，飛機標誌指向前往機場的候車月台。

小心袋鼠

澳洲鄉間道路旁的
道路標誌,提醒駕
駛小心袋鼠出沒。

澳洲生產標籤

購買紀念品請認明
產品標籤,確定為
在地生產製造。

海灘安全水域

紅黃旗之間為戲水
安全水域,衝浪則
需在旗外範圍

烤香腸(Sang)

澳洲俚語Snag即為香腸
(Sausage)。

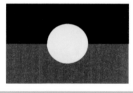

火車座位可旋轉

火車的座位可以自行調整方向,
若結伴旅行可使用。

免費BBQ檯

部分公園設有BBQ檯,可免費
使用。

澳洲原住民國旗

法定的澳洲原住民國旗,國慶日
時雪梨大橋上會掛澳洲國旗和澳
洲原住民國旗,原住民慶典活動
或是紀念品店會看見。

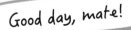

Good day, mate!

澳洲人打招呼常用語

雖然不是標誌,但在路上會常常
聽到有人這樣跟你打招呼。

新南威爾斯州政府標示

NSW代表新南威爾斯州(New
South Wales),雪梨為其首府。

雪梨 *Sydney*
風情掠影

穿梭雪梨的歷史隧道

原住民夢時代

夢時代(The Dreaming)是澳洲原住民代代相傳的創世傳說,天地元始,渾靈無物,直至潛伏地底的神靈復甦始幻化為山川、植物、動物、人類等萬物形態,因此在其文化裡,人類與自然出於同源、密不可分;人類學研究則顯示,第一批原住民於5萬多年前冰河時期從東南亞遷移至此,其生活在雪梨灣一帶的後代為依歐拉(Eora)族,共有29個部落,人數約4,000~8,000,其中蓋蒂高(Gadigal)部落在今日環形碼頭、岩石區一帶過著質樸的漁獵生活。

岩石區發現博物館裡的依歐拉原住民捕魚圖示

第一艦隊開始英國殖民時期

1770年,英國詹姆斯庫克船長(James Cook)乘著奮進號航行至澳洲東南部的植物學灣(Botany Bay),留下了詳細的航海資訊;1783年,美國在獨立戰爭中獲勝,英國無法繼續將罪犯流放北美,導致英國監獄大爆滿,偏遠的澳洲成為大批罪犯流放的最佳替代地點。

位於雪梨博物館的第一任總督亞瑟菲利浦船長畫像

1787年,亞瑟菲利浦船長(Arthur Phillip) 率領第一艦隊自英國樸茲茅斯(Portsmouth)出發,11艘船上共有775名罪犯及645名官員、船員、海軍、家屬,依循庫克船長的航海路線於1788年1月20日到達植物學灣,風浪大、港灣淺的植物學灣不適合落腳,多日考察附近港灣後,菲利浦船長選擇了北邊港深、風浪平靜且有清水的灣澳,以

14

促進殖民地成立有功的英國政治家Lord Sydney命名為雪梨灣。1月26日第一艦隊駛進今環形碼頭一帶，菲利浦船長將英國國旗插在伊歐拉族人生活的土地上，宣示英國殖民地主權，該日為澳洲國慶日(Australia Day)，對原住民來說則是受侵略日(Invasion Day)。

海德公園營區的博物館壁畫《殖民的到來》

澳洲原住民國旗以原住民黑色和大地紅色各占據上下兩半，中間為黃色的太陽，於1971年由Harold Joseph Thomas設計，是澳洲官方旗幟之一

殖民初期與蘭姆酒革命

1788～1793年，菲利浦船長擔任新南威爾斯州第一任總督，英國視雪梨為流放罪犯的海外監獄，並未給予太多的物資補助，菲利浦總督試圖在今皇家植物園一帶設立農場，因土壤貧瘠而失敗，殖民地糧食供給不足，幸虧在雪梨灣西邊的帕拉瑪塔(Parramatta)一帶的農作收穫較佳，飢荒危機才得以舒緩。

1790、1791年，第二、第三艦隊先後抵達雪梨，送來了更多流放罪犯，1793年菲利浦總督卸任時，雪梨殖民人口4,200多人，其中3,000餘人為罪犯。1795～1800年繼任的第二任總督John

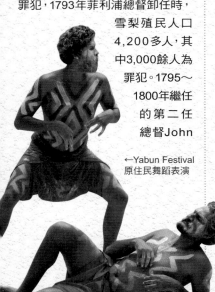

←Yabun Festival 原住民舞蹈表演

Hunter、1800～1806年的第三任總督Philip Gidley King、1806～1808年的第四任總督William Bligh的行政權受到新南威爾斯軍團(New South Wales Corp)壓制。

新南威爾斯軍團原為維持殖民地秩序而設置，但是願意來偏遠殖民地的軍人素質偏差且多犯過軍法，軍團在新殖民地反而成為秩序的破壞者，軍團長隨意封地給部下，掌握重要資源、濫用罪犯勞力開墾私人土地、走私蘭姆酒牟利，因此有蘭姆酒軍團稱號。幾任總督試圖改革不果，1808年軍團叛變，總督William Blight遭攻入總督府的軍人拘禁，為澳洲史上唯一的軍事叛變，稱為蘭姆酒叛變(Rum rebellion)，殖民初期雪梨在饑荒與行政權不彰的情況下並無顯著的發展。

豎立在海德公園外的麥奎里總督雕像

因應淘金熱成立的雪梨鑄幣廠，是英國皇家鑄幣廠第一個海外分廠

罪犯曾是出身不名譽的印記，今日澳洲人體認流放罪犯對雪梨早期發展功不可沒，皆以擁有罪犯祖先血統為榮。

麥奎里總督時期

　　1810～1821年，麥奎里總督(Governor Lachlan Macquarie)任期的11年期間是雪梨發展的重要時期，麥奎里總督對於流放罪犯較有同情心，且給予許多罪犯自由人的身分，有效地將罪犯勞力及專業技能發揮在雪梨道路、橋梁、燈塔等公共建築興建上，雪梨城市漸漸成型，1822年麥奎里返回英國時，雪梨已不同於11年前以懲罰罪犯為目的的落後地區；流放

淘金熱

　　1840年英國停止對雪梨流放罪犯，1842年雪梨市正式成立，1851年雪梨西部的巴佛士(Bathurst)發現金礦，大批懷抱淘金夢的移民湧入，通勤鐵路、雪梨大學、美術館、公共圖書館等經濟、教育、文化上的建設也隨著淘金熱扶搖直上，到了1871年，雪梨人口增長到20萬。

澳洲聯邦成立

　　1901年1月1日，隸屬英國的6個自治殖民地組成澳洲聯邦，除了雪梨所在的新南威爾斯州納入澳洲聯邦，其他5州為墨爾本所在的維多利亞州、布里斯本所

營區博物館是世界文化遺產、澳洲罪犯遺址群之一

在的昆士蘭州、西澳、南澳、塔斯馬尼亞。聯邦政府成立後的30年間，雪梨興建了新的碼頭、高樓建築、道路擴張、電氣鐵路、月神公園(Lunar Park) 開張，雪梨大橋(Sydney Harbou Bridge)經過8年的建造，亦在1932年經濟大蕭條的氛圍中完工。

二次世界大戰至今日

1945年雪梨街頭擠滿歡慶二次大戰結束的興奮人潮，戰後嬰兒潮及移民潮促進雪梨郊區擴張，1954年伊莉莎白女王(Queen Elizabeth II)造訪雪梨時，雪梨人口約170萬，1973年雪梨歌劇院落成時，人口已近3百萬，1978年首屆同志遊行(Mardi Gras)、1992年雪梨港地下隧道通車、2000年雪梨奧運，都讓雪梨在國際舞台上大放光彩，令全世界另眼相看；今日近500

奧林匹克公園(圖片提供／Tourism Australia)

萬人口的雪梨大都會是澳洲最大的城市，躍身全球十大最適合居住城市之一，每年有300多萬海外遊客來此一睹其風采。

雪梨大橋和雪梨歌劇院是近代重要的公共建設

珍貴豐富的自然寶庫

澳洲是世界上最大的島嶼，總面積769萬平方公里，南北延伸3,700公里，東西距離4,000公里，多元的地理環境加上島嶼型態造成的長期孤立，島上演化出許多特有物種。在澳洲60多萬的物種中，約有8成的被子植物、8成的哺乳類動物、4成多的鳥類與約9成的近岸溫帶魚類是特有種，堪稱世界上生態最豐富的國家之一。

位於澳洲東南端的雪梨灣是世界最大的自然港灣，西臨尤加利樹森林蓊鬱的藍山國家公園，東傍海洋生態豐富的太平洋海域，城市外圍設有雪梨灣國家公園(Sydney Bay National Park)、萊恩柯夫國家公園(Lane Cove National Park)、皇家國家公園(Royal National Park)，市區規畫亦十分重視綠地，海德公園(Hyde Park)、皇家植物園(Royal Botanic Gardens)、禁苑(Domain)、百年公園(Centennial Park)和2015年落成的巴蘭咖魯公園(Barangaroo Reserve)，不僅給當地動植物提供了重要的棲息地，亦是雪梨人遊憩運動的最佳選擇。

知 識 充 電 站

澳洲國徽二三事

為什麼不用無尾熊當澳洲國徽？

為什麼國徽上是袋鼠和鴯鶓，而不是袋鼠和無尾熊呢？有一個說法是：因為袋鼠和鴯鶓只能前進、不能倒退走路，象徵澳洲人勇往直前的精神，而睡飽就吃、吃飽就睡的無尾熊則不太適合當國徽呢！另一說則是無尾熊和袋鼠體形差太多，不適合國徽的對稱美感，所以選擇了身高和袋鼠差不多的鴯鶓。

國徽上的植物——密花金合歡Acacia Pycnantha

金合歡(Acacia spp.)屬於豆科，為澳洲最大的開花植物屬，全澳共有954種金合歡，其根部的根瘤菌可將空氣中的氮氣轉化成養分，特別適合生長在澳洲貧瘠土壤上，其種子在落地20年後仍可發芽，可說是在逆境中堅強的生存者。戰爭時，婦女會採集金合歡義賣募款，1899年Archibald Campbell在維多利亞州成立金合歡社(Wattle Club)，並在每年9月1日春天的第一天舉辦金合歡日(Wattle Day)，將金合歡作為愛國精神的象徵，密花金合歡因其冬末春初盛開的金黃花海在國徽設計中脫穎而出。

澳洲特有動物

　　慵懶的無尾熊和腳勁十足的袋鼠是眾所皆知的澳洲動物代表，此外，澳洲國徽上的鴯鶓(Emu)也是澳洲原生動物。其他特殊的物種還有鱷魚、單孔目的鴨嘴獸(Platypus)、針鼴(Echidna)、澳洲野犬(Dingo)、笑聲獨特的笑翠鳥(Kookaburra)、愛吃魚的澳洲鵜鶘(Pelican)、面臨絕種的塔斯馬尼亞惡魔(Tasmania Devil)等等。

1.頭大大的笑翠鳥(圖片提供／Tourism Australia／WILD LIFE) 2.塔斯馬尼亞惡魔(圖片提供／Tourism Australia／WILD LIFE) 3.無尾熊一天要睡18個小時 4.袋鼠媽媽肚子裡有袋鼠寶寶

澳洲原生植物

　　澳洲擁有超過24,000種原生植物，如尤加利樹(Eucalyptus)、金合歡(Acacia)、班克木(Banksia)、蜘蛛花(Grevillea)、袋鼠掌花(Kangaroo Paw)和新南威爾斯州花特洛皮(Waratah)等，皆能在乾旱貧瘠的環境下生存，甚至發展出適應森林大火的特性。有400多種原生植物的種子接觸到大火煙霧裡的神奇成分Butenolide後更容易發芽，而班克木和尤加利樹的種子有堅硬的木質外殼，火燒後裂開更有利於生根發芽，尤加利樹亦將營養輸送管道深藏在木質層的深部以降低火燒傷害。

1.造型特殊的班克木 2.澳洲原生植物的果殼、種子是很有特色的居家擺設 3.新南威爾斯州花特洛皮 4.吸引鳥類的蜘蛛花 5.草書桉樹(Scribbly Gum)樹幹上的怪痕跡是由蛾的幼蟲在樹幹裡移動所造成 6.毛茸茸的袋鼠掌花

必Buy經典伴手禮

在澳洲採購紀念品,別忘了確認綠色三角形袋鼠的產地標籤或是Australia produced／made字樣,才不會跑來澳洲旅行卻買到從海外進口的紀念品。

Tim Tam巧克力餅乾

澳洲食品公司Arnott's在1964年上市的熱門產品,位於雪梨西邊郊區的烘焙工廠每分鐘生產3,000片Tim Tam 餅乾。

多種口味的Tim Tam餅乾有一種特別的吃法:Tim Tam Suck(也稱作Tim Tam Bomb)。先把餅乾的兩個對角各咬一小口,再半泡在熱咖啡或牛奶中,把餅乾當作吸管,從上方缺口處將熱飲吸起,飲料會將中間的巧克力夾心融化,然後趕快在整個餅乾融掉前,一口把它吃下去。

酒莊限定葡萄酒

酒莊的品酒販賣部才有賣的限定酒品,到雪梨獵人谷品酒可帶上一瓶。

原生植物果實做成的手工藝品

班克木果實做成的蠟燭檯或杯墊,十分特別。

火山豆

火山豆(Macadamia)原產澳洲,因為後來在夏威夷大量種植,所以通稱夏威夷豆。海鹽或是裹蜂蜜口味都十分可口。

Vegemite抹醬

1923年，為了再利用啤酒廠剩餘酵母而研發出的黑棕色鹹抹醬，富含維他命B，口味相當特殊。

當地常戲稱真正的澳洲人出國都會在行李箱裡帶一小瓶Vegemite，其基本吃法是在吐司上抹一層奶油後再抹一層Vegemite。警告：Vegemite就跟臭豆腐一樣，有人愛有人恨！

澳洲原住民藝術品

裝飾著原住民繪畫的迴力鏢。

R.M. Williams Boots

澳洲荒野Outback穿著的頂級品牌，最熱門的商品是單張皮革經過70多道工序製成的手工靴子。

來自尤加利樹和茶樹的蜂蜜

澳洲的Apis mellifera蜜蜂和亞洲其他地區的蜜蜂品種不同，這種蜜蜂採集的蜂蜜含水量比較低，而從不同品種尤加利樹和茶樹的花蜜生產出來的蜂蜜，在口感、香氣和顏色上都和台灣的龍眼蜜有很大的區別。

袋鼠產品

在澳洲原野蹦跳的袋鼠不僅是野外特色景觀，更具有實用的經濟價值，除了袋鼠肉外，皮革、獸掌、睪丸都被製成特色商品販售。

UGG靴

保暖聖品的羊皮靴，據說UGG的名字由來是因為最初製鞋師傅的老婆嫌這靴子很醜(Ugly)，所以就取諧音UGG。

澳洲傳統認知是室內用鞋，穿到室外有邋遢之嫌，80年代雪梨的電影院禁止穿著破牛仔褲和UGG靴入內，結果反而使得年輕族群更加喜愛在戶外穿UGG靴。

多元的異國美食饗宴

約1/4的澳洲人為來自海外的移民，過半的澳洲人本身或上一代亦於海外出生，其中雪梨更是移民的首選城市，不同文化背景的移民，在雪梨各地聚居並發展出特殊的社群，如華人聚集的好市圍(Hurstville)、Burwood、Ashfield、Strathfield，聚集越南人的Cabramatta、義大利人的Leichhardt、回教移民的Lakemba、印度人的Harris Park等，雪梨社會在各移民社群的文化、語言、宗教差異的基礎下兼容並蓄、繁榮發展。多元的移民文化亦塑造了豐富的飲食文化，來自全球各地的料理隨著移民家庭在雪梨生根發揚，餐廳選擇繁多，早餐吃越南河粉、午餐吃炸魚薯條、晚餐吃義大利麵、消夜吃廣東粥等，熱愛美食的饕客到雪梨將充滿樂趣。來一趟多元美食之旅，用味蕾體驗雪梨的移民文化吧！

1.蘇格蘭節慶 **2.**中國節慶 **3.**巴西窯烤 **4.**印度節慶 **5.**用豬頭肉製作美味三明治

烤肉BBQ

　　1950年代起BBQ烤檯成為澳洲不可或缺的設備，在公園、自家後院邀請親朋好友來一頓BBQ午餐、喝啤酒、聊體育賽事是最道地的澳洲體驗。BBQ由男性掌廚可是澳洲傳統！

澳式漢堡The Lot／Aussie Burger

　　The Lot最大的特色是有一片暗紅的甜菜根，其他配件包括肉排、半熟煎蛋、培根、起士、鳳梨片、番茄片、生菜、洋蔥等，是飽足感十足的漢堡選擇。

炸魚薯條Fish & Chips

　　炸魚薯條隨著英國移民流行到澳洲，將魚片裹上厚厚麵漿並炸的蓬酥，是搭配海景的最佳外帶美食。

海鮮料理Seafood

　　全球漁獲交易量僅次於東京築地市場的雪梨魚市場(P.138)離市區不遠，是大啖當地海鮮的最佳去處！中央海岸(Central Coast)出產的雪梨岩石生蠔(Sydney Rock Oyster)風味特殊，值得品嘗。

麵皮肉卷&派 Sausage Rolls & Pie

　　傳統主婦為了不浪費剩菜，將其剁碎後包上派皮入烤箱烘焙，因而發明出麵皮肉捲及派等料理。首推Brouke Street Bakery(P.189)的麵皮肉捲以及Harrys Café de Wheels(P.90)鋪有豌豆泥的肉派。

點心、飲茶 Dim Sim

隨中國移民傳入的廣式飲茶，在雪梨中國城附近的茶餐廳裡保留了推車及吵雜等傳統氛圍，除了華人社群，其他移民背景的澳洲居民也超愛腸粉、燒賣、鳳爪、叉燒包等竹蒸籠裡的各式精緻小點。

牛排和牛肋排 Steak

澳洲牛飼養在空曠的牧地，不同於用玉米飼養圈養的美牛，有較大的活動空間，肉質較精實、有咬勁及自然草原清香的氣息。

百露華蛋糕 Pavlova

百露華蛋糕以俄籍芭蕾舞者 Anna Pavlova 命名，以酥脆的蛋白酥為基底、新鮮水果和奶油點綴於表面，在澳洲和紐西蘭是十分受歡迎的甜點。

亞洲麵食 Asian Noodles

亞洲麵食餐館在雪梨十分普遍，像是日式拉麵、馬來西亞咖哩麵、越南河粉都很受歡迎，就算不是亞洲人，不會用筷子吃麵可就遜了，中國城週圍和市中心上有多家麵食館可供選擇，拉麵推薦Tenkomori(P.117)、馬來咖哩麵可試試Malay Chinese Takeaway(P.116)，河粉則可前往小越南的商店街(P.127)品嘗。

←日本拉麵 Ramen

→馬來拉薩麵 Laksa

萊明頓蛋糕 Lamington Cake

萊明頓蛋糕被稱為澳洲國家蛋糕(National Cake of Australia)，方形的蛋糕裹上一層巧克力及椰絲，可對半橫切後夾入奶油或果醬，和茶、咖啡很搭，在澳洲是募款義賣是的熱門商品。

尋訪雪梨重要藝文場所

雖然澳洲給人的印象是偏重體育賽事及戶外運動，但雪梨多采多姿的藝文活動也不可小覷，州立美術館、當代藝術博物館、澳洲博物館、雪梨博物館、海事博物館、動力博物館等，有多樣化的展覽可以滿足靜態的旅遊需求，大大小小的表演場地培育出當地優質表演團體，更吸引世界各地表演團隊來此演出。遊客在雪梨看藝文表演的第一首選為雪梨歌劇院，在澳洲重要地標裡面欣賞表演本身即是難忘的回憶。春天的雪梨公共藝術節、夏天的藝術節、秋天的藝術月、冬天的作家節、電影節給雪梨藝文界帶來一整年的活力。

旅行小抄
重要藝文節慶查詢網站
雪梨公共藝術節
http www.artandabout.com.au
雪梨藝術節
http www.sydneyfestival.org.au
雪梨藝術月
http www.artmonthsydney.com.au
雪梨作家節
http www.swf.com.au
雪梨電影節
http www.sff.org.au

雪梨歌劇院

城市獨奏廳
City Recital Hall
Angel Place

隱身在小巷子裡的城市獨奏廳於1999年落成，是專門為了獨奏、室內樂、朗誦所設計，符合國際標準的表演場地，3層觀眾席共有1,238個座位，內裝設計講究降低噪音干擾。澳洲室內交響樂團、澳洲弦樂四重奏、澳洲兒童合唱團、雪梨交響樂團都是城市獨奏廳的固定班底；來這裡欣賞音樂，若是穿著太邋遢可是會顯得格格不入。

✉ 2 Angel Place, Sydney
📞 售票專線：8256-2222
http www.cityrecitalhall.com
MAP P.93／A2

首都劇院
Capital Theatre

早期為果菜市場、馬戲團、電影院，1995年整修後上演著名音樂劇《西貢小姐》，自此成為雪梨賣座音樂劇的表演場地。303平方公尺的舞台是澳洲最大的劇院舞台之一，以金色為主調的內部裝潢顯得華麗輝煌，可容納2,038位觀眾；劇院天花板利用燈光呈現南半球冬季的星空，是澳洲僅存的氛圍效應劇院(Atmospheric Theatre)。

✉ 13 Campbell St., Sydney
📞 1300-558-878
http www.capitaltheatre.com.au
MAP P.123／C4

貝爾沃街劇場
Belvoir St. Theatre

澳洲著名當代劇團——貝爾沃劇團的根據地，1984年都市規畫時面臨拆除，600名劇場支持者合資買下了該建築，貝爾沃街劇場才得以保存，30多年來劇場培育出澳洲許多著名的劇作家、導演、演員和舞台設計師，並在澳洲劇場界以創新手法反映當代社會議題的劇作而出名，兩個小劇場空間各有350和80個座位，觀眾席與舞台很接近，拉近距離更能感受不同於大劇院的戲劇張力。

外觀不起眼的貝爾沃街劇場是雪梨小劇場龍頭

✉ 25 Belvoir St., Surry Hill
📞 9699-3444
http www.belvoir.com.au
MAP P.183

州立劇院
State Theatre

　　州立劇院是澳洲少數保存原有裝潢的表演場地，受澳洲國家古蹟信託(The National Trust of Australia)認定，是對澳洲古蹟文化保存有深刻意義的建築物，劇院1929年開幕，結合哥德、義大利和藝術裝飾設計，內部裝潢華麗，可以容納2,000人，劇院裡的水晶吊燈重達4噸，是世界上第二大的水晶吊燈。每年6月的雪梨電影節(Sydney Film Festival)皆在此主辦。

✉ 49 Market St, Sydney
☎ 9373-6655
http www.statetheatre.com.au
MAP P.93 / A3

入口處的馬賽克地磚

州立劇院顯著的招牌

碼頭劇場、羅斯林派克劇院
The Wharf Theatres、
Roslyn Packer Theatre

　　碼頭劇院是雪梨劇團(Sydney Theatre Company)的據點，1978年成立的雪梨劇團是澳洲劇場界的領導團體，奧斯卡影后凱特布蘭琪(Cate Blanchett)曾擔任5年藝術總監，劇團每年會在碼頭劇場、雪梨歌劇院、羅斯林派克劇院推出12齣以上的劇碼，橫跨古典與現代，表演十分多元。羅斯林派克劇院常駐團體有雪梨劇團和雪梨舞團(Sydney Dance Company)，除了常駐團體的演出，來自世界各地的藝文團體也在表演行事曆上。

✉ 碼頭劇場：Pier 4/5 Hickson Rd, Walsh Bay；羅斯林派克劇院：22 Hickson Rd., Walsh Bay
☎ 9250-1777
http 碼頭劇場：www.sydneytheatre.com.au；羅斯林派克劇院：www.roslynpackertheatre.com.au
MAP P.39 / A2；P.39 / B2

位於沃什灣4/5號碼頭的碼頭劇院

熱血沸騰的運動競技

澳洲是重視生活品質的國家，休閒活動更是雪梨人生活中重要的一環，依山傍海的地理條件孕育出鼎盛的運動風氣，無論是游泳、潛水、衝浪、獨木舟、帆船、健行、跑步、自行車等水陸運動，或是板球、橄欖球、足球、網球、高爾夫球等球類運動都是工作、學習之餘的首選活動。

觀賞體育賽事也是雪梨生活不可或缺的一部分，占1/5報紙版面的體育新聞是社交的主要話題，許多重要的體育賽事在雪梨板球場(SCG，Sydney Cricket Ground)、安聯體育場(Allianz Stadium)、澳盛體育場(ANZ Stadium)等場地舉

辦，夏天觀看板球、網球，冬天觀看澳式足球、橄欖球，澳洲袋鼠隊2014年贏得FIFA亞洲盃總冠軍後，足球也漸受重視；每年11月的墨爾本杯賽馬和12月26日雪梨到荷巴特帆船賽更是澳洲全國的焦點。

行程允許的話，不妨到比賽現場或是酒吧和球迷們一同為支持的隊伍、選手歡呼，感受雪梨人對運動的熱情。

旅行小抄

體育賽事和藝文表演購票網站：Ticketek

Ticketek是1979年成立的澳洲售票公司，販售當地體育賽事和戲劇音樂表演門票，在畢街購物商圈和星城賭場有購票櫃檯。

🌐 www.ticketek.com.au

畢街購物商圈購票處

✉ 在雪梨塔入口旁(P.105)

🕐 週一～五09:00～17:00，週六10:00～14:00；週日休

星城賭場購票處

✉ 星城賭場內(P.131)

🕐 週一～六12:00～17:00；週日休

到體育酒吧感受雪梨熱情

推薦一家市區較受歡迎的體育酒吧：

Cheers Bar

✉ 561 George St.

🌐 www.cheersbar.com.au

🗺 P.93／A4

在Spotless Stadium舉辦的澳式足球賽事，天鵝隊vs巨人隊

板球Cricket

雪梨板球場 🌐 www.sydneycricketground.com.au

　　11～2月是澳洲板球的季節，板球起源於英國，流行在受英國殖民過的印度、澳洲、紐西蘭、孟加拉、南非、巴基斯坦等國家；國際板球Test賽(Test Matches)在與賽各國

雪梨板球場(SCG，Sydney Cricket Ground)自1810年成為雪梨板球比賽的場地，每年12、1月間舉辦新年Test、幾場國際1日賽和20/20

及澳洲各大城市巡迴舉辦，由國家袋鼠隊Kangaroos和海外隊伍比賽，每隊攻防兩次，一場比賽長達4、5天，其死忠球迷常追隨賽事旅行各城市觀看球賽，這些球迷則被戲稱為板球悲劇(Cricket Tragic)。

　　新年前後的國際板球Test賽在雪梨板球場(SCG，Sydney Cricket Ground)舉辦，是雪梨板球迷每年期待的盛事，此外還有英國和澳洲兩隊自1882年起每4年舉辦1次的Ashes Test，獎盃內裝有板球灰燼(Ashes)，因此得名。比賽時間較短的則有50局的1日賽和20局的20／20(約3小時)。新南威爾斯州板球隊有NSW Breakers、NSW Blues、Sydney Sixer、Sydney Thunder。

雪梨到荷巴特帆船賽Sydney to Hobart Race

　　始於1945年，每年12月26日Boxing Day舉辦的帆船賽已經是雪梨聖誕節後的傳統，賽程從雪梨出發到塔斯馬尼亞州的首都荷巴特，共1,170公里，是世界上最困難的帆船競賽之一。12月26日13：00，約有60萬民眾在雪梨灣沿岸觀賞帆船群駛出雪梨灣，望遠鏡

是必備裝備，順便帶著吃剩的聖誕節大餐來個戶外野餐。華生灣的南峽公園(P.151)是觀賞帆船賽的熱門地點。

參賽的帆船群自雪梨灣出發(圖片提供／Tourism Australia)

橄欖球Rugby

國家橄欖球聯盟 http www.nrl.com.au

　　國家橄欖球聯盟(NRL，National Rugby League)組織的聯盟式橄欖球(Rugby League)是雪梨冬季主要的體育賽事，16支參賽隊伍(澳洲15隊，紐西蘭1隊)中新南威爾斯州就有8隊，雪梨有雪梨公雞(Sydney Roosters)、南雪梨兔子(South Sydney Rabittons)、西老虎(West Tigers)等隊。比賽季節從3月到10月，週末賽事在安聯體育場(Allianz Stadium, Sydney Football Stadium)、澳盛體育場

安聯球場(雪梨足球體育場)是雪梨公雞橄欖球隊的主場

(ANZ Stadium)舉辦；最重要的賽事有10月第1個週日的總決賽(Grand Final)，以及5、6月間3場由聯盟式橄欖球最盛行的新南威爾斯州代表隊The Blues，對抗昆士蘭州代表隊The Maroons的州際賽State of Origin。

聯合式橄欖球(Rugby Union)

澳洲橄欖球根據規則不同分為「聯盟式」與「聯合式」2種，各自有其國家代表隊與賽事。除了聯盟式橄欖球國家隊──袋鼠隊(Kangaroos)代表澳洲參與國際比賽，另一個橄欖球國家隊為聯合式橄欖球Wallabies隊。聯合式橄欖球(Rugby Union)每隊有15人、球季為2～8月，每年8月Wallabies隊和紐西蘭不敗的All Blacks隊在澳盛體育場爭奪Bledisloe杯，是聯合式橄欖球迷必看的比賽。

雪梨網球公開賽Apia International Sydney

雪梨網球公開賽 http www.apiainternational.com.au

　　始於1885年，每年1月在雪梨奧運公園的網球中心舉行，總獎金73萬美金，各國網球好手參加Apia作為墨爾本澳洲網球公開賽的熱身。

路跑、馬拉松Road Running、Marathon

City to Surf http www.city2surf.com.au
雪梨馬拉松官網 http www.sydneymarathon.org

　　City to Surf是雪梨每年8月舉辦的路跑活動，全程14公里，吸引8萬人參與，報名費捐作公益，除了路跑競賽外，大多數參加者採用步行的方式，許多奇裝異服打扮的參加者替這路跑活動增添了許多趣味。

　　雪梨馬拉松於9月舉行，分為全馬42.195公里、半馬21.0975公里、9公里的雪梨大橋路徑及3.5公里的家庭路徑，是雪梨唯一跑過雪梨大橋的路跑賽事。

賽馬Horse Racing

皇家蘭德威克賽馬場 🅗🆃🆃🅿 www.royalrandwick
racecourse.com.au

位於雪梨市區東方8公里的皇家蘭德威克賽馬場(Royal Randwick)是雪梨高獎金賽馬的場地,每到重要賽事,精心打扮的會員及馬主們讓賽馬場變成時尚界的社交場所,一般購票入場的民眾亦須符合一定的服裝規定。9、10月週六舉行的春季嘉年華賽事,還有4月分獎金高達4百萬美金的伊莉莎白女王賽(Queen Elizabeth Stakes)都是賽馬場的社交盛事。

11月的第2個週二在墨爾本舉辦的墨爾本杯(Melbourne Cup)獎金高達6百萬美金,超過10萬人到現場參與,許多餐廳都會推出墨爾本杯套餐,盛裝打扮到有轉播螢幕的餐廳吃午餐(Melbourne Cup lunch)是雪梨人慶祝墨爾本杯的方式。

澳式足球Australian Rules Football

澳洲足球聯盟 🅗🆃🆃🅿 www.afl.com.au

現由澳洲足球聯盟(AFL,Australian Football League)組織的澳式足球是澳洲最受歡迎的冬季運動,全國有18支隊伍,代表新南威爾斯州的隊伍有雪梨天鵝隊(Sydney Swans)和雪梨巨人隊(Sydney Giants),球季為4～9月,週末在奧運公園的Spotless Stadium或是雪梨板球場常有AFL賽事,每年9月的最後1個週六或是10月第1個週六在墨爾本板球場

←橢圓形的澳式足球

(MCG,Melbourne Cricket Ground)舉辦的總決賽是AFL迷必看的比賽,沒飛到墨爾本的雪梨球迷一定會到體育酒吧觀賽。

 知 識 充 電 站

劃分澳式足球與橄欖球迷的巴拉西線(Barassi Line)

雖說澳式足球是澳洲最受歡迎的冬季運動,但雪梨人冬季運動的最愛則為橄欖球。1978年由Ian Turner提出,依知名澳式足球員及教練Ron Barassi命名的隱形線——巴拉西界線,將澳洲劃分兩半,東面的雪梨、坎培拉、布里斯本偏愛橄欖球,而西面的墨爾本、阿德雷德、伯斯則是偏好澳式足球。近40年後的今天,這條隱形的線仍然成立。

除此之外,因澳式足球較少推擠和擒抱、比較斯文,所以女性球迷比較多;另一說法是穿短褲和無袖背心的球員比粗曠的橄欖球員更受女性球迷喜愛。

球門由兩內長柱及兩外短柱組成,球落在兩長柱內得6分,落在長柱和短柱中間得1分

到雪梨必做10件事

Top 1 搭渡船漫遊雪梨灣 *P.52*

Top 2 雪梨灣岸漫步至麥奎里夫人石椅 *P.79*

Top 3 雪梨歌劇院看表演 *P.76*

Top 4 攀爬或徒步通過雪梨大橋 *P.52*

圖片提供／BridgeClimb Sydney

p5 庫基到邦黛海岸步道漫步 *P.146*

Top6 維多利亞女王商場、斯特蘭德拱廊逛櫥窗 *P.110、112*

p7 岩石區古老酒吧喝一杯 *P.71*

Top8 黃昏時分登上雪梨塔 *P.105*

p9 逛當地特色市集 *P.62*

Top10 新鎮、莎莉山、帕丁頓等特色小區漫步 *P.162、176*

精選行程與預算規畫

必遊路線
5日經典之旅

預算：台幣50,000以上

Day 1
海德公園→聖瑪莉大教堂→營區博物館→維多利亞女王商場→斯特蘭德拱廊→馬丁廣場→當代美術館→岩石區→雪梨大橋步行→月神公園

Day 2
庫基到邦黛海灘步道→華生灣→皇家植物園→州立美術館→雪梨歌劇院看表演

Day 3
達令港→海事博物館→動力博物館→雪梨魚市場→中國城→雪梨塔

Day 4
費德戴爾動物園→藍山國家公園(卡頓巴鎮、三姊妹石、景觀世界、露拉小鎮)

Day 5
曼利→雪梨大學→新鎮區→帕丁頓→莎莉山→國王十字區

聖瑪莉大教堂

庫基到邦黛海灘步道

精華路線 7日深度之旅

預算：台幣70,000以上

Day 1 海德公園→聖瑪莉大教堂→營區博物館→維多利亞女王商場→斯特蘭德拱廊→馬丁廣場→當代美術館→岩石區→雪梨大橋步行／攀爬雪梨大橋→月神公園

Day 2 庫基到邦黛海灘步道→華生灣→皇家植物園→州立美術館→雪梨歌劇院看表演

Day 3 達令港→海事博物館→動力博物館→雪梨魚市場→中國城→雪梨塔

Day 4 費德戴爾動物園→藍山國家公園 (卡頓巴鎮、三姊妹石、景觀世界、露拉小鎮)

Day 5 傑諾蘭洞穴(前一晚可下榻卡頓巴)or坎培拉(國會大廈、戰爭紀念館、伯利格里芬胡)

Day 6 獵人谷品酒

Day 7 曼利→雪梨大學→新鎮區→帕丁頓→莎莉山→國王十字區

雪梨風情掠影

精選行程與預算規畫

行程費用預估表(單位：台幣，以匯率1:24估算)

類別	細項	預計花費
基本支出	來回機票	25,000～35,000
	住宿費	1,000～2,000／每晚
	餐費	1,000～2,000／每日
	交通費(澳寶卡)	400／每日
門票	雪梨歌劇院導覽	900
	攀爬雪梨大橋	3,800～8,800
	雪梨歌劇院看表演	1,900～4,800
	雪梨塔	460
	雪梨塔+杜莎夫人蠟像館套票	1,300
	雪梨塔+蠟像館+野生世界+海生館套票	1,500
	費德戴爾動物園	720
	傑諾蘭洞穴	2,700
其他	獵人谷自駕*	840
	坎培拉一日遊(華語團)／自駕*	840
	藍山／景觀世界一日遊(火車自由行)	1,700

*自駕以4人共車估算

*以上資料時有異動，請依官網最新公告為準

雪梨 *Sydney*
分區導覽

環形碼頭與岩石區
Circular Quay and The Rocks

概況導覽

循著早期歐洲殖民的腳步，從環形碼頭與岩石區開始在雪梨的旅行，翻開澳洲殖民史的第一篇章。走出環形碼頭火車站，迎面而來的是寬敞的徒步區，前後兩方有忙碌的渡船碼頭與公車站，往右是造型特殊的雪梨歌劇院，往左是橫跨雪梨灣的雪梨港灣大橋，雪梨兩大地標對著初訪此地的遊客們炫耀這城市的驕傲。環形碼頭西面的岩石區是英國流放罪犯最早落腳的區域，穿梭在狹窄巷弄及經長年踩踏而凹陷的石梯間，彷彿可以看見早期殖民時期忙碌生活的身影，岩石區週末市集更是不可錯過，逛累了就到澳洲最古老的酒吧歇歇腳、來一口袋鼠肉披薩佐當地啤酒！

行程建議及時間表

環形碼頭	15分鐘
海關大樓	15分鐘
當代藝術博物館	60分鐘
岩石區發現博物館	30分鐘
岩石區漫步／岩石區市集	90分鐘
蘇珊娜博物館	60分鐘
攀爬雪梨大橋	180分鐘

原住民在街頭表演迪吉里杜管
(Didgeridoo)

歌劇院
Opera House

Pullman Quay Grand
Sydney Harbour

Justice & Police Museum
警察博物館

Macquarie St.

Customs House
海關大樓

環形碼頭 Circular Quay
Circular Quay(在高架橋下)

橋塔瞭望台博物館
Pylon Lookout Museum

Dawes Point Park

Albert St.

Phillip St.

Young St.

Loftus St.

雪梨大橋 Sydney Harbour Bridge

Pitt St.

君悅酒店Park Hyatt Hotel

岩石區曼步地圖P.46

Overseas Passenger Terminal

Hickson Rd.

Pancakes on The Rocks

The Tea Cosy

Argyle Gallery／Superbee Honey Shop

La Renaissance Café Patisserie

Sticky Candy

當代藝術博物館MCA

ChocolArts

George St.

UGG sine 1974

Phillip's Foote

Fortune of War

Cahill Express

Alfred St.

Essex St.

AAT Kings訂位諮詢中心

免稅商店 DFS

The Russell Hotel

Harrington St.

BridgeClimb

Lowenbrau Keller

Hero of Waterloo

Cumberland St.

Gannon House Gallery

Sydney Harbour YHA

Susannah Place Museum

蘇珊娜博物館

Shangri-La Hotel

Upper Fort St.

Gloucester St.

雪梨大橋步行道入口

碼頭劇場
Wharf Theatre

沃什灣 Walsh Bay

羅斯林派克劇院
Roslyn Packer Theatre

Hickson Rd.

Lower Fort St.

Pottinger St.

Windmill St.

Argyle Pl.

Argyle St.

Kent St.

High Ln

High St.

雪梨天文館 Sydney Observatory

High St.

The Australian Heritage Hotel

Dalgety Rd.

Lord Nelson Brewery Hotel

Hickson Rd.

巴蘭加魯公園
Barangaroo Reserve

39

昂貴的烤吐司機公寓大樓

環形碼頭
Circular Quay

➡ 環形碼頭火車站(Circular Quay Train Station)出站，面海的一端即為渡船碼頭，另一端的Alfred St.邊上即是公車轉運站

🅿 Quay發音同Key

🅼 P.39／C3

依據港灣的形狀，本來叫作半環形碼頭(Semi-Circular Quay)，但當地人習慣簡稱，多年後正式改名為環形碼頭。這一區有6個渡船碼頭、1個火車站和5個公車站，渡船、火車、公車頻繁進出，從這裡搭乘渡船可至曼利海灘、華生灣、達令港、鸚鵡島及雪梨灣北岸等景點；或是搭乘公車前往邦黛與庫基海灘、莎莉山、帕丁頓，可說是在雪梨旅遊的主要交通樞紐之一。雪梨歌劇院、皇家植物園、岩石區，雪梨港灣大橋皆在步行範圍內，碼頭徒步區不時會有街頭表演者為遊客帶來歡樂。碼頭往雪梨歌劇院

環形碼頭火車站和渡船口

環形碼頭除了是交通樞紐，更是飽覽雪梨灣美景的絕佳地點

的東面有一排方正的建築物，被當地人暱稱烤吐司機(Toaster)，樓下是餐廳和酒吧，樓上則是每季平均管理費AU$9,000的高級公寓，這台烤吐司機阻擋了從環形碼頭到皇家植物園的視野，曾被批評為雪梨最醜的建築物。

旅行小抄

2號碼頭旁有瞭望台

環形碼頭2號碼頭旁有一個電梯可以登上瞭望台，位於環形碼頭火車站上方的車行道路旁，出電梯後右轉即可看到。

知識充電站

雪梨作家小徑 (Sydney Writers Walk)

沿著環形碼頭散步，別忘了低頭看看鑲崁在人行路面上的金屬紀念牌，上頭記載著澳洲本地及訪澳知名作家，例如羅倫斯(D.H. Lawrence)和馬克吐溫(Mark Twain)的簡介與作品節錄，這些紀念牌便是雪梨作家小徑。其中，澳洲女詩人Dorothea Mackellar在1911年19歲時的創作〈My Country〉，描述其對澳洲的熱愛，是澳洲知名詩作之一。這50個圓形金屬紀念牌是許多文學愛好者會一一駐足賞文的小景點。

澳洲門戶的守護者
海關大樓
Customs House

✉ 31 Alfred St., Circular Quay
☎ 9242-8551
🕐 **大廳**：週一～五08:00～24:00，週六10:00～24:00，週日和國定假日11:00～17:00
　　圖書館：週一～五10:00～19:00，週六、日11:00～16:00，國定假日休館
💲 免費
➡ 環形碼頭火車站正後方
🌐 www.sydneycustomshouse.com.au
🗺 P.39／C3

海關大樓的所在地具有重要的歷史意義。1788年，雪梨灣當地的Eora原住民在這裡目擊第一艦隊登陸，亞瑟菲利浦船長下船後，將第一面英國旗幟插在這塊陌生的土地上。正對海關大樓右手邊的Loftus St.人行道上豎立著一座不顯眼的艦隊旗幟紀念碑，而代表澳洲原住民的原住民國旗則在海關大樓外面飄揚，大樓外廣場的地磚則依據第一艦隊登陸時的潮間帶形狀鋪設。

1845年，為因應雪梨灣日增的海運需求而開始興建海關大樓，大量使用雪梨砂岩的喬治亞風格歷史建築，十分講究門面裝飾，

海關大樓的喬治亞建築風格，左右對稱、是它的特色之一

在環形碼頭火車站尚未興建前，海關人員可以透過大窗戶觀望來往的船隻，管理進出港口貨物的查驗、稅收以及移民管制，直到1990年都還是海關總部辦公的地方，可說是近150年來澳洲門戶的守護者，現在則為雪梨市圖書館的分館。走進大廳，透明玻璃地板下展示著1:500雪梨市中心的大型模型，很值得入內欣賞，透過模型了解市區景點的地理位置，走累了更是遊客休息、如廁和使用免費Wi-Fi的好地方。

1, 2.雪梨縮小模型　3.沙發休息區

知 識 充 電 站

雪梨砂岩(Sydney Sandstone)

雪梨一帶的岩床多為砂岩構成，剛開採出的灰色砂岩質地較軟，石匠們可以雕刻出精緻的石雕裝飾；當氧化的鐵質將砂岩轉化成黃褐色、使質地硬化後，可作為堅固耐用的建築結構。在1790～1890年間砂岩是非常受歡迎的建材，許多歷史建築都是用砂岩建成，如海關大樓、雪梨博物館、聖瑪莉大教堂、澳洲博物館、市政廳、維多利亞女王大樓等等。

維多利亞女王大樓的精緻石雕

海關大樓的砂岩雕刻女王頭像

搭渡船遊覽雪梨風光

　　雪梨的大眾交通工具中當屬渡船收費最高，成人9公里以下的短程單程票價就要AU $6.2，我常常利用週日澳寶卡（Opal Card）全天收費AU $2.5的優惠，買杯外帶熱咖啡跳上渡船出遊，自環形碼頭搭乘渡船，可以前往塔龍加動物園（Taronga Zoo）、曼尼（Manly）、達令港（Darling Harbour）、華生灣（Watsons Bay）、鸚鵡島（Cockatoo Island）等景點。大眾渡船行進緩慢，天氣好時，坐在露天座位吹海風、欣賞雪梨港灣風光，隨著渡船的移動，可從不同角度欣賞雪梨歌劇院及雪梨港灣大橋，就算看了上百次，我還是會忍不住拿起相機按快門。渡船靠岸時，工作人員會拋纜繩在碼頭樁上甩上反轉繩結，熟練的工作人員一鼓作氣地完成，如果遇到新手，可是要拋個2、3次才能成功呢！

渡船工作人員精準的拋繩

有絕佳景觀咖啡廳的博物館
當代藝術博物館
Museum of Contemporary Art

- ✉ 140 George St., The Rocks
- ☎ 9245-2400
- ◷ 週四10:00～21:00，其餘時間10:00～17:00
- 💲 免費，但若是特展需購票
- ➡ 環形碼頭火車站出站後，面海往左邊徒步區步行約1分鐘
- http www.mca.com.au
- ⁇ 11:00或13:00有45分鐘免費館藏導覽，櫃檯集合出發。詳細時間請見網址或櫃檯詢問
- MAP P.39／B3

視野極佳的MCA咖啡館

　　當代藝術博物館簡稱MCA，由雪梨大學於1991年創辦，4層樓建築位於環形碼頭的西面，後方即是岩石區，在充滿早期移民風格的岩石區旁展示當代藝術家的新潮創作，可見雪梨新舊並重的發展特色。自1989年起，當代美術館陸續收購了4,000多件澳洲藝術家的作品，包含繪畫、攝影、雕塑、聲光影音等多元創作，並為世界各國當代藝術作品提供時髦寬敞的展出空間。看不懂奇奇怪怪的當代藝術也沒關係，在沒有巨型郵輪停靠碼頭的時候，不妨搭乘電梯上4樓，在視野絕佳的咖啡館喝杯飲料。

當代藝術博物館建築物本身就是一件展示品

警察博物館
Justice & Police Museum

- ✉ Cnr Albert and Phillip St., Circular Quay
- ☎ 9252-1144
- ◉ 週六、日10:00～17:00；12/25休館
- 💲 成人AU$10，兒童和優惠票AU$5，家庭(2大人+2小孩)AU$20
- ➡ 環形碼頭2號登船口對面的Phillip St.，步行1分鐘
- http www.sydneylivingmuseums.com.au/justice-police-museum
- MAP P.39／C4

館內展示的各式凶器是參觀重點之一

　　警察博物館前身為1856年成立的水事警察局兼審判廳，是雪梨早期主要的執法單位，除了零星的偷竊、傷害罪外，雪梨早期主要有：打劫偏遠小鎮和商旅隊伍的荒野強盜集團(Bushrangers)、在禁酒法規下買賣私酒的不良商人(Sly Grog)以及主導毒品買賣、擅長用刮鬍刀片傷人的暴力集團「刀片黨」(Razor Gang)等組織犯罪。館內開放古老扣押室讓遊客入內體驗被隔離的感覺，還有一系列兇案現場照片、各式凶器、有名罪犯及執法者故事的主題展示，揭露早期雪梨的黑暗歷史。

審判廳中的被告鐵籠

旅行小抄

博物館套票(Living Museums Pass)

對博物館有興趣的遊客，可以買博物館套票，包括警察博物館(P.44)、蘇珊娜博物館(P.49)、海德公園軍營博物館(P.99)、雪梨博物館(P.103)，3個月內有效，可在參觀的第一間博物館購買套票，現買現用，省一半以上門票錢。要注意司法與警察博物館只有週末開放，蘇珊娜博物館只有下午開放導覽。

- 💲 成人AU$18，兒童(5～15歲)以及ISIC國際學生證、YHA、HI、Nomad and VIP Members AU$9
- http www.sydneylivingmuseums.com.au/museumpass

漫步岩石區巷弄，發掘雪梨歷史小故事

岩石區
The Rocks

➡ 環形碼頭火車站出站後，面海往左邊徒步區步行約1分鐘　　http www.therocks.com　　MAP P.46

　　雪梨早期流放罪犯生活的岩石區已搖身一變成為雪梨的熱門景點，古老酒吧、週末市集、藝術畫廊、餐廳、咖啡館皆吸引著無數遊客和當地人到此參觀，下面介紹岩石區幾處小景點，看似不起眼的角落中能讓你的岩石區之旅更加有趣。

岩石區的磚造建築曾是存放雪梨港貨物的倉庫

澳洲第一所醫院與警備隊

　　1788年第一船隊載滿罪犯到達雪梨灣，因應需求，同年用帳篷搭建而成的簡陋醫院成立，是澳洲第一間醫院；1789年第一支警備隊也在岩石區成立。早期醫護人員和警察大多由流放罪犯組成。穿過護士通道(Nurse Walk)右轉，可從咖啡館玻璃一窺警局裡的牢房，現為咖啡館裡一間一間的小包廂。

傑克穆德畫像
Jack Mundey's Portrait

　　步下階梯後往回看，巧妙結合階梯前後兩面牆上的人頭畫作為傑克穆德(Jack Mundey)。傑克穆德在70、80年代致力保存岩石區的歷史建築以及公共住宅，提倡社區公共空間、歷史建築和可負擔的公共住宅比商業大樓還要重要，是今日岩石區歷史建築得以保存的功臣。

岩石區漫步地圖

- 鑄鐵露天小便斗
- George St.
- 攀爬雪梨大橋 BridgeClimb
- 第一印象雕像和小狗雕刻
- 亞瑟登街 Atherden Street
- 原始木頭道路鋪面
- Cumberland St.
- 遊客中心 Sydney Visitor Centre at The Rocks
- The Australian Heritage Hotel
- Mill Ln.
- Playfair商店街及週末市集
- 岩石區發現博物館 The Rocks Discovery Museum
- 雪梨大橋步行入口
- Playfair St.
- 卡德曼斯小屋 Cadmans Cottage
- Kendall Ln.
- Argyle St.
- 雪梨天文館 Sydney Observatory
- Gloucester Walk
- 蘇伊士運河 Suez Cannel
- George St.
- Gloucester St.
- Sydney Harbour YHA
- 護士通道 Nurses walk
- 當代藝術博物館 MCA
- 岩石區考古挖掘地點 The Big Dig
- Cumberland Place階梯
- 澳洲第一所醫院與警備隊
- 蘇珊娜博物館 SusannahPlace Museum
- Globe St.
- 傑克穆德畫像 Jack Mundey's Portrait
- Hamilton St.
- 漫步路線

Circular Quay and The Rocks

卡德曼斯小屋
Cadmans Cottage

1816年建成的卡德曼斯小屋是當時水上運輸的管理總部、船隻管理員的住所,1827～1845年擔任船隻管理員的約翰卡德曼斯(John Cadmans)與妻女居住在小屋內,故取名卡德曼斯小屋。後來成為水上警察局。它是澳洲1788年殖民剛開始的前30年間,碩果僅存的建築物之一。原建築在水岸邊,環形碼頭填海興建後,至今距離水面100多公尺遠。

旅行小抄

岩石區導覽
每日18:00在卡德曼斯小屋前,有穿綠色上衣的導覽人員會進行岩石區的英文導覽,導覽是採小費制,雖不強迫付費,但建議至少每人要付AU$5～10。

蘇伊士運河
Suez Cannel

這可不是埃及的蘇伊士運河！Suez諧音Sewer廢水，因為地勢由高到低、由寬變窄，出口不到1公尺寬，每逢下雨，廢水同雨水沿著小巷順流而下，故得其名。狹窄陰暗的巷道為早期岩石區不良分子逗留的地方，1870～1900年間，控制岩石區一代的是惡名昭彰的組織The Rocks Push，除了和其他區域的幫派惡鬥外，還透過女性幫派成員色誘醉漢至暗巷後加以行搶。

遊客中心
Sydney Visitor Centre at The Rocks

✉ Corner Playfair & Argyle St.
☎ 8273-0000　　🕐 每日09:30～17:30
➡ 位於當代藝術博物館後方岩石區內，從環形碼頭火車站步行約3分鐘
http www.bestof.com.au/nsw/about

遊客中心除了可以休息、上廁所，親切的服務人員亦提供預訂房間與行程的服務，還有許多免費地圖和景點小冊子隨你拿，有

些景點手冊裡附有折價券，建議展開旅遊行程前，先到遊客中心看看是否有可用的景點折價券。

亞瑟登街
Atherden Street

號稱雪梨最短的道路，只有4台轎車的長度。岩壁上方為岩石區公共住宅。

鑄鐵露天小便斗

雪梨僅存的鑄鐵露天男性專用小便斗。

Cumberland Place階梯

路人繁忙走踏而凹陷的階梯，是岩石區百年來發展的見證。

47

第一印象雕像和小狗雕刻

第一印象雕像共有罪犯、軍人和自由移民家庭三面，象徵澳洲早期殖民的組成分子。小狗叫作畢哥斯(Biggles)，是一隻深受當地居民喜愛的14歲雪納瑞犬(約人類年齡98歲)，1994年因為追著一隻老鼠而跌落海中，當地居民為了懷念牠，便在飼主的原居住地旁立了牠的雕像。

岩石區考古挖掘地點
The Big Dig

1994年開挖，挖掘出30多間地基為早期殖民時期的房子和商店，部分文物現展示於岩石區發現博物館，現址為青年旅館。

原始木頭道路鋪面

19世紀末～20世紀初，喬治街(George St.)的道路鋪面是由木頭塊鋪成，使用木頭塊可以減少馬車經過的噪音和灰塵，硬木材在當時的澳洲也是容易取得的建材。經濟蕭條時，許多木塊被民眾偷挖來當柴火燒，後來民眾擔心木頭縫間會孳生病菌，而且雨天時木頭鋪面很容易打滑，而逐漸被柏油鋪面取代。

岩石區發現博物館
The Rocks Discovery Museum

- ✉ Kendall lane, The Rocks
- ☎ 9240-8680
- ⊙ 每日10:00～17:00
- 💲 免費
- ➡ 位於當代藝術博物館後方岩石區內，從環形碼頭火車站步行約3分鐘
- http www.therocks.com

博物館位於岩石區中一條不起眼巷子裡、一棟1850年代殖民時期所蓋的3層樓砂岩建築之中。博物館展區並不大，扼要地展出本地原住民生活、殖民前後的文獻資料，還有互動解說及文物展覽。其中不少殖民早期使用的生活物品，是從The Big Dig(岩石區考古地點)裡挖掘出來的，參觀發現博物館可更加了解該區早期歷史及雪梨發展的脈絡。

蘇珊娜博物館
Susannah Place Museum

- ✉ 58-64Gloucester St., The Rocks
- ☎ 9241-1893
- ◉ 每日14:00～17:00；導覽時間14:00、15:00、16:00，有時週末會追加14:30、15:30
- 💰 成人AU$8，兒童(5～15歲)AU$4，4歲以下免費，2大人+2小孩AU$17，也可搭配博物館套票(P.44)；入口處懷舊商店不用門票
- ➡ 位於當代藝術博物館後方岩石區內，從環形碼頭火車站步行約3分鐘
- http www.sydneylivingmuseums.com.au
- ⁉ 參加導覽才能入內參觀，導覽時間約1小時，人數有限制，可先打電話或直接到櫃檯登記

　　1844年由愛爾蘭移民興建的4棟連排磚屋，每棟建築有6間房間、地下室廚房及狹小後院，直至1990年最後的居民搬出屋子，150多年以來這些房間已有100多個家庭在這裡生活。許多岩石區的傳統建築於1900年鼠疫流行期間，在貧民區大整頓、雪梨大橋興建及現代城市發展過程中被拆除，而倖存的蘇珊娜博物館仍舊維持建築物的內外觀，煤燈、嬰兒籃、鍋碗、尿壺等用品都原汁原味地擺飾出來，彷彿那些過往居民只是外出工作，而參觀的民眾像是私闖民宅一般地偷窺其生活。入口處的懷舊商店重現1920年代雜貨店場景，販售茶葉、糖果等各式復古商品。

雪梨天文館
Sydney Observatory

- ✉ Watson Rd., Obeservatory Hill, Millers Point
- ☎ 9921-3485
- ◉ 每日10:00～17:00，12/31號10:00～14:00
- 💰 一般展覽免費，**立體太空電影和望遠鏡參觀行程(約30分鐘)**：成人AU$10，兒童AU$8，家庭(2大人2小孩)AU$26，行程時間和主題不定期更新，請詳網站；**夜間觀星行程**：4月～10月18:15、20:15，11月～3月20:15，成人AU$18，兒童AU$12，家庭(2大人2小孩)AU$50
- ➡ 從Circular Quay火車站沿著George St.走，左轉到Argyle St.然後左行到Watson Rd.
- http www.sydneyobservatory.com.au

　　建於1858年，雪梨天文館是澳洲最古老的天文館，位於雪梨灣範圍最高處的天文丘(Observatory Hill)上。除了具備天文觀察功能外，天文館圓頂建築上的黃色圓球還提供了很重要的對時功能，圓球在每日13:00整點會降下，知會雪梨灣上航行的船隻以及附近的居民正確的時間。

旅行小抄

來此可以向雪梨天文館的櫃檯索取每月更新的雪梨觀星圖(Sydney Observatory Night Sky Map)，觀星圖標示的是晚上19:30(冬夏季時間不同)的星象位置，把觀星圖上的North朝向天文館的正面，觀星圖的正中央點就是你正上方的天空，有興趣可以找看看南半球才看的到的南十字星(Southern Cross)喔！

雪梨大橋
Sydney Harbour Bridge

➡ Milson Point火車站旁是雪梨大橋行人步道的北端入口，南端入口在岩石區Cumberland St.上的Bridge Stairs

🗺 P.39／A3

橫跨雪梨灣南北岸的雪梨大橋，連街雪梨市區及北岸米爾森角(Milsons Point)，因其形狀被當地人暱稱為衣架(Coat Hanger)，和一旁的雪梨歌劇院並列澳洲最知名、最上鏡頭的地標。著名的罪犯建築師法蘭西斯(Francis Greenway)早在1815年就提案建築連接雪梨灣南北兩岸的長橋，1924年在公共工程師「雪梨港灣大橋之父」約翰布拉德菲爾德(John Bradfield)的指揮下開始

雪梨大橋橋塔高89公尺

興建，800多戶家庭被迫搬遷，1,400多位工人中有16位在興建過程中因工傷喪生，投入8年的時間，使用53,000噸鋼鐵，花費625萬澳幣，終於在1932年完工，興建經費直到1988年才完全付清。

從雪梨灣北岸的藍岬公園眺望雪梨大橋全景及雪梨歌劇院

世界最高的鋼鐵拱橋

雪梨大橋長1,149公尺、寬49公尺，最高點離海平面134公尺，是世界上最高的鋼鐵拱橋，其高度因熱漲冷縮冬夏變化達18公分。現有8條車道、2條鐵道、1條人行道及1條腳踏車道。從北岸往南岸進入市區，每日約有18萬的車流量，每台車收過路費約3.3澳幣

夜晚徒步通過雪梨大橋可欣賞歌劇院和環狀碼頭夜景

（駛離市區免費），用來支付每年2億多澳幣的維修費用。以重新上漆為例，光一層表面就需要8萬公升的油漆；另外因當初只有灰色油漆可以提供這個數量，所以雪梨大橋外漆才選用灰色。

戲劇化的落成典禮

1932年3月29日雪梨大橋開幕典禮上，新南威爾斯州長傑克朗(Jack Lang)準備剪綵時，一名叫佛朗西斯(Francis de Groot)的男子身著軍人服裝騎著馬衝至綵帶前，他高舉軍劍一揮把綵帶劃斷，警察一擁而上把他逮捕，綵帶重新綁上後，州長再一次地宣布雪梨大橋正式落成，佛朗西斯因此被定罪，罰款5英鎊。

親近雪梨大橋的3種方式

步行通過

從南端走到北端不停的話大概15～20分鐘，如果你怕高或是錢包不夠厚、不能攀登雪梨大橋，步行通過雪梨大橋是不錯的選擇！途中會經過位於南端的橋塔瞭望台博物館(Pylon Lookout Museum)，裡面有關於雪梨大橋興建過程的展覽，還可上爬200階的階梯登高欣賞360度港灣美景。如果你計畫只走單程，建議搭乘火車或渡船到Milson's Point，從北端往回走，這樣雪梨歌劇院和環形碼頭行進時會在左前方，就

緩步穿越雪梨大橋，欣賞鋼骨建築工藝之美不需頻頻回頭。

要注意西邊的通道是腳踏車道，不要誤闖。

旅行小抄

橋塔瞭望台博物館(Pylon Lookout Museum)

✉ 雪梨大橋行人步道南端　　📞 9240-1100

🕐 每日10:00～17:00，16:45前要入館

💲 成人AU$13，兒童(5～12歲)AU$6.5，4歲以下免費

➡ 雪梨大橋行人步道北端入口在Milsons Point火車站旁，南端入口在岩石區Cumberland St.上的Bridge Staris

🌐 www.pylonlookout.com.au　　🗺 P.39／A3

攀登雪梨大橋(BridgeClimb)

✉ 3 Cumberland St., The Rocks　　📞 9274-7777

🕐 09:00～18:00，多團出發，中文行程15:00

💲 AU$158～368，依行程各有不同；實際票價及集合時間詳網站，行程包含集體照、紀念帽子、個人攀登證書及橋塔瞭望台門票(BridgeClimb Sampler不含證書和門票)

➡ George St.北端左轉Argyle St.，穿過Argyle Cut右手邊的階梯往上可到達Cumberland St.，右轉步行約200公尺，BridgeClimb在左手邊

🌐 www.bridgeclimb.com、www.bridgeclimb.cn(中文網站)

❓ 參加者需8歲且120公分以上，懷孕24週以上需要醫生同意書；行前須通過酒精吹氣檢查

🗺 P.39／B3

搭乘渡船從下面穿過

從環形碼頭搭乘前往Darling Harbour／Pyrmont Bay／Parramata的渡船西行，渡船慢慢駛近雪梨大橋後從橋下穿過，天氣好時，興奮的遊客擠滿渡船的露天座位區、直按快門，拍攝各角度的雪梨大橋，當渡船穿過大橋正下方，宏偉的鋼鐵結構讓大家不禁仰頭注視。多數渡船皆有免費Wi-Fi，讓遊客能立刻上網分享旅遊的喜悅。

鋼鐵橋梁在陽光與大海中閃耀光芒

攀登雪梨大橋

1988年開始的特殊活動，吸引了許多國內外遊客參與。穿上安全裝備，專業領隊帶領團隊沿著大橋的橋拱緩緩前進，可以感受到橋上車水馬龍的喧囂及震動，到達外拱頂點時，除了登頂的喜悅，無障礙港灣360度美景讓人禁不住倒吸一口氣。爬橋的行程依時段分為黎明、白天、黃昏和夜晚，依路徑則分為經典攀登(BridgeClimb)、快速攀登(BridgeClimb Express)和初體驗攀登(BridgeClimb Sampler，只走內拱，沒有登頂)。

1.攻頂後能見到一生難忘的雪梨景色　2.唯有實際攀登雪梨大橋，才能體會繁複的結構之美（以上圖片提供／BridgeClimb Sydney）

雪梨文化藝術集中地
沃什灣
Walsh Bay

➡ 從環形碼頭穿過岩石區步行約5~10分鐘
🗺 P.39/A2

沃什灣旁圓環的幽默公共藝術

位於岩石區西面的沃什灣曾經是澳洲羊毛出口的主要港灣，70年代早期漸漸荒廢，直至1982年後高級飯店、公寓、餐廳、雪梨戲劇團(Sydney Theatre Company)、雪梨舞蹈團(Sydney Dance Company)等多家表演藝術團體陸續進駐，以及每年冬天在此舉辦的雪梨作家節(Sydney Writers' Festival)，沃什灣成為雪梨著名的文化藝術集中地。有別於熱鬧的環形碼頭，沃什灣碼頭給人的感覺，就像曾擔任雪梨戲劇團藝術總監多年的知名演員凱特布蘭蕭(Cate Blanchett)，散發著不徐不緩的優雅氣質。

遊客較少的沃什灣多了一分悠閒

砂岩堆砌的水岸公園
巴蘭咖魯公園
Barangaroo Reserve

➡ 從沃什灣旁的入口進入
🌐 www.barangaroo.sydney
🗺 P.39/A2

砂岩堆積的水岸階梯吸引遊客赤腳嬉戲

依貝內朗(Bennelong，介紹請見雪梨歌劇院P.76)的第二任妻子命名，75,000棵原生植物及1萬個蜂蜜色砂岩塊堆砌成仿自然的水岸，這塊位於沃什灣和達令港間的水泥貨櫃場，搖身一變為6公頃的水岸公園；公園後幾棟正在施工的高樓，包括新的賭場、飯店、商辦大樓及商場等，預計在2019年完工，並將成為雪梨旅遊業的一大賣點。

知識充電站

飢餓的一里路
1930年經濟大蕭條期間，許多飢餓的失業工人們遊走在各個貨櫃碼頭間試圖尋求打零工的機會，因此當時此區亦被稱為飢餓的一里路(The Hungry Mile)。

搭渡船遊雪梨灣北岸及鸚鵡島

深度特寫

雪梨灣北岸恢意漫遊

從環形碼頭搭前往達令港的渡船，渡船從雪梨大橋底下通過，在米爾森角(Milsons Point)渡船站下船，左轉朝月神公園的大臉門方向步行，右手邊會經過北雪梨奧林匹克游泳池，1936年落成的游泳池是帝國競賽(Empire Games)游泳項目的比賽場地，藝術裝飾(Art Deco)風格的外牆上裝飾著海鳥和貝殼。

繼續往前走，穿過月神公園大臉

薰衣草灣

門的嘴巴，沿著公園的木棧道可接續薰衣草小灣(Lavender Bay)步道，據說夜晚時北雪梨一帶大樓頂的燈火照射在小灣上，水面呈現薰衣草色，故得其名(浪漫的地名取自一位叫George Lavender的船長，而他的太太叫作Susannah Blue，是薰衣草灣旁邊的Blue Point Reserve的由來)。沿著小灣步道，右側是廢棄的鐵道，雪梨大橋落成前，雪梨灣北岸居民搭乘火車至此轉搭渡船進入市區。沿鐵道續行右轉，爬上涵洞階梯後即進入溫蒂的祕密花園。

雪梨灣北岸地圖

- Blue St.
- North Sydney
- Lavender St.
- Blues Point Rd.
- 溫蒂的祕密花園 Wendy's Secret Garden
- 薰衣草灣 Lavender Bay
- Milsons Point
- Broughton St.
- Burton St.
- 齊利必利市集 Kirribilli Markets
- 登橋階梯
- 藍岬公園 Blue Point Reserve
- 月神公園 Luna Park
- Alfred St.
- 齊利必利
- MaMahons Point
- 水岸步道
- Milsons Point
- 奧林匹克游泳池 North Sydney Olympic Pool
- Jeffrey Street
- 雪梨大橋 Sydney Harbour Bridge

月神公園
Luna Park

- 📧 1 Olympic Drive, Milsons Point
- 📞 9033-7676
- 🕐 每日營業時間不定，會因氣候或私人包場未開放，營業時間詳見網站
- 💲 入園免費，遊樂設施門票從AU$16～49.95不等，依身高不同區分票券種類(園區設施有身高限制)；另分為依設施購買單次門票、無限次數票兩種

無限次數票身高／票價表(票價依季節變動)

身高	顏色	網路優惠票價
85～105	紅	AU$22
106～129	綠	AU$38
130以上	藍	AU$48

- ➡️ 從環形碼頭5號登船口搭乘前往Darling Harbour或Parramatta的渡船
- http www.lunapark.sydney(欲查詢營業時間，進入網站後點選openinghours即可)
- MAP P.55

遊戲區，贏了可以把玩偶帶回家喔

流露詭異氣氛的小丑笑臉是遊客拍照的主角

　　1935年在雪梨大橋北端成立的月神公園大大風靡了雪梨居民，但1979年因為一場意外造成7人喪生而一度關閉，重新開幕後又於1988年未通過安全檢驗而再度關閉，1995才得以再營業。1996年因附近居民抱怨雲霄飛車的尖叫聲太大聲要求改善，只好又停業整修，直至2004年才再次開幕並營業至今，多次關閉的月神公園是許多雪梨人童年的共同回憶。隨著雪梨灣北岸的開發，月神公園所處的雪梨灣岸地段價值不菲，州政府將月神公園列為古蹟才讓它得以保持現狀，雖然沒有新穎刺激的遊樂設施，1930年代嘉年華慶典的風格反倒成了月神公園的特色。

溫蒂的祕密花園
Whiteley's Secret Garden

- 📧 薰衣草灣北側
- ➡️ 從Milsons Point火車站或渡船站步行穿過月神公園，沿著雪梨灣步道步行約7分鐘，穿過右手方涵洞階梯即可進入
- MAP P.55

　　溫蒂(Wendy Whiteley)是澳洲著名藝術家布萊特懷特利(Brett Whiteley)的遺孀，她花費25年時間，將廢棄鐵路旁的一塊公有地打造成別有洞天的花園，彎曲的庭園步道使不大的花園得以延伸，戶外家具及植物選擇皆具巧思，很適合野餐

温蒂祕密花園是當地人野餐的好地點

或在角落安靜閱讀。中庭野餐桌上的留言本裡寫滿的訪客對溫蒂的感謝，花園現仍由溫蒂指揮家人及義工維護整理。

鸚鵡島的駐島小旅行

鸚鵡島
Cockatoo Island

- ☎ 8969-2100
- ⊙ 遊客中心：10:00～16:00
- $ 登島免費；語音導覽機1人AU$5、2人1機AU$8
- ➡ 從環形碼頭5號登船口搭乘前往Parramatta的渡船，約15分鐘抵達
- http www.cockatooisland.gov.au
- ❓ 需注意回程船班時間

雪梨灣中的第一大島——鸚鵡島，長500公尺、寬360公尺，總面積18公頃，位於帕拉瑪塔(Parramatta)和Lane Cove兩條河流注入雪梨灣的交口處，早期島上的紅尤加利樹林有許多黃冠白鸚鵡在此棲息，因而得名。1839～1869年期間，流放犯再次犯罪時會被送到鸚鵡島接受懲罰，後來成為工業學校、感化院、澳洲最大船廠，二次大戰期間則做為盟軍在南太平洋的修船基地，現開放給民眾遊憩使用。

黃冠白鸚鵡

島上由囚犯自己搭建的砂岩監獄遺跡已於2010年被列入世界遺產，而穿透整個島嶼中央的3條隧道兼防空洞、銹蝕的船廠起重機、廢棄的船廠車間和工業學校遺跡都是參觀鸚鵡島的重點。冷冰冰的監獄和工業遺跡給人一種落魄、滄桑的感覺；而各種大型活動和藝術展覽不定期在島上舉行，也為鸚鵡島添加了藝術人文的氣息。如果你是X戰警系列電影的影迷，應該會覺得鸚鵡島似曾相似，因為這裡可是《X戰警：金鋼狼》中史崔克上將實驗工廠的拍攝場景。

1.登上鸚鵡島，造訪雪梨灣內的世界文化遺產　2.鸚鵡島是雪梨灣沿岸唯一合法的露營區
3.世界文化遺產的砂岩監獄遺址(圖片提供／Tourism Australia)　4.島上廢棄的空曠船廠

逛街購物

澳洲特色產品尋寶地
岩石區市集
The Rocks Market

- ✉ Playfair St.和Jack Mundey Place
- 🕐 週六、日 10:00～17:00
- ➡ 沿著環形碼頭往岩石區方向,當代美術館右方的Argyle St.左轉,穿過George St.即可看到市集,步約約3分鐘
- http www.therocks.com(點選MARKETS)
- ⁉ 週五09:00～15:00也有市集,以食物為主,其他攤販較少
- MAP P.39/B3

週末市集坐落在古色古香的岩石區,約有150個攤販,以販賣手工藝品為主,像是無尾熊鑰匙圈、澳洲茶樹香皂、蜂蠟蠟燭、原生植物果醬、袋鼠睪丸裝飾品、原住民迴力標等等都是深受遊客喜愛的紀念品。以雪梨大橋為背景,徐徐海風自港灣吹來,空氣中飄著手工果醬和蠟燭甜甜的香味,角落傳來街頭音樂家動人樂聲。以悠哉的心情,放慢腳步慢慢逛,要感受岩石區市集的風情可不能趕行程!

試吃世界第一辣的辣椒醬

天篷下的週末市集

父子檔街頭音樂家

旅行小抄

獨一無二的雪梨明信片

來到岩石區市集,當然不可錯過天才型自閉症畫家Ping Lian Yeak與眾不同的風景明信片。在攤位中透過其母親Sarah的介紹,可以感受她對兒子與其作品的驕傲;雪梨灣、歌劇院、雪梨大橋透過多重線條生動地呈現在畫作和小卡中,這絕對是比一般風景明信片特別上百倍的紀念品!

獨樹一格的雪梨灣明信片及畫作

Circular Quay and The Rocks

澳洲原住民藝術品商店
Gannon House Gallery

- ✉ 45 Argyle St., The Rocks
- ☎ 9251-4474
- 🕐 每日10:00～18:00
- 💲 依購買物品不同
- ➡ 環形碼頭火車站出站之後，面海左轉，遇George St.右轉，約半分鐘遇Argyle St.左轉，在路口不遠處的左手邊
- 🌐 www.gannonhousegallery.com
- ⁉ 裡面不可拍照
- 🗺 P.39／B3

流放雪梨的棺材匠麥克爾‧干農(Michael Gannon)於1840年興建的舊居，故得其名。在岩石區喬治亞風格歷史建築中展出豐富的藝術作品，原住民藝術家運用線條、圓點、幾何圖形呈現古老神話及荒野地貌，藝廊直接從澳洲

專營澳洲原住民藝術品

原住民藝術家取得的原作，附有證書及藝術家生平介紹，並提供國際郵寄服務。

美味手工客製岩石糖
Sticky Candy

- ✉ Shop 10, The Rocks Centre, 12-24 Playfair St.
- ☎ 9252-3337
- 🕐 每日09:30～17:30
- 💲 小包裝AU$5.95
- ➡ 岩石區遊客中心(P.47)樓下的商場內
- 🌐 www.sticky.com.au
- 🗺 P.39／B3

創辦人David King於2000年時，為了實現他對糖果的熱情而捨棄律師生涯創辦Sticky Candy，製糖師傅們結合糖果與藝術，在店面現場手工拉出好吃又好看的岩石糖。客製岩石糖

←小包裝的手工岩石糖是不錯的紀念品

工作人員不間斷地趕製出繽紛的岩石糖

的起購量是8公斤，澳洲人會買來作婚禮小物或是公司宣傳品，遊客可購買「I love Sydney」小包裝的岩石糖當作紀念品。

富有澳洲特色的藝術紀念品店
Argyle Gallery

✉ 21 Playfair St., The Rocks
☎ 9247-4427
🕐 每日10:00～17:30
💲 依購買物品不同
➡ 環形碼頭火車站出站之後，面海左轉，遇
　George St.右轉，約半分鐘遇Argyle St.左
　轉，在第一個路口右轉Playfair St.，在左手邊
🌐 www.argylegallery.com.au
🗺 P.39／B3

↘班克木果實製成　　　普雷費爾街商店
的薰香瓶

　　普雷費爾街(Playfair St.)17～31號一整排連棟兩層樓建築，是典型維多利亞晚期風格的建築(Victorian Terrace Building)，主要是供藍領階級出租，所以格局不大。其中21號Argyle Gallery不同於一般紀念品店，Argyle Gallery販賣的是澳洲藝術家的藝術和手工藝品，以雪梨灣或是原生動物為主題的畫作、明信片、班克木果實做成的手工藝品，都是不錯的紀念品選擇。

1.Argyle Gallery門口展示著動物主題的小型創作　**2**.2樓展示著由澳洲本地藝術家的作品

澳洲天然蜂蜜免費試吃
Superbee Honey Shop

- ✉ 23 Playfair St., the Rocks
- ☎ (02)9252-1815
- ⊙ 每日10:00～17:30
- 💲 250g尤加利樹蜂蜜AU$5.5，250g夏威夷豆蜂蜜AU$6.95
- ➡ 環形碼頭火車站出站之後，面海左轉，遇George St.右轉，約半分鐘遇Argyle St.左轉，在第一個路口右轉Playfair St.，在左手邊
- http www.superbee.com.au
- MAP P.39／B3

各式蜂蜜任你品嘗

　　不同於臺灣常見的龍眼蜜，澳洲植物賦予蜂蜜不同的顏色、香氣、甜度與濃稠度。尤加利樹蜂蜜(Eucalyptus Honey)呈琥珀色、甜度適中，很適合拌在茶飲裡；夏威夷豆其實為澳洲北方的原生植物，冬天為花季，7～9月是夏威夷豆蜂蜜(Macadamia Honey)的主要產季，顏色偏深，甜味中含著堅果味，相當特殊。店面雖然不大，但有提供試吃服務。

鑲有思華洛世奇水晶的UGG靴
UGG since 1974

- ✉ 23 Playfair St., the Rocks
- ☎ (02)9252-1815
- ⊙ 每日10:00～17:30
- 💲 傳統短靴AU$129
- ➡ 環形碼頭火車站出站之後，面海左轉，遇George St.右轉，約半分鐘遇Argyle St.左轉，在第一個路口右轉Playfair St.，在左手邊
- http www.uggsince1974.com.au
- MAP P.39／B3

↘有別於傳統的UGG設計

　　UGG是澳洲羊毛靴的統稱，並非只單一品牌，在雪梨大大小小的紀念品店都有販售，價格和品質不一。1974年由Arthur Springthorpe創立的UGG靴子工廠，現由第三代經營，工廠位於昆士蘭，是少數維持在澳洲境內生產的靴子工廠，採用頂級的美麗諾羊皮手工製作，並非是將羊毛縫製在人工布料上的假羊皮，價位較其他紀念品店賣的UGG靴來得高。

　　1985年起和思華洛世奇合作，將閃亮的水晶縫製在平凡無奇的UGG靴子上，在傳統製靴工藝中注入創新的設計元素，顧客還可以選擇款式與不同羊毛鋪面組合，設計自己獨一無二的靴子，從店面訂購約5個工作天內即可取件。

雪梨市集大集合

到週末，雪梨各區的市集紛紛開市，有得吃、有得逛、並且有現場音樂表演的市集是雪梨居民週末活動的首選。除了必逛的岩石區週末市集(P.58)外，其他市集雖然少了專為觀光客設計的紀念商品，但透過逛當地市集貼近居民生活，是自助旅遊讓人如此著迷的原因之一。

市集控推薦行程

鐵路倉庫農夫市集

↓ 步行穿過雪梨大學

格里伯市集

↓ 從Paramatta Rd.搭440號公車

帕丁頓市集

↓ 搭333／380號公車到Town Hall火車站，轉乘火車到Milsons Point火車站

齊利必利市集

↓ 步行橫跨雪梨大橋

岩石區市集

鐵路倉庫農夫市集

鐵路倉庫農夫市集

帕丁頓市集

齊利必利市集

格里伯市集

週六瘋市集

🌿 產地直銷的農夫市集

鐵路倉庫農夫市集
Carriageworks Farmers Market

✉ 245 Wilson St, Eveleigh
🕐 週六08:00～13:00
➡ Redfern火車站出匣門後左轉出站後左轉Little
Eveleigh St.接Wilson St.，步行約10分鐘
http www.carriageworks.com.au/
carriageworks-farmers-market
MAP P.163／B3

農場直銷的有機農作物(圖片提供／Tourism Australia)

　星期六早晨沿著Wilson St.邊走邊欣賞沿途的維多利亞排樓建築，早起的居民提著環保袋、溜著狗、推著嬰兒車前往農夫市集。市集有70多個攤位，來自新南威爾斯州各地的小農，聚集在舊鐵路倉庫裡直銷

舊鐵路倉庫裡的美食天堂

農產品及美食，這裡是附近居民週六購物及享用早餐的最佳地點。

Pepe Saya奶油

Pepe是創辦人Pierre Issa的暱稱，創立不到5年的乳製品工廠位於雪梨南郊，是從剛開始的口耳相傳、到至今雪梨主廚和老饕們指名的著名品牌，許多澳洲頂級餐廳會在菜單上驕傲地打上他們的食材來自Pepe Saya。採用天然牧草養殖的健康牛隻所生產的鮮乳，經過發酵熟成後製成的奶油，香氣飽滿、質地濃厚，是在地小量生產的精品奶油。

必逛焦點

Moobivalley牛肉

農場用放牧方式飼養的安格斯牛。攤位除了販售冷藏生牛肉，還有傳出讓人無法抗拒香味的現煎牛肉漢堡排，安格斯黑牛肉、焦糖洋蔥、甜菜根、生菜、起司、美奶滋組成的牛肉漢堡(Truffle Beef Burger)，號稱雪梨最好吃的漢堡。

Flour and Stone烘焙坊

Nadine Ingram開設的烘焙坊，Nadine曾在倫敦、雪梨多家著名烘焙坊實習、工作，傳統的香草海綿蛋糕、莓果蛋白糖霜脆餅、造型可愛的薑餅及銷售排名第一的榛果蛋糕(Hazelnut Torte)都是人氣商品。

🌿 當地大學生最愛市集

格里伯市集
Glebe Markets

✉ Corner of Derby Place and Glebe Point Rd., Glebe

🕐 每週六10:00～16:00

➡ 從Central火車站Pitt St.出口左轉，續行 George St.、Broadway約1.5公里，Glebe Point Rd.右轉，約200公尺，市集在左手邊

http www.glebemarkets.com.au

MAP P.163／A3

　　格里伯市集位於雪梨大學坎伯當校區東北角的Glebe公立小學內，約有200個攤位，逛市集的人潮有一大部分是附近雪梨大學和雪梨科技大學的學生，販售的商品符合年輕族群喜好，像是創意手工飾品、二手衣物、植物，且價位不會太高。

販賣南美特色首飾的攤位老闆自得其樂地開起小型音樂會

　　市集的草坪常有音樂表演(12:00～15:00)，可在草坪旁的小吃攤區域買午餐、悠閒地坐在草坪上野餐，讓自己融入這個充滿樂趣和新鮮感的市集。

Gleebooks　　　　　必逛焦點

✉ 49 Glebe Point Rd.

http www.gleebooks.com.au

市集對面的Gleebooks是在地經營30多年的獨立書店，經常舉辦新書發表會以及國內外作家座談活動，同書店的二手書分店則在同一條路上的149號，逛完格里伯市集後可沿著Glebe Point Rd.前來逛逛。

愛書人在Gleebooks席地閱讀

在樹蔭下的二手衣攤尋寶

🌿 精品設計風格市集
帕丁頓市集
Paddington Markets

- ✉ Paddington Public School, 395 Oxford St., Paddington
- 🕐 週六10:00～16:00
- ➡ 環形碼頭公車站B候車亭搭乘380號公車，在 Oxford St. Near William St.站下車後步行約2分鐘
- http www.paddingtonmarkets.com.au
- MAP P.194

　　位於牛津街街上的帕丁頓公立學校、聖約翰教堂旁廣場的週六市集，1973年，從幾位嬉皮開始在此販售二手品和手工藝品，至今是雪梨新銳設計師、藝術家嶄露頭角、販賣作品的地方，澳洲當代設計知名品牌恐龍設計(P.197)早期就是在此擺攤起家。販售商品從衣物、家用飾品、手工藝品、植物、食物等琳瑯滿目，約有150個攤位，從市集人潮中的打扮

穿著，可看出帕丁頓市集偏向精品風格，顧客群多為年齡層較大、經濟能力較好的雅痞。

來帕丁頓市集尋找獨一無二的設計單品

必逛焦點

Maya Neumann製帽
製帽經驗超過25年的Maya，運用原生於南美洲的漂浮性水生植物鳳眼藍(Fresh Water Hyacinth)纖維手工編織、植染製成的旅行草帽Squash Hat，折疊擠壓後，用水潤濕後即可回復原本形狀，是Maya最著名的產品。

可折疊擠壓的旅行草帽

🌿 雪梨灣北岸人氣No.1市集
齊利必利市集
Kirribilli Markets

- ✉ Burton St. tunnel, Kirribilli
- 🕐 每月第4個週六07:00～15:00(12月休市)、每月第2個週日09:00～15:00
- ➡ Milsons Point火車站外
- http www.kirribillimarkets.com　　MAP P.55

　　在雪梨大橋北岸橋墩下的市集，從1974年開市至今，是雪梨灣北岸人潮最多的市集，約有220個攤位，

雪梨大橋橋墩下的手工藝市集

每月僅開市兩天(第4個週六是一般市集，第2個週日則以手工藝品為主)，和岩石區週末市集一南一北相呼應，可以徒步走過雪梨大橋逛兩個市集。

Irene編織
Irene的編織品攤位位於雪梨大橋的橋墩下，運用巧妙的勾針手法，將澳洲特有的野生鳥類編織成可愛玩偶。

色彩繽紛鳥類玩偶任你挑選

特色餐飲

絕無僅有的澳洲國徽披薩
The Australian Heritage Hotel

- ✉ 100 Cumberland St., The Rocks
- ☎ 9247-2229
- ⊙ 每日10:30～24:00
- 💲 Coat of Arms 披薩AU$19.9，啤酒AU$9起
- ➡ 岩石區Argyle St.右手邊階梯往上接Cumberland St.左轉，在左手邊，隔壁是Sydney Harbour YHA
- http www.australianheritagehotel.com
- MAP P.39／B3

從1900年營業至今的The Australian Heritage Hotel，因其愛德華式建築保存良好，已被登記為州立古蹟。酒吧以100多種澳洲各地手工優質啤酒聞名，並提供澳洲啤酒護照讓酒客紀錄喝過的啤酒，牆面上的啤酒名人榜記載著集滿所有啤酒種類的酒客姓名；除了啤酒外，一半是袋鼠肉，另一半是鴯鶓肉，配上黑胡椒、紅洋蔥、甜椒、野番茄和蔓越莓的澳洲國徽披薩吸引了很多遊客特地到此用餐，野味十足的國徽披薩搭配店家推薦、來自西澳的Little Creatures Pale Ale啤酒，是在澳洲才吃得到的特色餐點。

↘一邊袋鼠肉一邊鴯鶓肉的國徽披薩

1.位於轉角的酒吧越晚越熱鬧 2.在吧檯點杯澳洲道地的優質手工啤酒吧 3.傳統的酒吧內部裝潢

⚜ 法式甜點控的朝聖地
La Renaissance
Café Patisserie

✉ 47 Argyle St., The Rocks
📞 9241-4878
🕐 08:00～17:30
💲 咖啡AU$4.5、杏仁可頌AU$6
➡ 環形碼頭火車站出站之後，面海左轉，遇
George St.右轉，約半分鐘遇Argyle St.左轉，
在路口不遠的左手邊
http www.larenaissance.com.au
❓ 外帶價錢比較便宜
MAP P.39／B3

五彩繽紛的甜點櫃，讓人每一種都想點來嘗嘗

　　這家法式甜點店於1992在岩石區開幕後，一直都是甜點控的朝聖地，曾到巴黎取經的甜點師傅Pierre Charkos使用新奇食材創造出一系列甜點藝術品，展現其對創意的熱情外又不失傳統甜點的製作原則。以創辦人命名的Passion de Pierre，及以畢卡索、莫內、梵谷、高更藝術家為創作靈感的4款藝術蛋糕「Art Cake」造型十分討喜，外酥內軟的杏仁可頌(Almond Croissant)更是大推。除了門外人行道上幾個露天桌椅，進入綠色店面後，穿過讓人心花怒放的甜點櫃，建築物後方是別有洞天的後院，把門前的岩石區來往的人潮隔絕在外，特顯悠閒情調。

↘美味的杏仁可頌配咖啡，開始美好的一天

1.鵝黃色建築搭配綠色門框，給人溫暖質樸的感受　2.後院別致的擺設

✤ 鄉村風美味點心專賣店

The Tea Cosy

✉ 33 George St., The Rocks

☎ 9247-4955

◷ 週一、週三～五10：00～16：00，週六、日
09：30～17：00；週二休息

💲 Devonshire Tea AU$14，High Tea AU$35

➡ 環形碼頭火車站往George St.方向，右轉
George St.，步行約1分鐘，在左手邊

http www.theteacosy.com.au

MAP P.39／B3

　　1875年建的老建築曾是軍隊
士官的住宅，有別於一般3層下
午茶的貴婦風格，這裡走的是鄉
村老奶奶路線，樸質別致的擺飾
散布店裡各個角落，桌面上擺飾
著一籃毛線球，好像老奶奶毛線
打到一半起身看顧烤爐；從套上
超可愛手工毛線保暖套的茶壺中
倒出暖暖熱茶，新鮮出爐的手工
司康外酥內軟，抹上濃郁鮮奶油
和酸甜果醬後一口咬下，讓人
感受到老奶奶滿滿的
愛心，幸福感十足。
Devonshire Tea包含司
康、鮮奶油、果醬、
茶或咖啡，3層的High
Tea則多了手指三明治
和甜點。

造型可愛的茶壺保暖套

Devenshire Tea的司康、茶和果醬都可以選擇
口味

→3層鄉村下午茶可以選兩種
茶品或咖啡，很適合兩人分享
↓店門口的黑板標示著司康出
爐時間

不打烊的超人氣鬆餅店
Pancakes on The Rocks

✉ 4 Hickson Rd., The Rocks
☎ 9247-6371
🕐 每日24小時營業
💲 豬肋排AU$33.95，Devil's Delight巧克力、草莓鬆餅AU$14.95
➡ 環形碼頭火車站右轉George St.，Hickson Rd.右轉，在左手邊
🌐 www.pancakesontherocks.com.au
🗺 P.39 / B3

←必點招牌豬肋排
↓巧克力草莓鬆餅

1975年成立的鬆餅店，位於岩石區的是創始總店，裝潢走美式悠閒風。鬆餅口味有巧克力、香

草、黑森林、香蕉……十幾種，大推由巧克力鬆餅、草莓、鮮奶油、巧克力冰淇淋、巧克力醬、糖粉組成的Devil's Delight，冰淇淋在熱呼呼的鬆餅上「走山」超誘人，而且分量大到吃完會有罪惡感，食量不大的話足夠2～3人共食。1994年菜單中新增的烤豬肋排也是必點的餐點之一，滑嫩的豬肋排搭配入味的BBQ醬，總讓人欲罷不能地吸吮指頭。

物超所值的澳式BBQ餐廳
Phillip's Foote

✉ 101 George St., The Rocks
☎ 9241-1485
🕐 週一～六12:00～23:00，週日12:00～22:00
💲 AU$25～33
➡ 環形碼頭火車站往George St.，右轉George St.，在左手邊
🌐 www.phillipsfoote.com.au
🗺 P.39 / B3

依第一艦隊亞瑟菲利浦船長命名，餐廳主人的祖先是隨該艦隊來到岩石區的罪犯。綠色的外觀讓人誤以為是愛爾蘭酒吧，入內後穿過吧檯區、中庭至後棟建築點餐，冷凍櫃是生鮮肉品，有不同部位的牛肉和羊、雞、魚可供選擇，選好生鮮肉品後便到院子裡的BBQ檯自行DIY烤肉，吃到飽沙拉吧有沙拉、水果、麵

包，在雪梨算是物超所值的選擇，一手拿烤肉夾、一手拿啤酒的澳式BBQ等你來體驗！

用院子裡的BBQ檯自行烤肉DIY

中庭用餐區

69

大分量德式美食餐廳
Lowenbrau Keller

✉ Cnr of Playfair & Argyle St.,The Rocks

📞 9247-7785

🕐 週一～五10:00～凌晨，週六、日9:00～凌晨；
視顧客人數調整營業結束的時間

💲 Munchner Schlachtplatte每人AU$40.5，德
國豬腳AU$37

➡ 環形碼頭火車站往George St.方向，右轉
George St.，左轉Argyle St，在右手邊

http www.lowenbrau.com.au

❓ 16:00～18:00是Happy Hour，用晚餐的話可
以早一點到，在18:00前先點啤酒

MAP P.39／B3

↑2人份拼盤

　　巴伐利亞風格的德國餐廳，餐廳內部有很寬敞的啤酒大廳，晚間會有傳統民謠表演帶動氣氛，穿著傳統服飾的男女服務生們在場中穿梭。推薦菜色有富有果香的芒果啤酒、蝴蝶餅（Prazel）、德國香腸和德國豬腳（Pork Knuckle），德國豬腳外皮烤的酥脆、腿肉油花微鹹鮮嫩。如果人夠多的話，可以點主廚推薦Munchner Schlachtplatte拼盤，包含多種口味香腸、雞排、豬肉、酸菜、馬鈴薯和必點的德國豬腳，分量十足，夠3～4人分食，搭配超大杯德國啤酒，豪爽地大口喝酒大口吃肉！

穿著德國傳統服飾的女服務生　　濃濃巴伐利亞風格的旗幟

戶外用餐區的客人總是絡繹不絕

雪梨最古老酒吧之爭

「**最**古老酒吧」的光環向來是酒吧最響亮的招牌，岩石區有3家酒吧都號稱自己是雪梨最古老的酒吧，Fortune of War、 Hero of Waterloo 、Lord Nelson各有其說法，各家酒吧也各有支持的群眾，最古老酒吧名號之爭因此一直處於僵持不下的競爭局面。且讓我們一一造訪，親身體驗澳洲根深蒂固的啤酒文化。

Fortune of War

於原址營業最久

✉ 137 George St., The Rocks
☎ 9247-2714
🕙 週日～四09:00～24:00，週五、六09:00～01:00
💲 啤酒AU$8起
➡ 環形碼頭火車站出站後，面海左轉，步行約1分鐘，遇George St.右轉後走在左手邊
http www.fortuneofwar.com.au
MAP P.39／C3

1800年，Samuel Terry因為偷了400雙襪子被判刑流放雪梨7年，1828年他在岩石區開設酒吧，至今187年，號稱雪梨最古老酒吧，說得準確一點，是雪梨市中位於原址最久的酒吧。長久以來這裡都是雪梨灣船員和軍人上岸後的第一站和出海前的最後一站，每年紐澳軍團紀念日(Anzac Day)遊行後，許多退伍軍人都會在此小聚。週四～日晚上、週末下午常有現場音樂表演，不大的酒吧總是擠滿或坐或站的人群，手拿啤酒隨著音樂搖擺。

很熱鬧的吧檯區

Hero of Waterloo

最早取得合法執照

- ✉ 81 Lower Fort St., The Rocks
- ☎ 9252-4553
- 🕐 週一～三10:00～23:30，週四～六11:00～24:00，週日 10:00～22:00
- 💲 啤酒AU$9～13
- ➡ George St.左轉Argyle St.入岩石區，續行約6分鐘右轉Lower Fort St.，在第2個路口左手邊
- http www.heroofwaterloo.com.au
- MAP P.39／B2

點杯飲料就可享受現場音樂表演

1843年，蘇格蘭的石匠率領流放罪犯利用雪梨砂岩興建而成，仔細觀察酒吧的石壁，仍可看到罪犯手工敲打石頭的痕跡，另外為了躲避當時的窗戶稅，樓上還建了9個假窗戶。1845年，取得全澳第一張合法酒吧執照，是當時水手士兵和碼頭工人喝酒聚會的首選地點。1849年酒吧主人把老婆Anne Kirkman推下樓梯，Anne摔斷脖子當場死亡，

砂岩牆面的敲擊痕跡就像是流放罪犯的簽名，各人有各人的敲擊風格

據說有時Anne的鬼魂會在晚上用酒吧鋼琴彈奏古典音樂。古老酒吧有一條連接酒窖和港口的地道，地道有兩個功能，一是禁酒時期自港口偷運酒精飲品進來，另一功能則是將喝得爛醉的年輕人運上船賣掉，強迫其在船上工作。不妨來英雄酒吧點杯James Squire當地啤酒，舉杯向Anne問好！

暢飲啤酒之餘，美味的燉羊腿佐馬鈴薯泥和下酒烤雞肉串也不容錯過

旅行小抄

酒吧導覽行程

想要更有效率地融入澳洲的啤酒文化，可以參加岩石區酒吧導覽行程，其中Historic Pub Tours包括岩石區5家酒吧、5杯Schooner、袋鼠肉披薩或是其他餐點，適合酒量好的遊客；The Rocks Pub Walk則包括岩石區3家酒吧、3杯Middy。相關行程岩石區遊客中心(P.47)可以代訂。

Historic Pub Tours
- ☎ (04)1966-9832
- 🕐 週一～五18:00～21:30
- 💲 AU$125
- http www.sydneypubtours.com
- 🚩 集合地點：The Merantile Hotel，25 George St.

The Rocks Pub Walk
- ☎ (04)2026-6756
- 🕐 週二、四、六18:30～20:30
- 💲 AU$54
- http www.peektours.com.au
- 🚩 集合地點：岩石區遊客中心旁、Lowenbrau Keller的門口對面

澳洲人友誼的證明──啤酒！

啤酒可說是澳洲人的國民飲料，據統計，澳洲人平均的啤酒消費量僅次於捷克人，到當地旅遊當然要入境隨俗啦！相約到酒吧喝一杯是增進感情的最佳方式，更是看足球、板球賽不可或缺的助興飲料，有這麼一個說法：沒有啤酒促進的友誼就如同沒有袋鼠的澳洲，如果別人請你喝酒，回請可是必要的禮貌。（注意：澳洲法定飲酒年齡是 18 歲，亞洲旅客看起來較年輕，建議隨身攜帶證件）。移居雪梨初期，我總搞不清楚啤酒杯的單位，用「A glass of beer」點啤酒可就遜掉了，在澳洲點啤酒可不是一杯（A glass）這麼單純，不同大小的杯子英文單位並不同，而各州使用的啤酒單位也不一樣，在新南威爾斯州慣用的啤酒單位如下表，點餐時可要留意啦！

單位	毫升
Jug	1140ml
Pint	570ml
Schooner	425ml
Middy	285ml

不同容積的啤酒杯，由左到右分別是
Middy、Schooner、Pint

Lord Nelson Brewery Hotel

自釀啤酒歷史最悠久

✉ 19 Kent St., The Rocks
☎ 9251-4044
🕐 週一～六11:00～23:00，週日12:00～22:00
💲 啤酒AU$9～13
➡ George St.左轉Argyle St.入岩石區，續行7分鐘，在右手邊和Kent St.的路口
http www.lordnelsonbrewery.com
MAP P.39／B2

1841年取得旅館執照，是雪梨最古老的旅館兼酒吧，1986年增建的精釀啤酒區，供應給酒吧客人最新鮮的啤酒──採用傳統全天然釀造法，不細濾、不加熱、小批量釀造的愛爾啤酒(Ale)。愛爾啤酒源自英國，以15～20度的溫度使大麥發酵，天然酵母會浮上頂部，新鮮的啤酒存有活的酵母菌，隨裝瓶的時間長短有不同口味。推薦有柑橘香氣的Three Sheets以及濃郁的Nelson's Blood。

酒吧天花板懸掛著舊酒桶

昏暗燈光下的酒吧建築

碳足跡最少的啤酒

雪梨歌劇院與皇家植物園
Sydney Opera House & Royal Botanic Gardens

◆ 概況
導覽

雪梨歌劇院的白色圓弧頂耀眼地停泊在雪梨灣岸的貝內朗角(Bennelong Point)，吸引著眾人的目光，從歌劇院外的入口進入皇家植物園，可參加義工帶領的免費導覽團觀賞植物園各分區，或在植物園綠地上野餐，體驗雪梨人的悠閒；而依循麥奎里夫人(Mrs. Macquarie)的散步路線前往總督為愛妻建造的石椅，再沿著海灣繼續步行可到達烏魯木魯手指港(Wooloomooloo Finger Wharf)，來一客海軍最愛的亨利老虎派補充體力；週末限定的總督府是自由行的隱藏景點，免費優質的官方導覽絕對合政治歷史迷的口味；文藝控則不可錯過州立美術館內澳洲、歐洲、亞洲及原住民美術品的豐富館藏。

行程建議及時間表

雪梨歌劇院	60分鐘
↓	
皇家植物園/麥奎里夫人石椅	90分鐘
↓	
新南威爾斯州立美術館	60分鐘
↓	
禁苑	30分鐘
↓	
烏魯木魯手指港	30分鐘

皇家植物園

Opera House Shop

雪梨歌劇院
Opera House

Bennelong

Opera Bar

麥奎里夫人石椅
Mrs Macquarie's Chair

總督府
Government House

Mrs Macquaries Rd.

農場小灣
Farm Cove

皇家植物園
Royal Botanic Garden

Mrs Macquaries Rd.

雪梨洲際酒店
InterContinental
Sydney

Bridge St.

音樂學院
Conservatorium of Music

春天走廊
Spring Walk

Andrew Boy
Charlton Pool

皇宮玫瑰園
Palace Rose Garden

Garden Shop/
Palm Grove Centre

麥奎里牆
Macquarie Wall

州立圖書館
Streetate Library of NSW

Macquarie St.

The Calyx

瓦勒邁杉
Wollemi Pine

多肉植物園
Succulent Garden

棕櫚屋及蕨園
Palm house and Fernery

第一農場
First Farm

烏魯木魯手指港
Wooloomooloo
Finger Wharf

州議會 Parliament of NSW

Gallery Shop

雪梨醫院 Sydney Hospital

禁苑
Domain

Café at The
Gallery

Hospital Rd.

Martin Place

Martin Place

新南威爾斯
州立美術館
Art Gallery
of NSW

Harry's Café
de Wheels

Cowper Wharf Roadway

舊鑄幣廠
The Mint

Art Gallery Rd.

海德公園
營區博物館
Hyde Park Barracks Museum

St. James

Bourke St.

聖瑪莉大教堂
Street. Mary Cathedral

海德公園
Hyde Park

熱門景點

雪梨最重要的地標建築
雪梨歌劇院
Sydney Opera House

- ✉ Bennelong Point, Sydney
- ☎ 售票9250-7777，導覽 9250-7250
- 🕐 大廳&服務檯開放時間：週一～六08:30～20:30，週日09:00～17:00
- 💲 大廳和紀念品販售區可免費入內，其餘區域需參加收費導覽或購票欣賞表演才能參觀
- ➡ 環形碼頭(Circular Quay)火車站出站，面海沿右方徒步區步行約3分鐘
- http www.sydneyoperahouse.com
- MAP P.75 / B1

雪梨灣岸的巨型白色風帆

不論行前在照片中或網路上看過多少次雪梨歌劇院，親眼看到建築巨作在陽光下閃閃發光仍會令人忍不住讚嘆。位於環形碼頭東北面的貝內朗角(Bennelong point)，將建築設計推向新境界的雪梨歌劇院，是20世紀最具特色的建築之一；其白色拋物線造型宛如停泊在雪梨灣岸的巨型帆船，是雪梨市民驕傲的公共藝

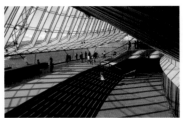
採光良好的歌劇院北面內廳

術，也是澳洲的代表性地標。歌劇院內的音樂廳(Music Hall)有2,679個座位，歌劇廳(Opera Theatre)有1,507個座位，還有一些比較小的表演場地，每年超過2,500個表演場次，讓雪梨歌劇院成為世界上最忙碌的表演藝術殿堂，每年觀眾超過150萬人次，絡繹不絕的遊客則超過400萬人次，2007年聯合國教科文組織將之評為世界文化遺產。白日、黃昏、夜晚的歌劇院為遊客呈現多樣的迷人風采，除了在不同時段、從各個角度以歌劇院為背景拍些紀

晴空下的歌劇院宛如海上風帆

Sydney Opera House & Royal Botanic Gardens

雪梨歌劇院開放日 Open Day

每年10月，雪梨歌劇院會挑一天週末免費開放參觀，排隊人潮從雪梨歌劇院延伸到環形碼頭的5號碼頭，近1公里長的排隊隊伍都是為了進入歌劇院參觀。我聽說可以免費登上音樂廳的舞台，當然不會錯過這湊熱鬧（貪小便宜）的難得機會，起個大早，排了45分鐘的隊終於進入歌劇院。開放日當天所有表演場地都會讓民眾近距離參觀，主辦單位很貼心地準備了歌劇服裝和配件讓民眾扮扮一番，穿戴完成後在陽台上以雪梨大橋為背景拍張紀念照，過過明星癮，旁人還要求一起合影呢！擠過人潮，好不容易登上音樂廳舞台，從舞台望向觀眾席是難得的角度，這輩子大概也只有這一天可以站在這裡吧！

金色大掛配上武士軍帽，轉身變成歌劇明星

念照外，參加導覽行程或是購票入內欣賞表演，才能深入體會歌劇院的建築奧妙。

歌劇院靈魂人物——約恩烏松

在1956年國際設計稿競賽中脫穎而出的丹麥建築師約恩烏松(Jørn Utzon)在1957年開始歌劇院的興建，1966年和新上任的公共建設部長理念不合而離職，自此離開澳洲，接手的澳洲建築師延續約恩的設計理念於1973年完工，花費1億2百多萬澳幣(通貨膨脹後約為今日8億6千萬澳幣)，為計畫預算的14.5倍，完工時間亦比計畫延後了10年，當時被戲稱為未完成的交響樂，落成典禮由英國女王伊莉莎白二世剪綵，並沒有邀請約恩出席；雪梨歌劇院落成後快速地贏得了世界級表演藝術中心的認可，並以其出色的建築設計成為雪梨及澳洲的象徵。2003年約恩獲得建築界最高榮譽普立茲克獎(Pritzker Prize)，2004年歌劇院將其中一廳堂命名

為The Utzon Room，正式認可這位大膽前衛、要求完美的建築師的貢獻，遺憾的是，約恩自1966年離開澳洲後直到2008年去世，並沒有親眼見過落成後的雪梨歌劇院。

旅行小抄

雪梨歌劇院導覽行程

雪梨歌劇院因應亞洲遊客的需求，除了英語導覽外，也推出了日語、韓語、中文的導覽行程，讓亞洲遊客能無語言障礙地認識雪梨歌劇院。不過英語程度好的遊客還是建議參加英語導覽，行程時間較長解說也較深入。在網站上預訂導覽行程有9折優惠。

🕐 09:00～17:00，每半小時或1小時1場；英文導覽每場約1小時，中文導覽約30分鐘。導覽時間時有變動，時間詳洽官方網站

💲 **英文導覽**：成人AU$37，學生AU$28，兒童(5～15歲)AU$20，未滿5歲免費
中文導覽：成人AU$24，學生AU$20，兒童(5～15歲) AU $ 18，未滿5歲免費，2大人+2小孩 AU $67(額外增加兒童AU$10)

⚠ 大型背包和行李需檢查寄放，建議提前15分鐘到集合處(集合處在歌劇院大階梯下方)

雪梨歌劇院的第一場表演

雪梨歌劇院的第一場表演是1960年受建築工會邀請的美國歌手Paul Roberson，他在未完工的歌劇院裡向建築工人們演唱〈Joe Hill〉；歌劇院落成的第1場正式演出則是1973年9月28日在歌劇廳演出的〈戰爭與和平〉(Sergei Prokofiev's War and Peace)及10月20日在音樂廳演奏的〈貝多芬第九號交響曲〉。而近年來澳洲歌劇團(Opera Australia)每年在此推出不同劇碼，卡門、波希米亞人演出反應都很熱烈，跨年夜的歌劇總匯更是一票難求(澳洲歌劇團網址：www.opera.org.au)。

知 識 充 電 站

貝內朗角地名由來

貝內朗(Bennelong Point)是早期促進澳洲原住民和歐洲移民的交流的重要角色，1789年菲利浦總督為了解原住民的語言與文化，扣留了貝內朗6個月，貝內朗逃脫後以自由人的身分和菲利浦總督有頻繁的交流，並學習英語，擔任傳譯，貝內朗居住在現今雪梨歌劇院處；1792～1795期間造訪英國，是第一位學習英國文化的澳洲原住民。

1.音樂廳內部，交響樂即將揚起　**2**.在陽光下閃閃發亮的外層是由1,056,006塊瑞典產的光滑白色人字紋瓷磚組成，分為雪白亮面冰磚和奶油色霧面雪磚，表面經過特殊處理以承受海風和陽光　**3**.音樂廳內的大管風琴有10,500個風管，由澳洲藝術家Ronald Sharp所設計，號稱是全世界最大的機械木連桿風琴，舞台上方有21個「游泳圈」，有收音消果，可以讓聲音彈回到舞台上

Sydney Opera House & Royal Botanic Gardens

風雨無阻欣賞露天歌劇

每年3、4月間，皇家植物園靠近麥奎里夫人石椅的雪梨灣岸會搭起巨大露天舞台及容納3,000人的座椅，以雪梨歌劇院為背景的雪梨港歌劇節(Handa Opera on Sydney Harbour)華麗登場。卡門(Carmen)、蝴蝶夫人(Madama Butterfly)、阿伊達(Aida)、杜蘭朵(Turandot)是近年演出的戲碼，票房極佳；阿伊達的露天舞台在水岸邊搭起了一巨型埃及頭像，震撼力十足，我也共襄盛舉、購票前往觀賞阿伊達。

演出當天的天氣又濕又冷，觀眾的興致卻不減，大家穿上主辦單位貼心準備的簡便雨衣依序入座，3,000個座位將近滿座；雖然我有著表演可能會臨時取

消的心理準備，沒想到即使天候不佳，台上表演者依舊敬業地演出，觀眾們也回以熱情的掌聲，伊索比亞公主阿伊達、埃及軍官拉達梅斯(Radames)和埃及公主安奈莉絲(Amneris)的三角愛恨情仇，在風雨交加中顯得更加強烈、動人！

阿伊達的愛恨情仇(圖片提供／Prudence Upton)

歌劇院與港灣大橋盡收眼底

麥奎里夫人石椅
Mrs. Macquarie's Chair

✉ 在皇家植物園中(P.82)

➡ 從St. James火車站出站後沿Art gallery Rd.行走，接Mrs. Macquarie's Rd.續行，約20分鐘；或是從歌劇院旁進入植物園後沿著水岸步行約25分鐘

MAP P.75／C2

被尊稱為澳洲之父的麥奎里總督，其背後那位偉大的女人是他的第二任妻子伊麗莎白麥奎里(Elizabeth Macquarie)，市中心的伊莉莎白街即是以她命名。伊麗莎白常常從當時的總督府(雪梨博物館現址)，沿

著一條小徑散步到3英哩遠的雪梨灣岸邊，麥奎里總督為此整修了小徑的路面，並命令石匠在雪梨灣岸邊的砂岩上雕刻出座椅，讓他心愛的妻子伊莉莎白可以走在平坦的路面、舒服地坐在石椅上休息。從麥奎里夫人石椅附近的岸邊可以眺望雪梨歌劇院和港灣大橋，是拍照的絕佳取景地點。

砂岩雕刻出的座椅是麥奎里總隊對妻子愛的表現

不可錯過的冬夏兩大節慶

冬季燈光藝術節

http www.vividsydney.com

目炫神迷的光影盛宴

　　雪梨政府為了提升冬季旅遊人潮，每年6月中舉辦為期18～23天的雪梨燈光藝術節(Vivid Sydney)，結合燈光、音樂與創意的慶典大受歡迎，每年吸引近150萬人潮，是雪梨冬季最重要的慶典。由專業的燈光工程師將全球頂尖藝術家精心設計的數位創作具體呈現，一場華麗的聲光饗宴在環形碼頭、岩石區和達令港(Darling Harbour)周遭盛大登場！透過3D立體光雕技術，根據建築物表面結構作光點運算，將光鮮動畫無縫投射在雪梨歌劇院、海關大樓、當代美術館外牆上，平日僵硬無趣的建築物在美妙樂章搭配下變得活氣靈現，令人目炫神迷。環形碼頭到岩石區的徒步區有許多互動式的光雕裝置，從大受孩童歡迎的觸控式燈光，到透過平板螢幕，來控制環形碼頭周圍數棟辦公大樓的燈光變化，參與感十足！

小孩最愛的互動光雕裝置

海關大樓的建築幻化

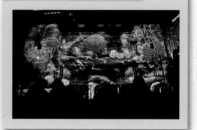

宛如白色畫布的歌劇院

華麗的當代美術館

夏季跨年煙火

http www.sydneynewyearseve.com

在世界必看的煙火中迎接新年

　　主題鮮明、色彩絢麗的雪梨煙火為全球5大必看煙火之一，也是全球第一個倒數計時跨年的城市。21:00會先施放一場較短的煙火，一些帶小朋友的家庭在第一場煙火施放完後會先打道回府；午夜跨年煙火才是主戲，長度約12分鐘，約有150多萬人湧入雪梨灣岸觀看煙火，上億觀眾收看煙火實況轉播。大老遠飛到雪梨體驗跨年煙火，一定要占個視線佳的地點才不會留下遺憾。

熱門景點攻略

　　推薦雪梨灣沿岸免費看煙火的3大熱門地點，藍岬公園(P.55)可以全景觀賞雪梨大橋發射出來的瀑布煙火，金光飛流直瀉的瀑布煙火是跨年煙火的重頭戲，齊利必利(P.55)最接近雪梨大橋，震撼力十足，如果要拍攝藍光四射的雪梨歌劇院，麥奎里夫人石椅(P.75／C2)周遭則是第一選擇。

旅行小抄

觀賞煙火需注意

- 跨年期間住宿很搶手，須提前訂房
- 建議中午出發前往占位，各區皆有人數管制，超過總人數後便會限制進場
- 地毯、折疊椅讓漫長的等待更舒適
- 注意防曬，防曬乳和帽子是基本配件，打雨傘、搭帳篷的也不少
- 和夥伴一同下棋、打牌以打發時間
- 自備食物和飲料；人多上廁所實在不方便，建議控制飲水

12月盛夏，可別忘了作遮陽準備

遊船上看煙火壯麗噴發

圖片提供／City of Sydney

萬頭攢動的民眾

在夜空中留下的美麗弧度

圖片提供／Tourism Australia

燦爛的火樹銀花

圖片提供／Tourism Australia

皇家植物園與禁苑
Royal Botanic Gardens & The Domain

✉ Mrs. Macquarie's Rd.

☎ 9231-8111

◷ **植物園區域**：07:00到日落(10月19:30、11～2月20:00、3月18:30、4月和9月18:00、5月和8月17:30、6月和7月17:00)；**Palm Grove Centre**：09:30～16:40；**禁苑區域**：24小時開放

💲 免費參觀

➡ 皇家植物院有多個入口，可由雪梨歌劇院旁的大門進入

🌐 www.rbgsyd.nsw.gov.au

❓ **1.**日落後植物園關閉，要注意不要被鎖在園區鐵欄內，緊急連絡電話0419-270-279；**2.**每天10:30有植物園志工帶領的免費導覽，從Palm Grove Centre出發，約1.5小時 (國定假日除外)；**3.**植物園內禁止攜帶寵物

🗺 P.75 / B2

　　環形碼頭東側為歷代總督專屬的土地，稱作禁苑(The Domain)。1788年，菲利浦總督指揮流放罪犯在禁苑開墾殖民地的第一個實驗農場，起初因土壤貧瘠，農場成效不佳，但經過多年持續地開墾，土壤質地已獲得改善。1816年，麥奎里總督在農場處成立植物園，占地30公頃的植物園是澳洲最古老的研究機構，現今園區內有上萬種植物，分有蕨園、香草園、多肉園、熱帶中心、雨林區、澳洲原生區、玫瑰園等區。後大片土地陸續從禁苑分割出來，成立皇家植物園、州督府、州立美術館及西側的政府和州立圖書館、議會大廈、雪梨醫院、雪梨鑄幣廠、海德公園軍事營區等公共建築，現今禁苑範圍僅存皇家植物園周邊綠地，是雪梨居民運動及舉辦室外音樂會、露天活動及大型集會的場所。

The Calyx

　　此處是皇家植物園慶祝立園200年的紀念溫室，2016年6月開幕。前身為金字塔形雪梨熱帶中心(Sydney Tropical Centre)溫室。

喧鬧市區旁的悠閒綠地

春天走廊
Spring Walk

是雪梨早期仕紳淑女盛裝打扮在春天出遊的熱門景點。

瓦勒邁杉
Wollemi Pine

俗稱恐龍樹或活化石。200萬年前化石中的絕種植物品種，1994年，竟然在僅離雪梨西北150公里遠的瓦勒邁國家公園溫帶雨林裡被發現，堪稱植物學界的世紀大發現，這棵被取名為比利王(King Billy)的野生瓦勒邁杉的所在地被列為絕對機密，只少數研究人員知道，皇家植物園的瓦勒邁杉是透過培育繁殖的比利王後代。

龍血樹
Dracaena draco

100多歲高齡的龍血樹在2008年傾倒，因為擔心扶正的過程有折斷樹幹的風險，便保持原狀至今，反而成為植物園內的一個景點，紅色的樹脂可用在小提琴外層上色。

旅行小抄

植物園順遊景點

第一農場(Cadi Jam Ora──First Encounters and First Farm)
Cadi Jam Ora原住民語為I am Cadi(我是Cadi，Cadi是雪梨當地原住民族Cadigal的縮寫)，這區農地展示原住民傳統採集的植物以及歐洲殖民早期開墾所種植的植物。

皇宮玫瑰園(Palace Rose Garden)
原址是1879年因世界博覽會而建造的維多利亞式木造花園宮殿(The Garden Palace)，1882年一場大火中付之一炬。現今園內有紀念菲利浦總督的紀念噴泉以及1938年歐洲殖民150周年的紀念花園，陷落式的花園中心擺飾著火災倖存的邱比特銅像，是世界博覽會的唯一見證。

麥奎里牆行道樹(Macquarie Wall Trees)
麥奎里牆旁的一排樹木據說是澳洲最古老的行道樹。

橫跨歐亞的藝術薰陶
新南威爾斯州立美術館
Art Gallery of NSW

- ✉ Art Gallery Rd., The Domain, Sydney
- ☎ 1800-679-278
- 🕐 每日10:00～17:00(週三至22:00)，美術館商店10:00～16:45(週三至21:00)
- 💲 免費，特展另外收費
- ➡ 從海德公園St James站沿著美術館路(Art Gallery Rd.)穿過禁苑步行約5分鐘；從馬丁廣場火車站Martin Place Station穿過雪梨醫院和禁苑往東步行約5分鐘
- http www.artgallery.nsw.gov.au
- 🈳 特展不能拍攝，常態展可拍攝作個人研習使用，請勿使用閃光燈或腳架
- MAP P.75／B3

Almost Once 美術館建築後方的8公尺高巨大火柴棒是雕塑家Matt Dillon在布萊特懷特利(Brett Whiteley)指揮下完成，燃燒前與燃燒後的火柴棒代表人生的生與死

1871年成立的新南威爾斯州立美術館是澳洲頂尖的美術館之一，每年超過100萬參觀人次，美術館共5個樓層，陳列澳洲本地和國外藝術家的作品館藏，除了特別展覽需要購票，其他常態展覽都可免費參觀。

1樓和地下1樓的部分空間為特展展區；常設展方面，1樓展出澳洲18世紀至今重要的藝術作品及15～20世紀歐洲藝術品，袋鼠和原住民是早期移民澳洲的藝術家作品裡的特殊主題，1樓展區不可錯過的作品還有梵谷的《農民頭像》(Head of a Peasant, 1884)、湯姆羅伯茲(Tom Roberts)的《金羊毛》(The Golden Fleece, 1894)；中國、韓國、日本、印度等藝術品在地下1樓的亞洲藝術廳展出，地下2樓為當代藝術展區，地下3樓的Yiribana Aboriginal

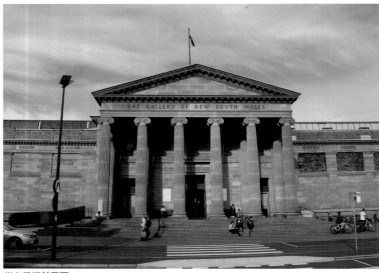

州立美術館正面

Sydney Opera House & Royal Botanic Gardens

Gallery展出原住民和托利斯海峽島民(Torres Strait Islander)藝術品。州立美術館所購買最昂貴的藝術品，是2008年出資1,620萬澳幣、法國藝術家保羅塞尚(Paul Cézanne)在1888年前後創作的《馬恩河畔》(Banks of The Marne)，是澳洲公立美術館採購金額的最高紀錄，位於地下2樓。同樓層的重要館藏還有畢卡索的《坐在搖椅上的裸女》(Nude In a Rocking Chair, 1956)和澳洲藝術家Sydney Nolan的《First-class Marksman》(1946)。

1.自然光源充足的寬敞展區　**2**.Ugo Rondinone的作品《Clockwork for Oracles》(2011)

旅行小抄

善用免費導覽行程

與其走馬看花，不如隨著專業解說員賞析美術館重要館藏。

中文導覽時間：除12月最後2週、1月和國定假日外，每週四11:00有中文館藏導覽，從服務檯集合。**英文導覽時間**：11:00重點館藏導覽／原住民藝術導覽，12:00亞洲藝術導覽、13:00當代藝術導覽、14:00澳洲館藏導覽，皆從服務檯出發(導覽時間約1小時)。

手機App也可導覽

旅遊行程搭配不上導覽時間，可下載州立美術館App「ART GALLERY NSW」(搜尋：Visit: Art Gallery of New South Wales，限IOS系統)，利用App資訊自行導覽，App裡有標示出各重要館藏的地點及作品介紹。

App主頁畫面，有中文介面　選擇導覽項目會顯示作品所在位置，也可進行音訊導覽　有貼心的藝術館樓層圖

世界最長的木造碼頭
烏魯木魯手指港
Wooloomooloo Finger Wharf

✉ 6 Cowper wharf roadway, Wooloomooloo
➡ 自州立美術館(P.84)後方的天橋步行前往約5分鐘
MAP P.75／C3

烏魯木魯手指港南面餐廳設有戶外座位

　　烏魯木魯源自原住民語「walla mulla」，意思是年輕的袋鼠。1915年建成的手指港長410公尺、寬64公尺，是世界上最長的木造碼頭；以前是出口羊毛的港口，附近居住的多是藍領階層，1990年碼頭建築整修為高級私人公寓(澳洲出身的巨星羅素克洛Russell Crowe住過的頂樓公寓，價值逾AU$1,400萬)和一間精品飯店BLUE，南面1樓有多家餐廳。

擁有私人碼頭的高級公寓

澳洲百年政治舞台
總督府
Government House

✉ Government House Sydney, Macquarie St., Sydney
📞 9228-4111
🕐 週五～日10:30～15:00，每30分鐘有導覽，可隨導覽人內參觀；外圍庭院每日開放10:00～16:00，有活動舉辦時不開放
💲 免費
➡ 位於皇家植物院，從麥奎里街、雪梨音樂學院(Sydney Conservatorium of Music)左側的大門進入皇家植物園後即可看見總督府的入口；最近火車站為環形碼頭，步行約10分鐘
🌐 www.governor.nsw.gov.au
❓ 導覽人數有限制，需先攜帶證件(外國護照)在門口登記
MAP P.75／B2

總督府旁的雪梨大學音樂學院的前身是總督府的馬房

　　1788年大英帝國殖民建立後，第一座總督府在雪梨博物館所在地，現位於植物園旁的總督府是1836年動工的第二間總督府，由威廉四世和維多利亞女王的御用建築師Edward Blore所設計的哥德復興式建築(Gothic Revival Style)，有城堡式的高塔及其他中世紀特色；1845年，第九任總督Sir George Gipps搬入落成的總督府，多年來總督府經過多次整修和擴建，還有歷代總督留下的收藏品和畫像。1樓開放民眾於六、日參觀，2樓是總督家庭的住所和

辦公處，室內不可拍照，在導覽員的帶領下一一參觀每間房間，歷代總督的畫像、家徽、家具、擺飾、地毯、天花板等解說十分詳細，45分鐘的免費導覽不是一般遊客會知道的行程，如對澳洲歷史、政治、建築有興趣，總督府絕對值得一訪。

總督府精心維護的庭園

用雪梨砂岩建築而成的總督府

知識充電站

澳洲的總督制

亞瑟菲利浦、麥奎里總督是大英帝國派到雪梨的總督，早期的總督大多有軍人背景，在雪梨、倫敦的信件往來需要1年以上時間的時代，所謂天高皇帝遠，早期總督在殖民地權利極大，爾後在自由移民對民主的要求，總督逐漸喪失了實際的政權。1901年澳洲聯邦成立後，轉而在憲法、儀式及社區三方面代表英國女王伊莉莎白二世處理澳洲事務，澳洲總督常駐坎培拉，總督的任命由澳洲總理推薦澳洲具聲望人士，經女王委任成為澳洲總督(Governor General)，為她在澳洲的全權代表。

名義上總督有權利罷免總理，1957年，Gough Whitelam總理即被Sir John Kerr總督炒魷魚呢！同理，各州也有由各州州長推薦、女王委任的州總督，皇家植物園裡的總督府，即為新南威爾斯州總督平日住所及英皇室造訪時的行宮。

新南威爾斯州現任(第38任)總督為2014年上任的His Excellency General The Honourable David Hurley。

逛 街 購 物

澳洲原生植物主題商店
The Garden Shop

✉ Royal Botanic Garden, Mrs Macquaries Rd., Sydney
☎ 9231-8125
🕐 每日09:30～17:00，6、7月09:30～16:30
💲 蜂蜜AU$7，種子AU$4～6
➡ 皇家植物園內，依指標循Palm Grove Centre方向，從歌劇院旁大門步行約5分鐘
🌐 www.rbgsyd.nsw.gov.au/welcome/quick_links/shop
🗺 P.75／B3

位於皇家植物園棕櫚園中心(Palm Grove Centre)的商店，書籍區販售園藝、植物學和庭園維護相關書籍，以澳洲原生植物為主題的書籍、卡片、明信片是一大特色，商品區有販售植物圖案的裝飾品、自植物園的蜂窩採集的未加熱加工蜂蜜、澳洲原生植物的種子及原生植物果實製成的果醬和調味料，都是植物園商店限定產品。免費的植物園導覽在商店外集合。

雪梨歌劇院官方授權紀念品店
Opera House Shop

✉ Box office foyer, Sydney opera house
☎ 9250-7858　🕐 每日09:00～17:00
➡ 環形碼頭(Circular Quay)火車站出站，面海沿右方徒步區步行約3分鐘
🌐 www.sydneyoperahouse.com
(點選Visit→Shopping→Sydney Opera House Shop)
🗺 P.75／B1

2014年1月雪梨歌劇院將它的外觀登記商標，禁止坊間紀念品店濫用歌劇院造型製作商品，許多合法授權的歌劇院造型特色商品只有在雪梨歌劇院內的紀念品商店才買的到，像是歌劇院3D拼圖、小型模型等等。

藝術愛好者的購物專區
Gallery Shop

✉ Art Gallery Rd., The Domain, Sydney
☎ 9225-1718
🕐 週四～二 10:00～16:45，週三10:00～20:00
➡ 從海德公園St James站沿著美術館路(Art Gallery Rd.)穿過禁苑步行約5分鐘；從馬丁廣場火車站Martin Place Station穿過雪梨醫院和禁苑往東步行約5分鐘
🌐 www.artgallery.nsw.gov.au/shop
🗺 P.75／B3

州立美術館內的商店，架上滿滿的藝術相關書籍與文學及兒童書籍，宛如小型的藝術圖書館，以美術館館藏複印的大型海報、明信片還有近年很熱門的成人著色本，都是極有特色的紀念品。

特色餐飲

有無敵景觀的劇院酒吧
Opera Bar

- ✉ Lower concourse level, Sydney Opera House
- ☎ 9247-1666
- 🕐 週一～四08:00～23:00，週五08:00～01:00，週六～日09:00～01:00
- 💲 咖啡AU$4，啤酒、葡萄酒AU$9～14／杯，主餐AU$28～32
- ➡ 環狀碼頭火車站出站面海右轉，沿雪梨灣岸步行3分鐘，在雪梨歌劇院外圍廣場下樓層
- http www.operabar.com.au
- ⁉ 週一～四晚上19:00，週五17:00、20:00，週六14:30，週日14:30、17:00有現場音樂表演
- MAP P.75／A1

雪梨灣畔用餐有海鷗陪伴

歌劇院的地下停車場是附近上班族的停車地點，許多上班族在下班後取車前會在Opera Bar喝一杯輕鬆一下，前往歌劇院看表演的民眾在演出前後也多會在此逗留。室內的座位適合正式用餐，歌劇院迴廊下以及戶外座位則適合點杯飲料搭配輕食；雪梨大橋、歌劇院和城市夜景從雪梨灣畔的座位一覽無遺，黃昏時分的熱門時段可要運氣好才能占到位置，點杯飲料附贈無敵景觀和免費音樂，絕對物超所值。

黃昏時分在雪梨灣小酌特別有情調

左擁右抱雪梨兩大地標

海軍軍官最愛的哈利老虎派
Harrys Café de Wheels

- ✉ Corner Cowper Wharf Roadway & Brougham Rd., Woolloomooloo
- ☎ 9357-3074
- 🕐 週一～五08:00～凌晨，週末09:00～凌晨
- 💲 Harry's Tiger Pie AU$7.5、Hot Dog de Wheels AU$7.8
- ➡ 烏魯木魯港(P.86)外圍西側岸邊
- http www.harryscafedewheels.com.au
- MAP P.75／C3

烏魯木魯港(P.86)外圍西側岸邊

MAP P.75／C3

1938年，雪梨青年哈利愛德華(Harry Edwards)在烏魯木魯海軍駐地門口開了一家餐車，他的碗豆泥肉派大受海軍軍官們的喜愛，也因為營業至凌晨，也吸引許多計程車司機和狂歡後覓食的夜店咖聞香而來。第二次世界大戰期間，哈利結束餐車營業入伍，從軍期間哈利因拳擊技巧獲得老虎的綽號；1945年退伍的哈利重新經營餐車，他的主打餐點被冠上老虎派的稱號，迄今發展成10家分店的連鎖店。1974年山德斯上校(Colonel Sanders，就是KFC的肯德基爺爺)也慕名前來用餐，他吃了3個碗豆泥肉派，當時的照片還掛在餐車牆上呢！

↑肯德基爺爺吃派的照片

→海軍弟兄最愛的哈利老虎派

招牌閃亮的哈利餐車

Garden Island海軍基地是老虎派的最大客源

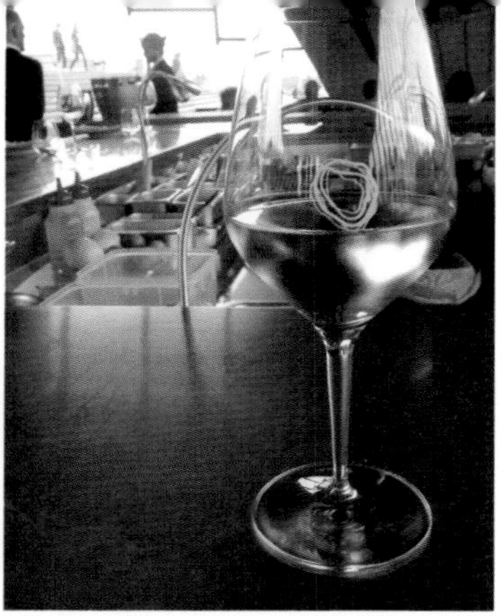
坐在吧檯前用餐可以近距離觀看廚師工作

嚴選的澳洲本土生蠔

名廚的澳洲創意料理
Bennelong

Sydney Opera House, Bennelong Point
9240-8000
午餐：週五～日12:00～14:00，表演前套餐17:30、18:00(需預訂)；晚餐每日18:30～22:00
3道菜AU$130
雪梨歌劇院內(P.76)
www.bennelong.com.au
建議預先訂位 MAP P.75/B1

位於雪梨歌劇院內的高級餐廳，由名廚Peter Gilmore設計的菜單，創意地呈現澳洲各地食材的多元風味。餐廳裡分成價位較高的The Restaurant、氣氛較隨和的Cured and Cultured、適合看完表演後喝杯飲料的The Bar 3 區。包括前菜主餐和甜點的套餐很受歡迎，菜單隨季節調整，是要在雪梨來一頓奢侈晚餐的不二選擇。

美術館裡的美味輕食
Café at The Gallery

Art Gallery of New South Wales, Art Gallery Rd. The Domain
9225-1744
週四～二10:00～16:30，週三10:00～21:30
咖啡AU$3.9～4.5，湯配麵包AU$12，簡餐AU$15～18
從海德公園St James站沿著美術館路(Art Gallery Rd.)穿過禁苑步行約5分鐘；從馬丁廣場火車站Martin Place Station穿過雪梨醫院和禁苑往東步行約5分鐘
www.morsol.com.au
MAP P.75/B3

州立美術館的用餐選擇有Chiswick餐廳和Café，均由澳洲名廚Matt Moran旗下的餐飲集團管理，Café以合理的價錢供應高品質的輕食、沙拉、甜點、咖啡，使用當季新鮮食材，所以菜單會依季節變動；用餐空間寬敞明亮，戶外的座位有烏魯木魯港灣景色，只需AU$20以下即可品嘗名廚設計的菜色，吸引很多人專程來這裡用餐，以及欣賞藝術品。

寬敞明亮的美術館咖啡廳，是用中餐或逛美術館時歇腳的好去處

↖AU$12 輕食午餐

市中心
Sydney City Centre

概況導覽

從海德公園出發開始雪梨市區景點的一日行程，紐澳軍團紀念館、澳洲博物館、聖瑪莉大教堂都在公園周邊，沿著麥奎里街(Macquarie St.)往北走，沿途可參觀海德公園營區博物館、雪梨醫院、馬丁廣場、州議會、州立圖書館等各景點，經過雪梨醫院前方，別忘了摸摸據說可以招好運的豬鼻子；橋街(Bridge St.)左轉就是以雪梨歷史為主題的雪梨博物館，再遇喬治街(George St.)左轉南行，喬治街沿途商場林立，有歐洲風的斯特蘭德拱廊、維多利亞女王商場、具現代感的畢特街購物商圈是逛街血拼的首選地點，採購完後，可搭乘高速電梯直上雪梨塔瞭望台，眺望雪梨360度景色。

行程建議及時間表

海德公園	30分鐘
澳洲博物館	60分鐘
聖瑪莉大教堂	30分鐘
海德公園營區博物館	60分鐘
新南威爾斯州議會	30分鐘
馬丁廣場	30分鐘
州立圖書館	30分鐘
雪梨博物館	60分鐘
斯特蘭德拱廊／維多利亞女王商場／畢特街購物商圈	120分鐘
雪梨塔	60分鐘

市中心地圖

市中心—概況導覽

Circular Quay

Alfred St.

海關大樓
Customs House

雪梨洲際酒店
InterContinental
Sydney

雪梨博物館
Museum of Sydney

Mantra Bond St.

城市獨奏廳
City Recital
Hall Angel Place

Wynyard

Wynyard

Adora

州立圖書館
State Library
of NSW

The
Occidental
Hotel

天使巷
Angel
Place

Malay
Chinese
Takeaway

Hunter St.

Westpac銀行

Josophan's
Fine
Chocolate

The
Westin

馬丁廣場
Martin
Place

Martin Pl.

Coles
Express
超市

新南威爾斯州議會
Parliament of NSW

雪梨醫院
Sydney
Hospital

King St.

Martin
Place

鑄幣廠
The Mint

斯特蘭德拱廊
Strand Arcade

聖詹姆士教堂
與皇后廣場
St. James
Anglican Church
& Queens Square

海德公園
營區博物館
Hyde Park
Barracks
Museum

Koko Black

畢特街購物商圈
Pitt Street Mall

雪梨塔Sydney Tower

Westfield Food on Five

St. James

Market St.

Mantra
Kent St.

州立劇院
State Theatre

David Jones
Food Hall

阿契博噴水池
Archibald Fountain

聖瑪莉大教堂
St. Mary
Cathedral

Marble Bar

維多利亞女王商場
QVB

QVB Tea Room

Haigh's
Chocolate

Woolworths
Town Hall超市

Druitt St.

Town Hall

市政廳
Town Hall

Park St.

海德公園
Hyde Park

Adina
Kent St.

Town
Hall

Metro Hotel
on Pitt

澳洲博物館
Australian Museum

Tenkomori

Bathurst St.

Meriton Pitt St.

紐澳軍團紀念館
ANZAC War Memorial

Meriton
Kent St.

Liverpool St.

Coles World
Square超市

Cheers Bar

Museum

往城東各小區

Meriton
World
Tower

Sydney
Pork Roll

Goulbum St.

Oxford St.

93

澳洲最古老的公共公園
海德公園
Hyde Park

✉ St. James Rd., Sydney

➡ 從環形碼頭往南步行約10分鐘；或搭City Circle線火車，Museum站或是St. James站出口即是海德公園

MAP P.93／B3

1810年，麥奎里總督將禁苑南端16餘公頃的區域命名為海德公園，仿倫敦海德公園，供軍事操練、民眾運動休閒以及賽馬場地使用，從現在整個公園的形狀仍可看出賽馬場跑道的輪廓，是澳洲最古老的公共公園。以商業區摩天大樓和雪梨塔為背景，園內的林蔭大道在寸土寸金的市中心實在難得，附近大樓的白領上班族會利用午休時間來此享受寧靜片刻。

海德公園林蔭大道

公園內新古典造型噴泉
阿契博德噴水池
Archibald Fountain

MAP P.93／C3

位於海德公園北側，於1932年落成，由熱愛法國文化的媒體人阿契博德(Archibald)在遺書中註

明捐款並指定由法國雕塑家Francois Sicard所建造，以紀念第一次大戰法國和澳洲的合作關

手指東方的太陽神阿波羅

係。新古典造型的噴水池以古希臘太陽神阿波羅雕像為中心，阿波羅伸出右臂指向日出的東方，象徵對萬物眾生的庇護；池底的3個平台上分別是象徵純潔月亮與狩獵的黛安娜女神、屠殺牛頭人身怪獸Minotaur以及象徵為人民奉獻犧牲的雅典英雄鐵休斯(Theseus)。

旅行小抄

阿契博德(J.F. Archibald)

阿契博德(1856～1919)，是澳洲歷史最悠久的雜誌《The Bulletin》的創辦人和編輯，去世後留給後人的除了有位於海德公園的阿契博德噴泉外，還有用其遺產1/10設立、一年一度的阿契博德肖像獎(Archibald Prize)。

寧靜蕭穆的戰爭英靈紀念館

紐澳軍團紀念館
ANZAC War Memorial

- ✉ South end of Hyde park
- ☎ 9267-7668
- ◷ 每日09:00～17:00
- 💲 免費，鼓勵捐款
- ➡ Museum火車站出站後步行1分鐘；Town Hall 火車站出站後往海德公園方向步行約5分鐘
- http www.anzacmemorial.nsw.gov.au
- ⁉ 館內不可飲食、手機請靜音以示尊重
- MAP P.93／B4

　　1934年落成的紐澳軍團戰爭紀念館由設計師Bruce Dellit設計，以「Art Deco」裝飾藝術風格強調機械線條美感，紀念歷年戰爭中為國犧牲的將士，簡單、莊重

戰爭紀念館舉行的紀念儀式

大廳內的犧牲將士銅像

的建築物倒影映照在長方形水池平靜的水面上，以白色大理石為主調的大廳，圓頂上裝飾著12萬個金色星星，代表第一次世界大戰自願服役的12萬將士。建築內外的雕像裝飾皆是Rayner Hoff製作，包含大廳中央下方的犧牲將士銅像，一位年輕男性將士的身軀由他的母親、姊妹和妻子抬起，令參觀者產生一股尊敬及不捨的心情。

澳洲歷史最悠久的博物館

澳洲博物館
Australian Museum

- ✉ 1,Willaim St., Sydney
- ☎ 9320-6000
- ◷ 每日09:30～17:00
- 💲 AU$15，國際學生證AU$8，未滿16歲免費
- ➡ Museum、St. James、Town Hall火車站出站後朝聖瑪莉大教堂方向步行約5分鐘，在大教堂前廣場正對面
- http www.Australianmuseum.net.au
- MAP P.93／C4

　　建於1827年、緊鄰海德公園及聖瑪莉大教堂的澳洲博物館，是澳洲歷史最悠久的博物館。進入博物館後迎接參觀者的是一具恐龍骨架，館藏以動物標本、地質

礦石、古文物為主，特殊展品則有庫克船長的斗篷、南澳挖掘出土1億1千萬年前的蛇頸龍、早期原住民照片及工具、豐富的礦石等，類似台中科博館，求知欲與好奇心強的遊客不可錯過。

海德公園、阿契博德噴水池、紐澳軍團紀念館、澳洲博物館

宏偉的聖瑪莉大教堂是雪梨教區的精神中心

莊嚴挑高的教堂內部

Sydney City Centre

莊嚴肅穆的雙尖塔教堂

聖瑪莉大教堂
St. Mary Cathedral

✉ St. Mary's Rd., Sydney
☎ 9220-0400
🕐 週一～五10:00～17:00,週六10:00～16:00,
週日12:00～16:00;地下墓室週一～五
10:00～16:00
💲 免費
➡ 海德公園東北側,St. James 火車站出站後步
行1分鐘即可到達
🌐 www.stmaryscathedral.org.au
🗺 P.93/C3

1820年約翰神父(John Therry)從英國抵達雪梨,他預言一座金色石頭建成的雙尖塔大教堂將為聖母矗立在雪梨中心,隔年麥格里總督便為教堂立下了基石。但最初的建築物並非如約翰神父預言的如此宏偉,後來幾經改建,1865年大火燒毀原教堂後,1868年開始興建當今的大教堂;1961年完工時,教堂正面3道大門和圓形玫瑰窗的設計參考巴黎聖母院,並無左右兩高尖塔,約翰神父的雙尖塔預言直至2000年正面雙尖塔完工後才實現,長107公尺,是澳洲最長的教堂,也是南半球最大的哥德式建築(Gothic Revival Style);而1950年前,因為當時法律規定新建物不得高過大教堂,大教堂74.6公尺的高塔曾是雪梨最高的

外部的飛扶壁(Flying Buttress)讓教堂建築更穩固

聆聽操鐘人演奏的美妙鐘聲

玩家交流

聖瑪莉大教堂鐘塔傳出的鐘聲總是會讓行人駐足聆聽，好天氣時，我很喜歡週日 10:00 坐在海德公園等待鐘聲傳出。我曾出於好奇心，預約報名了每月一次的鐘塔導覽，循著 120 階狹窄螺旋梯氣喘喘地登上塔樓。塔樓分為上下兩層，上層有 14 個從 281 公斤到 1741 公斤的鐘，下層為操鐘區，由操鐘人每人負責拉一條操鐘繩，透過屋頂的洞控制上層鐘的轉動，操鐘隊從 1844 年成立至今，年齡從 20 ~ 80 多歲，是澳洲歷史最久的操鐘隊。依據 17 世紀英國發展出來的敲奏編鐘法（Change—ringing），每位操鐘人熟記拉鐘的先後順序，不是依據樂譜，而是依據排列順序演奏，能近距離欣賞大教堂的鐘聲是很特別的經驗。

操鐘隊每月第一個週日 09:30～10:30 有導覽行程（30分鐘解說，30分鐘近距離觀賞禮拜演奏），有興趣者可提前報名。

@ bells@stmaryscathedral.org.au

聖瑪莉大教堂

建築！另外，有別於一般教堂的東西向方位，聖瑪莉大教堂坐北朝南，上午光線從東側面、下午從西側面的彩繪玻璃窗射入挑高的中殿，讓大教堂內部更顯莊嚴肅穆。

1.此件是米開朗基羅聖母哀子像的複刻品　**2,3**.大教堂地下墓室葬有澳洲第一位紅衣主教 Patrick Francis Moran 及雪梨歷任主教，以細緻鑲嵌大理石的地面聞名，圖案描繪出創世紀故事

聖詹姆士教堂與皇后廣場
St. James Anglican Church & Queens Square

✉ 173 King St., Sydney　📞 9232-3022
🕐 週一~五10:00~16:00，週六09:00~13:00，
　週日07:00~16:00
➡ 在海德公園營區博物館(P.99)正對面
http www.stjameschurchsydney.org.au
❓ 聖詹姆士教堂有婚喪禮舉行時不對外開放
MAP P.93／B2

　　1824年落成的聖詹姆士教堂是雪梨最古老的教堂，在著名罪犯建築師Francis Greenway的監工下由流放雪梨的罪犯建築而成，和聖瑪莉大教堂相比顯得古樸不起眼。從教堂外側的入口通往地下墓室，1929年，為了將墓室裡的一個房間改成兒童祈禱室(Children's Chapel)，Ethel Anderson組織一群畫家畫上了適合兒童的壁畫，將雪梨灣、帆船、雪梨大橋興建、澳洲鸚鵡融入聖經故事，金色基調為狹小房間帶來閃亮的光澤，非常特別。

→雪梨最古老的教堂
↓以金色與藍色為主調的兒童祈禱室

知識充電站

罪犯建築師——法蘭西斯格林威

英國建築師法蘭西斯格林威(Francis Greenway，1777~1873)因為偽造文書被判刑流放澳洲14年，1814年抵達雪梨，隔年他幫助麥奎里總督挑出蘭姆酒醫院(今雪梨醫院)的施工錯誤處，也因此樹立了許多敵人。1816~1818年設計、監工南岬的麥奎里燈塔後，麥奎里總督赦免並加以重用了他，隨後幾年在雪梨負責興建了多處公用建築，是麥奎里總督政績的主要功臣。

澳洲的舊10元紙鈔從印有法蘭西斯頭像

↑罪犯剪影的裝置藝術　↗流放罪犯的每日配給的糧食

提名世界文化遺產的博物館

海德公園營區博物館
Hyde Park Barracks Museum

- ✉ Queens Square, Macquarie St., Sydney
- ☎ 8239-2311
- ◉ 每日10:00～17:00
- 💲 成人AU$10，兒童(未滿15歲) AU$5， 家庭 (2大人+2小孩)AU$20，也可搭配套票(P.44)
- ➡ St. James火車站出站後朝海德公園北面 Macquarie St.步行，博物館在右手邊
- 🌐 www.sydneylivingmuseums.com.au
- 🈶 門票包含語音導覽機，有中文導覽機
- 🗺 P.93／C3

整排的吊床是流放罪犯的夜間歸宿

1818年由著名罪犯建築師法蘭西斯格林威設計，流放雪梨的罪犯提供勞力建築而成，直至1848年此建築提供了男性罪犯的住宿，可容納600多名犯人，以便管理及監督；罪犯依其專長組成工作小組，例如木工、石匠、農耕等，根據博物館建築外時鐘顯示的時間早出晚歸，這些罪犯的勞力對雪梨早期建設有很大的貢獻。1819～1848年期間，總共有50,000名犯人在此居住過；1848～1886這裡是女性移民和難民的拘留所；1887～1979成為法院和公家單位的辦公室，現為展示流放罪犯生活的博物館。2010年澳洲罪犯遺址群(Australian Convict Sites)成功申報世界文化遺產，罪犯遺產群由11個遍及澳洲各州的罪犯場所組成，海德公園營區博物館為其中一處罪犯場所。雪梨附近還有鸚鵡島監獄遺址、舊總督府(Old Government House and Domain)等。

居住在此的罪犯是雪梨早期建設的主要勞動力

雪梨醫院、舊鑄幣廠、新南威爾斯議會
Sydney Hospital, The Mint, Parliament of NSW

雪梨醫院、舊鑄幣廠
- ✉ 8 Macquarie St., Sydney
- ☎ 9282-7111　　　🕐 12:00～21:30
- ➡ St. James火車站出站，沿Macquarie St.步行，在右手邊
- 🗺 P.93／C2

新南威爾斯議院
- ✉ 6 Macquarie St., Sydney
- ☎ 9230-2111
- 🕐 週一～五09:30～16:30
- 🌐 www.parliamnet.nsw.gov.au
- 🗺 P.93／C2

用萊姆酒換來的雪梨醫院

　　麥奎里總督1810年來到雪梨後，認為岩石區的醫院太過簡陋，便提供禁苑西邊一塊土地作為醫院用地，但因英國政府不願意資助，他和3位當地商人協議用罪犯勞力和60,000加侖的蘭姆酒進口權換取建造醫院的資金，當地人戲稱為蘭姆酒醫院。5年後，在喬治亞式建築的醫院完工前，總督委託著名罪犯建築師法蘭西斯檢視工程品質，發現用蘭姆酒合約換取的醫院施工品質極差，可能建築隨時會倒塌。麥格里總督要求商人們改善施工品質，結果本來利潤不錯的交易變成商人們的惡夢，法蘭西斯也因此和他們結怨；幾年後麥奎里總督委託法蘭西斯來補強建築結構安全。蘭姆酒醫院的南端建築後來作為鑄幣廠The Mint使用，現為雪梨Living Museums的總部、2樓為對外開放的餐廳。

秋末的雪梨醫院中庭

議會裡的英國皇家徽章

新南威爾斯州議會

重建，現為雪梨眼科醫院，醫院外面有一個1968年澳洲義大利社群捐贈的銅豬雕像，是義大利佛羅倫斯著名野豬雕像的複製品；穿過醫院的拱橋迴廊，中庭一座色彩鮮豔的3層噴水池，是1907年為紀念在醫院去世的喜劇演員Robert Brough建造，噴水池後方由磚塊和砂岩建成的4層樓歌德復興式建築，取名為南丁格爾側樓(The Nightingale Wing)，1868年從英國來到雪梨的Lucy Osburn在此成立了澳洲第一間護士學校，訓練出來的護士們大幅改善了雪梨醫院的的衛生條件和病人飲食。

北端建築原為外科醫生住所，自1829年起為新南威爾斯州議會的一部分，新南威爾斯議會是澳洲第一個成立的州議會，也是新南威爾斯州的立法機關，議期外可開放民眾參觀，通過金屬探測器及行李X光安全檢查才可入內；中央主建築則在19世紀晚期

舊鑄幣廠為英國皇家鑄幣廠第一個海外分廠

摸銅豬雕像的鼻子據說會帶來好運，還有另一個器官也被摸的很閃亮呢

101

↑ Mitchell圖書館　→閱覽室整面的書牆

澳洲最古老圖書館

州立圖書館
State Library of NSW

✉ State Library of NSW, Macquarie St., Sydney
☎ 9273-1414
🕘 週一～四09:00～20:00，週五09:00～17:00，週末10:00～17:00
➡ Martin Place火車站出站後，左轉Macquarie St.，圖書館在右手邊
http www.sl.nsw.gov.au
MAP P.93/C2

新南威爾斯州州立圖書館是澳洲最古老的圖書館，1869年州政府用5,100英鎊買下一間私人圖書館，後改成免費的公立圖書館，初期館藏2萬冊，後來陸續擴建。1906年David Scott Mitchell捐出他以澳洲主題的收藏品，條件是這些收藏要用一個獨立的圖書館展示，於是在州立圖書館旁擴建、1910年啟用的Mitchell圖書館，便成為全澳第一間以澳洲館藏為主的圖書館，閱覽室高挑的書牆充滿書卷味；麥格里街上現代建築則是1988年由來訪的伊莉莎白女皇二世剪綵啟用，善用自然光的設計受到大眾喜愛。圖書館外圍的雕像是馬修福林達斯(Matthew Flinders)和他的愛貓Trim，馬修是18、19世紀著名的航海家，航海環繞澳洲大陸並繪製出世界第一幅澳洲全圖。Trim隨著馬修航行，是第一隻環繞澳洲大陸的貓，圖書館商店有一系列以Trim為主角的商品，館內咖啡廳也以Trim命名，比他的主人馬修還出名呢！

↑找找看Trim在哪裡　↗環繞澳洲的小黑貓Trim

走入雪梨的歷史隧道
雪梨博物館
Museum of Sydney

- ✉ Cnr Phillip St. & Bridge St., Sydney
- ☎ 9251-5988　　🕙 10:00～17:00
- 💲 成人AU$10、兒童(未滿15)AU$5，家庭(2大人+2小孩)AU$20，另可搭配套票(P.44)
- ➡ 環形碼頭火車站出站左轉Alferd St.再右轉Phillip St.，過第一個路口Bridge St.，在右手邊
- 🌐 www.sydneylivingmuseums.com.au/museum-of-sydney
- 🔔 雪梨博物館每日11:00、14:30有30分鐘的重點館藏導覽，可持門票免費參加
- 🗺 P.93／B1

1899年一個工人在裝置電報線時發現一面斑駁的銅牌，上面記載著亞瑟菲利普總督在1788年登

揭露舊總督府地點的古老銅牌

→雪梨博物館外廣場的亞瑟菲利浦船長半身雕像

陸雪梨灣、並在同年5月15號立下第一顆基石等事蹟，揭露了澳洲殖民史上第一棟政府建築以及當時菲利浦總督的居住地。博物館展示的主題，為雪梨晉升國際大城市的過程中有所貢獻的人事物，包括歐洲人與原住民的第一次相遇、雪梨歌劇院及雪梨港灣大橋的建設始末等。博物館外面的公共藝術Edge of the Trees(By Fiona Foley and Janet Laurence)象徵原住民和非原住民在這個地點的互動，29根豎立的木幹、石柱和鋼條上雕有原住民語，象徵舊總督府周圍29個原住民部落，走近會有背景音效傳述著原住民和流放罪犯的姓名。

位於舊總督府原址的雪梨博物館，館外的藝術品即為Edge of the Trees

市政廳
Town Hall

✉ 483 George St., Sydney
📞 9265-9189　　🕐 週一～五08:00～18:00
💲 導覽行程AU$5
➡ Town Hall火車站George St.出口
🌐 www.sydneytownhall.com.au(導覽行程報名：點選Discover Learn→Guided Tours)
🗺 P.93 / A3

　　市政廳於1792～1820年間曾是舊墓地，約有2,000人安息於此，當時屍體都埋得很淺，1820年因附近居民抱怨墓地傳出屍臭味而關閉，直至今日，施工時都還有可能挖出人骨；雪梨市政廳興建於1869～1889年間，維多利亞挑高的建築風格被居民取了個婚宴蛋糕的綽號，主廳裡的風琴有64個腳踏板及9,000多個風管，是南半球最大的風琴；市政廳前的台階是熱門的聚會地點，雪梨市的示威或聯署活動大多在市政廳前舉行。市政廳沒有對外開放，對內部建築有興趣可提前聯絡市政廳志工安排導覽行程。

一個人可以操縱著雄偉的樂器之王，樂聲極有震撼力

旅行小抄

免費市區步行導覽

雪梨有兩家公司提供免費的市區步行導覽，行程約2.5～3小時，名義上是免費，但導覽員一開始會向參加遊客說明，在結束時覺得這個導覽價值多少錢，可以給予小費，英文聽力不錯的朋友可以參加，小費每人AU$5～10是可接受範圍，不滿意可以隨時脫隊。

❓ **導覽行程1**：每日10:30在海德公園噴泉集合，導覽員穿橘色上衣，範圍包含岩石區；**導覽行程2**：每日10:30、14:30在市政廳和聖安德魯大教堂中間集合，導覽員穿綠色上衣，範圍不包含岩石區；**導覽行程3**：每日18:00在卡德曼小屋前集合，導覽員穿綠色上衣，岩石區免費導覽行程，約1.5小時

雪梨市政廳55公尺高的大時鐘曾經是雪梨最高的建築，時針長1.1公尺，分針長1.7公尺

南半球最高的無敵觀景台

雪梨塔
Sydney Tower

- ✉ 5F, Westfield Shopping Centre
- ☎ 1800-258-693
- 🕐 4月中〜10月初每日09:00〜21:30，10月初〜4月中09:00〜22:00；需於關閉前1小時入場
- 💲 成人AU$18.55，兒童(4〜15)AU$11.2，家庭(2大人+2小孩)AU$57 (以上為網路優惠價，現場購票每票約多AU$6〜8)
- ➡ Pitts street mall的Westfield shopping centre 5樓，穿過美食廣場循指示到入口購票及領取4D眼鏡
- 🌐 www.sydneytowereye.com.au
- ❓ 參觀空中走廊(Skywalk)需另外購票，成人AU$50，兒童AU$32.5(限8歲以上)，已含雪梨塔門票
- 🗺 P.93 / B3

309公尺高的雪梨塔是雪梨最高的建築物，擁有南半球最高的觀景台，從Westfield購物中心5樓的美食廣場旁購票，領取3D眼鏡後循序進入4D劇場，5分鐘的3D影片用飛鳥的視野俯瞰雪梨美景，劇場內還吹起微風、飄下氣泡，

黃昏與夜晚景色總是吸引遊客在雪梨塔逗留到晚上

賦予遊客4D體驗。從劇院出場後便排隊進入電梯、直上250公尺高的觀景台，透過360度透明窗戶將整個雪梨市區一覽無遺，天氣晴朗時可以看見80公里以外的風光；觀景台有多處互動式解說螢幕協助遊客辨識雪梨各著名地標，可選擇中文解說，並有望遠鏡供遊客免費使用。推薦黃昏時刻參觀，夕陽從達令港方向慢慢落下，把腳下的港灣和建築染成一片金黃，是遊客前往雪梨塔的熱門時段。

162,000公升容量的水塔和56條纜繩具有穩定雪梨塔的功能

旅行小抄

Merlin景點套票

雪梨塔、杜莎夫人蠟像館、野生世界、雪梨海生館、曼尼海生館等5個Merlin娛樂集團旗下的雪梨景點，在網路上購票較現場便宜30%以上(有限制入場時段，離峰時段較便宜)，如計畫參觀一個以上景點，可考慮購買套票。

- 💲 2個景點：成人AU$54，兒童(4〜15歲)AU$30，家庭AU$162；3〜4個景點：成人AU$63，兒童AU$36，家庭AU$180；5個景點：成人AU$69，兒童AU$39，家庭AU$195
- 🌐 www.sydneytowereye.com.au(點選Tickets→Sydney Attraction Passes)

馬丁廣場
Martin Place

✉ Martin Place, Sydney
➡ Martin Place火車站出站即是馬丁廣場
🗺 P.93／B2

位於喬治街和麥奎里街之間的馬丁廣場徒步區是雪梨商務與金融中心，澳洲聯邦銀行、澳洲儲備銀行、麥奎里銀行、前郵政總局、第七頻道(Channel 7)電視台等多家大公司總部皆聚集於此，可說是雪梨的華爾街；一棟棟從古典主義到當代設計風格的大樓是建築熱愛者朝聖的地方，而好萊塢電影《駭客任務》(The Matrix Trilogy)和《超人》(Superman Returns，2006)在此取景拍攝，讓觀眾誤以為這裡是紐約市區。一起來看看這裡的旅遊重點吧！

金融機構齊聚的馬丁廣場可說是雪梨華爾街

天使巷
Angel Place

➡ Wynyard 火車站George St出口右轉，350號旁的小巷內
🗺 P.93／B2

在不起眼的巷道內，數十個空鳥籠高掛在高樓建築包圍下的一小片天空中，名為遺忘歌聲(Forgotten Songs by Michael Thomas Hill)的裝置藝術，地面上標示著人為大肆開發前此區域常見的50種鳥類，走近時依鳥類習性不同，白日和夜晚響起不同的鳥叫聲，讓人不禁思考人們為求社會開發進步所失去的美好自然生態。本

懸掛的鳥籠裝置藝術〈遺忘的歌聲〉

為2009年短期的公共裝置藝術，因參觀民眾反應極佳而得以保留。

郵政總局
General Post Office

✉ 馬丁廣場1號

1866～1891年建成的新南威爾斯州郵政總局，由殖民地建築師詹姆士巴奈特(James Barnet)設計，使用雪梨砂岩為建材，採新古典主義風格，外圍有100公尺長的柱廊，1996年被改造為飯店、咖啡館、餐廳和酒吧等，與維多利亞女王商場由同一公司管理。

柱廊外雕飾著的許多人頭像，代表大英帝國的殖民地以及其他外國，象徵郵政總局為雪梨與全世界接軌的中心，包括俄國、美國、加拿大、印度、德國，還有一個北美印第安人頭像，Pitt St.側面的雕刻展現藍領階層的生活。這些頭像在當時引起了很大的爭議，媒體和議會批評這些頭像很可笑並提議移除，負面評價使詹姆士喪失了州立美術館的建築委託。正面鐘塔下的雕像為維多利亞女王，建築物可以自由進出，挑高的中庭旁為威斯汀飯店

建築正面中央雕刻精細的維多利亞女王雕像

(Westin Hotel)，地下1樓為餐廳和酒吧區，角落有坦克溪(Tank Stream)遺跡展示，坦克溪是殖民時期重要的清水來源，也是亞瑟菲利浦船長決定在雪梨登陸的主要原因之一。

另外，在手錶不普及和沒有手機的時代，建築物正中央的鐘塔有報時的重要功能，二次大戰期間，為了避免重要的郵政總局遭受空襲，原鐘塔於1942年被拆除，以降低建築物的能見度，現今高73公尺的鐘塔於1964年重建。

雄偉的建築顯示郵政總局的重要性

🚶 馬丁廣場漫步

澳洲銀行大樓
Bank of Australia Building

✉ 馬丁廣場2號

　　1901年落成的澳洲銀行大樓為羅馬式風格建築，主要建材為獨特的火山凝灰岩(Trachyte)，現為澳洲珠寶商Paspaley總部，今日銀行金庫保管的是昂貴珍珠。

查雷斯大樓
Challis House

✉ 馬丁廣場4號

　　1906年雪梨大學用捐贈基金興建的藝術裝置(Art Deco)建築，門額上裝飾有雪梨大學的校徽。

天使巷
Angel Place

Pitt St.

戰爭紀念碑(空冢)
Cenotaph

✉ 郵政總局和查雷斯大樓之間

　　紀念第一次世界大戰中澳紐軍團的參戰將士，以及此後各次戰爭中犧牲的澳洲人。

George St.

郵政總局
General Post Office

Pitt St.

聯邦銀行大樓
Commonwealth Bank Building

✉ 馬丁廣場5號

　　1916年興建的12樓建築，是澳洲第一座鋼骨結構摩天大樓，為昔日澳州聯邦銀行的總部。

前澳洲商業銀行
Commercial Banking Company of Australia

✉ 喬治街和馬丁廣場路口

　　現為Burberry，大樓外還有夜間存款的裝置。

州立儲蓄銀行大樓
The State Saving Bank Building

✉ 馬丁廣場48～50號

　　1928年落成的州立儲蓄銀行總部，獨特的布雜藝術(Beaux-Arts)風格，參考古羅馬、希臘建築風格，強調建築的對稱及秩序，宏偉的建築彰顯銀行的莊嚴，內部大量使用大理石、雲石柱及雕花石膏金色天花板，後為聯邦銀行併購。

方形營業大廳曾是世界上最大的營業廳之一

殖民銀行大樓
The Colonial Building

✉ 馬丁廣場58號

　　1986年落成，36層樓的後現代主義風格建築曾是州立銀行總部及澳洲聯邦銀行，現為澳洲7號電視台(Channel 7)的新聞播報室，每日07:00～09:00早晨節目(Sunrise)現場直播時，想要上鏡頭的民眾會聚集在玻璃牆外跟攝影機揮手。

馬丁廣場

殖民銀行大樓
The Colonial Building

Elizabeth St. / Phillip St. / Macquarie St. / Hospital Rd.

Martin Pl.

澳洲鄉土保險大樓
The Australian Provincial Assurance Building

Castlereagh St. / Macquarie St.

 Martin Place

雪梨醫院
Sydney Hospital

禁苑
Domain

MLC中心
The MLC Centre

✉ 馬丁廣場9號

　　由哈利‧賽德勒(Harry Seidler)設計的鋼筋水泥大樓，為現代主義風格的8邊形柱體建築，高228公尺，1977年落成時是美國以外的最高建築物，施工時拆毀了多座傳統砂岩建築，引起很大爭議。

澳洲儲備銀行大樓
The Reserve Bank of Australia Building

✉ 馬丁廣場65號

　　澳洲儲備銀行總部，大樓內設有澳洲貨幣博物館(Museum of Australian Currency Notes，週一～五10:00～16:00，國定假日休息，免費參觀)，展出早期以物易物到塑膠材質的創新紙幣等澳洲貨幣發展過程。

世界最美麗的購物中心
維多利亞女王商場
Queen Victoria Building(QVB)

↓羅馬建築風格的典雅外觀，在百年後的今天仍舊美麗動人

✉ 455 George St., Sydney
☎ 9265-6800
🕐 1樓和地下樓：週一～三、五～六09:00～18:00，週四09:00～21:00，週日10:00～17:00；2樓以上晚一小時開始營業
➡ Town Hall火車站循QVB標誌可從地下樓出站
http www.qvb.com.au
MAP P.93／A3

　　為慶祝維多利亞女王登基50周年而興建的商場，位於熱鬧的喬治街上，1,700多平方公尺的面積占滿整個街區，1898年完工，採仿羅馬式古典建築風格，華麗的砂岩雕刻、青綠色的銅圓頂、鮮豔的彩繪玻璃及地面上細緻的馬賽克拼磚在在展現QVB百餘年來悠遠的風采；而建築物本身就十分值得細細欣賞。

1.門面風格一致的精品店面共有3層樓　2.1790年第一艦隊登陸(Second fleet landing 1790)
3.樓梯間華麗的彩繪玻璃　4.聖誕節期間，QVB的聖誕樹是雪梨城中最美的一棵

190多家精品商店，結合古典與時尚風格的商品，光是逛櫥窗便讓人不禁幻想自己是貴婦，也難怪著名設計師皮爾卡登(Pierre Cardin)說QVB是世界上最美麗的購物中心。特別一提，從挑高天窗懸吊著的兩座大時鐘，位於南端的是皇家時鐘(The Royal Clock)和偉大澳洲時鐘(The Great Australian Clock)，兩者都有著獨一無二的精緻設計，絕對不容錯過。每到整點，懸掛於商場中庭的皇家時鐘會上演小劇場，遊客可上樓等候觀賞。

旅行小抄

必逛喬治街

北接岩石區、南臨中央車站的喬治街(George St.)是澳洲第一條商業街，1810年由麥格里總督以英王喬治三世命名，從Circular quay、Wynyard、Town Hall或是Central 4個火車站都可直接抵達喬治街，沿街商店、餐廳、超市、購物中心林立，是到雪梨旅遊必逛的主要街道，其中以斯德蘭德拱廊、維多利亞女王商場和畢特街購物商圈(Pitt St. Mall)最為熱鬧。

知識充電站

QVB建築裝置故事集

皇家時鐘

以維多利亞女王鍾愛的貝爾莫勒城堡為造型，一到整點，小號樂聲響起，英國皇家相關的重要歷史場景在6個玻璃格內輪流上演，包括克努特大帝命令海浪停止、約翰國王簽屬大憲章(Magna Carta)、亨利八世與他的6個老婆、以叛國罪被處死的查理一世等。

偉大澳洲時鐘

重4公噸、10公尺長，描述第一艦隊自雪梨登陸後的故事，包含自原著民和歐洲移民的觀點所展現33個澳洲歷史場景，有庫克船長的登陸、原住民原始生活場景、流放罪犯被鞭刑、原住民的小孩被強制帶離等，時鐘外圍一直繞圈圈的帆船代表不斷前進的時間，繞行1圈是1分鐘。

QVB維多利亞女王雕像

愛爾蘭獨立後，設置在國會前的英國女王雕像被移至鄉下後漸漸被遺忘，1980年代QVB大樓整修期間，雪梨市政府在全球各地找適合的維多利亞雕像，愛爾蘭政府很高興地把塵封已久的女王雕像租借給雪梨市，而且無限制租期。

1.皇家時鐘　2.偉大澳洲時鐘　3.QVB維多利亞女王雕像

✦老英國風古典商店街

斯特蘭德拱廊
Strand Arcade

✉ 412-414 George St., Sydney

☎ 9265-6800

◉ 週一～三、五09:00～17:30，週四09:00～
20:00，週六09:00～16:00，週日11:00～
16:00

➡ Wynyard火車站George St.出口右轉，穿過
King St.後在左手邊

http www.strandarcade.com.au

MAP P.93／B2

　　從忙碌的街道轉進1891年開幕、維多利亞式的斯特蘭德拱廊，歐式金色花紋護欄、拼花地磚、商店門面的木框及彩繪玻璃皆散發著舊式的英國風情，陽光從玻璃屋頂照亮內部的古典裝潢，讓人好像穿越時空回到維多利亞時期。小而美的精品商店櫥窗擺飾特別精巧、用心，1樓有幾家咖啡廳、巧克力店、珠寶店、小商品專賣店；樓上人潮較少，多為設計師品牌服飾，像是澳洲設計師Alex Perry、Jayson Brunsdon、Zimmerman、Terry Biviano 和Fleur Wood，價位也屬高檔。就算不在這裡購物，逛逛櫥窗本身也是特殊的體驗。

1.典雅的門面在摩登大樓群中更顯獨特　**2.**新南威爾斯州花(Waratah)圖案的彩繪玻璃　**3.**來斯特蘭德逛櫥窗，體驗維多利亞時期的高雅氛圍　**4.**Gewurzhaus是香草調味料專賣店，販賣數種單一產地的料理鹽，包括採自澳洲Murray River的地下鹽礦　**5.**Gumption咖啡專賣店

雪梨、臺灣物價比一比

玩家交流

想要了解當地物價高不高，最直接的方法就是到超級市場繞一繞。澳洲兩大連鎖超市 Woolworth 和 Coles 在喬治街上都有分店，2 公升的牛奶在超市 AU$3、1 公斤的麵粉 AU$2、吐司 1 條 AU$3～4，其實換算起來比臺灣還便宜，除了背包客利用超市打發三餐可節省許多預算，要買蜂蜜、巧克力作為紀念品在超市選購也較划算。

超市以外的花費直接換算成臺幣，大體上是比臺灣高 3 倍，但以澳洲法定最低薪資 AU$18.7 做為比較基礎，我習慣將澳幣價格乘以 10 來判斷價格合不合理，譬如熱咖啡一杯 AU$4，換算 40 元臺幣在臺灣喝杯咖啡只能在便利超商喝得到！火車單程最低票價是 AU$3.38（離峰 AU$2.36），換算臺幣 33.38 元，比臺北捷運略貴。在美食街 AU$10～20 可以飽食一餐，臺幣約 200 元，和臺北百貨公司美食街差不多；餐廳主餐 AU$25～35，約 350 臺幣，以澳洲本地薪資來算也不是太離譜。

旅行小抄

超級市場省錢密技

餐餐上館子可是會讓旅遊預算爆表，到超級市場採購食材、在青年旅館公用廚房或公寓的簡易廚房自行料理三餐、還是做個三明治當午餐都是節省旅費的不二法則，更甚者在打烊前 1～2 個小時至超市採購烤雞、麵包、沙拉等不能放隔夜的促銷商品，省下來的錢可運用在攀登雪梨大橋、高空跳傘、衝浪課程等體驗上。以下有市中心喬治街上 Woolworths 和 Coles 這兩大超市分店資訊，能讓你的雪梨旅遊更加多采多姿！

Woolworths Town Hall
✉ Cnr Park & George St., Sydney
☎ 8565-9275
🕐 週一～五06:00～24:00，週末08:00～24:00
🌐 www.woolworths.com.au
🗺 P.93／A3

Woolworths Met Centre
✉ Met centre, 60 Margaret St., Sydney
☎ 8565-9236
🕐 週一～五06:00～20:00
🌐 www.woolworths.com.au
🗺 P.93／A1

Coles Express
✉ 388 George St., Sydney
☎ 9221-3119
🕐 週一～五06:00～24:00，週六、日 08:00～22:00
🌐 www.coles.com.au
🗺 P.93／A2

Coles World Square
✉ 650 George St., Sydney
☎ 8275-8600
🕐 每日06:00～24:00
🌐 www.coles.com.au
🗺 P.93／A4

Woolworths

Coles

雪梨最熱鬧的購物商圈
畢特街購物商圈
Pitt Street Mall

✉ Pitt St. between Market St. & King St.

🕒 週一～三、週五～六09:30～18:30，週四09:30～21:00，週日10:00～18:00(此為商圈一般營業時間，各商店略有不同)

➡ Town Hall火車站George St.出口，出站後左轉步行約1分鐘右轉Market St.，Pitt St.步行區在左手邊；或從George St.穿過Strand Arcade即是Pitt St.

http www.pittstreetmall.com

MAP P.93 / B3

畢特街步行區連同Market St.、Castlereagh St.、Elizabeth St.兩個街區共超過600家商店，堪稱雪梨最熱鬧的購物商圈，其中當然少不了澳洲兩大百貨公司龍頭Myer和David Jones，Elizabeth St.和Castlereagh St.上更有PRADA、MIU MIU、HERMES、GUCCI等國際精品名牌聚集；步行區兩旁的英國服飾Topshop、西班牙服飾Zara和瑞典服飾H&M是較平價的選擇，幾家旗艦店裡的試衣間總是大排長龍，來畢特街採購可要把錢包看緊，以免不小心超出旅遊預算。

旅行小抄

澳洲折扣季

12/26節禮日(Boxing Day)當天是澳洲人瘋狂採購的日子，人潮媲美臺灣百貨公司周年慶，澳洲比較精打細算的家庭會將採購時機延至聖誕節後的節禮日；另一個折扣季節為每年6月，因為澳洲會計年度為7/1到隔年的6/30，許多店家要趕在會計年度結束前衝業績、出清庫存。

1.人流高的步行區是街頭藝人舉行小演唱會的熱門地點，聽眾很隨興的席地而坐欣賞表演 **2.**3D繪圖藝術家直接在步行區路面上作畫 **3,4.**瑞典平價品牌H&M在畢特街也有分店 **5.**美國時裝品牌Forever 21旗艦店 **6.**David Jones百貨公司裡的花展

特色餐飲

商圈裡方便美味的好選擇
百貨公司美食街

David Jones Food Hall
🅒 週一～三09:30～18:00，週四～五09:30～21:00，週六09:00～19:00，週日10:00～18:00
➡ 畢特街步行區Market St.端，左轉往海德公園方向，右手邊David Jones百貨的Market St.入口直接下樓梯
🅼🅰🅿 P.93/B3

Westfield Food on Five
🅒 週日～三09:30～18:30，週四～六09:30～21:00
➡ 從Market St.和Castlereagh St.交口，Prada和Miu Miu兩家店中間的手扶梯上5樓
🅼🅰🅿 P.93/B3

設在水果攤旁色彩鮮艷的各式水果優格沙拉

美食街是到畢特街購物商圈逛街時用餐的最佳選擇，David Jones百貨裡的美食街(David Jones Food Hall)結合生鮮食品販售，海鮮賣場旁邊有旋轉壽司區、賣水果店家旁邊則有販賣果汁和鮮果優格，還有起司和冷盤吧、生蠔吧、義式料理吧、亞洲麵食吧、義式咖啡吧，餐點用現場販賣的食材烹煮，是美食街的精品。

斜對面的Westfield也不惶多讓，搭電扶梯上5樓的Food on Five美食街，除了臺灣來的米其林餐廳鼎泰豐以外，Snag Stand的熱狗、VIA DEL CORSO的冰淇淋、Sababba的中東烤肉配沙拉、Charlie & Co的漢堡都是不錯的選擇。Ragu Pasta & Wine Bar的義大利麵則是我個人的最愛，價錢約AU$12～14，可選擇手工麵和醬汁種類，是樸實道地的好吃義大利麵；另外各式冷盤價錢也十分合理，再點杯酒，等於是用一半的價錢享用餐廳等級的美食。

Ragu的餐點展示

Food on Five的中東料理

VIA DEL CORSO義式冰淇淋

Ragu Pasta & Wine Bar

✤ 享受英式優雅下午茶時光
QVB Tea Room

✉ Level 3, QVB Building, 455 George St., Sydney
☎ 9283-7279　🕐 每日10:00～15:00
💲 傳統下午茶(Traditional Afternoon Tea) AU$45
➡ Town Hall火車站George St.出口，出站後步行1分鐘，到達QVB大樓
🌐 thetearoom.com.au
❓ 熱門的婚宴地點，被包場時不服務散客
🗺 P.93／A3

　　位於維多利亞女王商場頂樓的 The Tea Room是雪梨著名的英式下午茶地點，從1樓搭乘鑲飾黃銅板和木邊的老式電梯直上3樓，再從北面樓梯進入，挑高寬敞的空間以前是用做大型宴會的舞廳，裝潢高貴古典，維多利亞風格天花板上垂吊著來自法國Baccarat的大型水晶燈；推薦3層的High Tea，先鹹再甜、由下往上一層層享用，優雅地度過午間時光。

上：適合姊妹淘聚會的3層式貴族下午茶
下：彷彿置身歐洲宮殿的挑高用餐空間

✤ 道地美味的馬來咖哩麵
Malay Chinese Takeaway

✉ Shop 1, 50-58 Hunter St.,Sydney
☎ 9231-6788
🕐 週一～五11:00～19:00，週六11:00～17:00，週日休息
💲 雞肉咖哩麵(Chicken Laksa)AU$9.7，蝦麵(Har mee)AU$10
➡ Wynyard火車站從George St.出口出站後，左轉George St.，再右轉Hunter St.步行1分鐘，餐廳在左手邊
🌐 www.malaychinese.com.au
🗺 P.93／B2

　　馬來西亞華人家族經營的餐館，這裡的咖哩麵曾被雪梨晨報評比為第一名，店面裝潢雖然一般，但午休時間一到，附近的上班族都紛紛湧入用餐。人氣餐點為咖哩麵，咖哩湯頭所使用的香料十分講究，點餐時可要求老闆用一半米粉一半油麵，是在雪梨定居的馬來西亞華人朋友大大推薦的餐點；而用鮮蝦殼熬煮的鮮美蝦麵，添加一點老闆特製的參巴辣椒醬，也是一絕！

道地又便宜的咖哩麵

雪梨最棒的越式潛艇堡
Sydney Pork Rolls

- 📧 627 George St., Sydney
- 🕐 每日07:00～19:00
- 💲 越式豬肉三明治Pork Roll AU$4.5
- ➡️ Town Hall火車站George St.出口，出站後右轉步行，經過兩個路口後在右手邊
- MAP P.93／A4

人潮來來往往的喬治街上有一間超小的店面，裡頭賣的是雪梨最棒的越式豬肉潛艇堡，法式麵包抹上豬肝肉醬、美乃滋，夾入越式豬肉片、火腿、醃漬紅蘿蔔、香菜、黃瓜、辣椒、生菜絲，一口咬下，經濟實惠又美味。

午餐時間排隊買Pork Roll的人潮

→↓料好實在的越式潛艇堡

料好實在的日式拉麵
Tenkomori

- 📧 501 GeorgeSt., Sydney
- 📞 9266-0660
- 🕐 每日11:30～22:00
- 💲 拉麵AU$6.5～10.4
- ➡️ Town Hall火車站George St.出口出站後右轉，經過KFC右轉進入Regent Place巷內
- http www.tenkomori.com.au
- MAP P.93／A4

自助餐式的日式拉麵店，有醬油(Shoyu)、味噌(Miso)和濃厚的豬骨(Tonkotsu)3種湯頭可以選擇，點餐櫃檯上方有放大的照片菜單，選好主菜和湯頭、在炸物區直接夾取炸物後，至結帳區領取拉麵和付款，流程簡潔有效率。招牌拉麵Tenkomori裡有半生醬雞蛋、豬肉片、筍乾和一大片海苔，再撒上青蔥和白芝麻，AU$10以下的拉麵在雪梨算是物美價廉，還有小碗拉麵供胃口小的顧客選擇。

極具古典美感的百年酒吧
Marble Bar

- ✉ B1, 488 George St., Sydney
- ☎ 9266-2000
- 🕐 週二〜日16:00〜24:00
- 💲 Australian Whisky Flight AU$34
- ➡ Town Hall火車站George St.出口左轉過一個路口,從希爾頓飯店外的樓梯下去
- http www.marblebarsydney.com.au
- ❓ 服裝規定為Smart Casua(避免T-Shirt、短褲、汗衫、球鞋、涼鞋)
- MAP P.93/A3

　　1893年開始營業的Marble Bar原名George Adams Bar,本來是在Pitt St.上,當年斥資32,000英鎊,以100噸來自比利時和非洲的高貴大理石、雪松木等,並用彩繪玻璃和細緻天花板展現義大利文藝復興風格的富麗裝潢,是世界上美麗酒吧之一,1968年被澳洲國家信託列為A級古蹟。後來整個內部裝潢拆解重組,2002年希爾頓投入2億澳幣維修,並於現址為希爾頓飯店大樓的地下室重新開幕。每週四〜六晚上有樂團現場表演(表演時間請參考網站),酒單裡除了啤酒和葡萄酒外,有許多調酒和威士忌可供選擇,吸引許多熱愛威士忌愛好者前來朝聖。 Australian Whisky Flight可品嘗3杯20ml的澳洲威士忌。

旅行小抄

別忘了欣賞酒吧內收藏的百萬畫作

Marble店內牆面裝飾有14幅澳洲知名畫家Julian Rossi Ashton(1851〜1942)20世紀初期的名貴油畫,預估總價值超過AU$160萬,小酌之餘記得好好鑑賞一番。

←裝潢講究的吧檯區
↓超過百年歷史、極具古典美感的奢華酒吧

巧克力名店大集合

雪梨是巧克力愛好者的天堂，頂級巧克力隨可可產地、比例、品種、製作程序的不同，在口感與層次上有豐富的變化，品嘗巧克力已成為雪梨美食界的顯學，國際知名巧克力品牌Lindt、Guylian在雪梨設有多家店面，本地巧克力師傅開設的店鋪則多有死忠的顧客群，下面推薦5家澳洲當地大師開設的巧克力專賣店，皆在步行範圍內，些許的運動可稍稍減少吃甜食的罪惡感，穿上舒適的鞋子，用步行的方式來體驗雪梨的巧克力風潮！

澳洲限定的巧克力風味

KoKo Black

✉ Strand Arcade,412 George St, Sydney
📞 9231-0336
🕐 週一～三、五09:00～17:30，週四09:00～20:00，週六09:00～17:00，週日11:00～17:00
💲 1顆約AU$2.3
➡ Town Hall火車站循QVB標誌前往，可從地下樓出站
🌐 www.kkokoblack.com
🗺 P.93／B3

推薦必嘗

Orange Segment是以南澳天然風乾糖漬橘子片搭配微苦黑巧克力，風味絕佳

從墨爾本火紅到雪梨的人氣巧克力店，簡潔的裝潢以大尺寸的巧克力展示櫃為焦點，白色牆面走的是瑞士銀行保險櫃風格，各式巧克力整齊排列，鹽味焦糖黑巧克力(Dark Salted Caramel)有成熟的苦味、不過甜，芒果香草口味(Mango Vanilla)有熱帶水果果香；店內採用維多利亞州有機核桃、南澳出產的薑和橘子、塔斯馬尼亞的蜂蜜等澳洲本地天然食材，並與歐洲進口的調溫巧克搭配，這些都是其他國際品牌複製不出的口味。QVB店面地下層設有座位，提供飲料和甜點，特調熱巧克力是冬季熱賣商品。

整齊排列的巧克力展示櫃正散發出甜美魔力

金牌認證的巧克力常勝軍

Adora

- ⊠ Shop P9, Wentworth Connection 2A Bligh St., Sydney
- ☎ 9232-6601
- 🕐 週一～五08:00～18:00，週六09:00～16:30
- 💲 1顆約AU$2.5
- ➡ Wynyard車站George St.出口沿Hunter St.步行，左轉Phillip St.，在Sofitel Hotel旁的 Wentworth Collection內
- http www.adora.com.au
- MAP P.93／B2

薑味松露巧克力(Ginger Truffle)榮獲雪梨皇家農業展金牌，一口咬破滑順巧克力外圈，淡淡的新鮮薑味在你嘴中散開

推薦必嘗

1993年由兩個酷愛巧克力的姊妹Katerina & Tina創立的品牌，雪梨有4家分店，以新鮮天然、入口即化的松露巧克力出名，曾經是雪梨歌劇院咖啡廳和餐廳的巧克力供應商。松露巧克力(Truffle)因為傳統造型狀似黑松露而得名，可不是松露口味的巧克力。Adora是雪梨皇家農業展(Royal Show)巧克力競賽的常勝軍，奶油(Butter Truffle)、咖啡(Coffee Truffle)、金合歡種子(Wattle Seed Truffle)、薑味(Ginger Truffle)都是受到金牌認證的口味。

公平貿易認證的巧克力名店

Josphan's Fine Chocolate

- ⊠ Cnr York & King St., Sydney
- ☎ 9299-3352
- 🕐 週一～三10:00～19:00，週四、五10:00～20:00，週末11:00～17:00
- 💲 1顆AU$2
- ➡ Wynyard火車站York St.出口左轉，在左手邊King St.路口
- http www.josophans.com.au
- MAP P.93／A2

2005年創始於藍山地區露拉(Leura)小鎮的精品巧克力品牌，選用公平貿易認證的可可原料製作，打著緞帶、精緻包裝的巧克力及櫃檯上方的水晶吊燈讓不大的店面顯得古典雅致，和Adora一樣是雪梨皇家農業展的常勝軍，櫃檯後方的架上擺滿獎狀，含有整粒核桃的半圓巧克力(Walnut Half)和巴西里萊姆口味(Basil & Lime)是人氣商品。

半圓核桃巧克力(Walnut Half)，整粒新鮮核桃在半圓形的濃郁巧克力中露出頭來，堅果與巧克力的美味搭配讓人無法抗拒

推薦必嘗

可愛的荷包蛋巧克力

在門口迎接客人的皇家衛兵

🌱 超人氣巧克力蛙在這裡

Haigh's Chocolate

- 📧 Shop52,QVB 455 George St., Sydney
- ☎ 9261-4500
- 🕐 週一10:00~17:00，週二、三08:00~20:00，週四、五08:00~21:00，週六09:00~20:00，週日10:00~18:00
- 💲 1顆約AU$2.2~2.8
- ➡ Wynyard火車站George St.出口右轉，穿過King St.後在左手邊；QVB也有分店(P.110)
- http www.haighschocolates.com.au
- MAP P.93／A3

青蛙巧克力是百年老店Haigh's的傳統，也是最受小朋友喜歡的商品

1915年由Alfred E Haigh在南澳阿德雷德創立的巧克力店，是澳洲歷史最悠久的家族巧克力品牌，不同於其他巧克力店直接進口歐洲調溫巧克力做原料，Haigh's巧克力堅持進口可可原豆進行加工；青蛙造型的巧克力和內層是樹莓果裹上白巧克力、外層是黑巧克力或牛奶巧克力的Berry Choc巧克力豆是人氣商品；單顆巧克力最特別的是澳洲原生植物口味，包括澳洲國花金合歡種子

澳洲限定的原生植物口味巧克力

(Milk Wattle Seed Crunch)、野生萊姆(Wild Lime Jelly)和檸檬葉(Dark Lime Myrtle)。

🌱 入口即化的天然巧克力

Chocolarts

- 📧 75 George St., The Rocks
- ☎ 9871-4222
- 🕐 週一~六10:00~18:00
- 💲 1顆AU$1.5
- ➡ Wynyard火車站George St.出口左轉，沿George St.北行步行約8分鐘在左手邊
- http www.chocolarts.com.au
- MAP P.39／B3

位於岩石區，以做婚禮和特殊造型巧克力起家的Chocolarts將巧克力製作視為藝術品創作，用頂級比利時及法國調溫巧克力(Couverture)，不添加植物油、人工添加物，使用歐洲傳統技術做出創新的口味與造型。展示櫃裡各種單顆巧克力皆採小批量製作，以確保客人能品嘗到最新鮮的巧克力。架上陳列著高跟鞋、足球、小鴨、鬱金香等各種特殊造型的巧克力。

裝潢簡單的店面有不簡單的巧克力

Dark Honey採用塔斯馬尼亞純蜂蜜搭配黑巧克力，有不容錯過的絕妙風味。

中國城和達令港
Chinatown & Darling Harbour

概況導覽

達令港曾是雪梨的主要貨運港口，羊毛、小麥、牛羊肉等，從澳洲內地用火車運到達令港轉銷全球，1984年起，新南威爾斯州政府將達令港轉型為觀光休閒港口，到海生館觀賞鯊魚和美人魚、野生世界拜訪澳洲國寶無尾熊和袋鼠、蠟像館和巨星休傑克曼合影、世界最大電影螢幕看場電影，或是擠進海事博物館的第二次世界大戰潛水艇參觀狹窄船艙，提供遊客多采多姿的娛樂選擇，全家大小在此消磨一整天也不無聊，是雪梨最受小朋友歡迎的一區！肚子餓了就到雪梨漁市場吃海鮮大餐或是到中國城吃中餐館，都是絕佳的選擇。

行程建議及時間表

帕迪斯市場	60分鐘
海生館、野生世界、杜莎夫人蠟像館	120分鐘
雪梨漁市場	60分鐘
海事博物館	90分鐘
動力博物館	90分鐘
IMAX電影院（視影片長短）	45～150分鐘
中國城	30分鐘

Wynyard

Casino
星城賭場
The Star Casino
hn Street
quare
The Star

The Star
Pirrama Rd.

Lime St.
Erskine St.
Clarence St.
York St.
George St.
Sussex St.
Kent St.

達令港
Darling Harbour

Pyrmont Bay

杜莎夫人蠟像館
Madame Tussauds

野生世界
Wild Life Zoo
King St.

Adina Harbourside

維多利亞
女王商場

Miller St.

Pyrmont Bridge Rd.

海事博物館
Australian National Maritime Museum and the HMAS Vampire 1

雪梨海生館
Sea Life Aquarium

Market St.

Harris St.

Murray St.

Darling Dr.

Pyrmont Bridge
人行橋

Fish Market

Kong's Cave BBQ

雪梨魚市場
Sydney Fish Market

Pyrmont St.

雪梨歌舞船 **Sydney Showboat**
Blackbird

Druitt St.

Convention Centre

IMAX電影院
IMAX Theatre

Wattle St.

Wentworth Park

Jones St.

Darling Dr.

屯巴隆公園
Tumbalong Park

Harbour St.

達令港遊客中心
Darling Visitor Centre

Town Hall

Wentworth Park

Bulwara Rd.

William Henry St.

Braza Churrascaria

Liverpool St.

誼園
Chinese Garden of Friendship

Meriton Campbell Pensione Hotel

Exhibition Centre

Mamak

Goulburn St.

Pitt St.

worth Park Rd.

動力博物館
Power House Museum

中國城**Chinatown**
徒步區**Dixon St.** Little Hay St.
安盈
換匯

Macarthur St.

Qantas Credit
Union Arena

Hay St.

Paddy's Market

帕迪斯市場
Paddy's Markets

Aarons Hotel

Capital Square

首都劇院
Capital Theatre

Ultimo Rd.

Quay St.

宏城旅遊

Central

Central

Adina Central

首府
Railway Square YHA

A   B   C

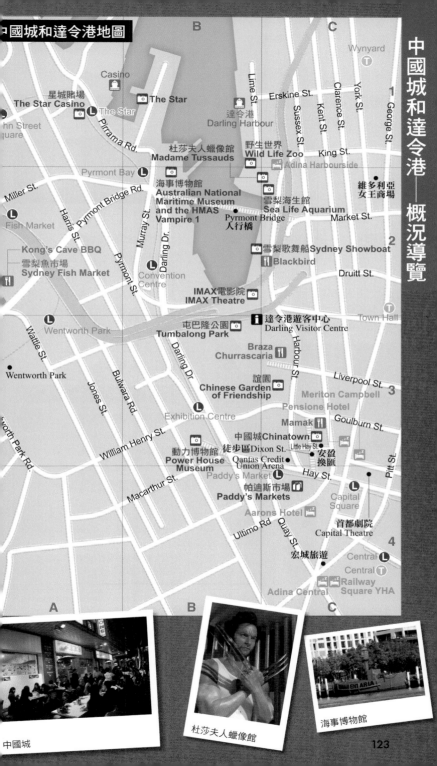

中國城

杜莎夫人蠟像館

海事博物館

經濟美味的中華料理

中國城
Chinatown

✉ Dixon St., Haymarket
◎ 多數店家營業至深夜
➡ 從Town Hall火車站George St.出口出站後右轉，沿George St.步行約3分鐘右轉Goulburn St.，過兩個路口可見牌樓在左手邊
🗺 P.123 / C3

19世紀移居雪梨的華人聚集在岩石區一帶，後來遷移至達令港的市場街(Market St.)附近，1920年代才搬到現今的德信街(Dixon St.)。步行區兩頭立有中式傳統牌樓，來自五湖四海的多元移民

四海一家牌樓

招財的公共藝術金水口(Golden Water Mouth)

中國城徒步街上的現烤現賣的帝皇餅總是大排長龍，3粒AU\$1

文化充分顯現在牌樓上「四海一家」幾個大字上；牌樓內中文招牌夾道而立，店家在晚餐時間會把桌椅擺設在人行道上，彷彿來到了亞洲城市裡的大排檔，還設有多處室內美食街，價位合理，是來雪梨旅行期間懷念中華口味的覓食好去處。

旅行小抄

中國城室內美食街
範圍不大的中國城德信街(Dixon St.)前後有3家美食街，美食街店面多有清楚明瞭的菜色照片可供選擇，十分方便，約AU\$10～\$15可飽食一餐，是經濟實惠的用餐地點。

食通天Eating World Food Court
✉ 25～29 Dixon St., Sydney
◎ 每日10:00～21:00

建德大廈Sussex Centre Food Court
✉ 60 Dixon St., Sydney
◎ 每日10:00～21:00

德信美食中心Dixon house food court
✉ 80 Dixon St., Sydney
◎ 每日10:30～20:30

古色古香的江南庭園
誼園
Chinese Garden of Friendship

✉ Pier St., Darling Harbour
☎ 9240-8888
⏰ 每日09:30～17:00
💲 門票成人AU$6，未滿12歲AU$3，家庭(2大人+2小孩)AU$15
🚇 從Town Hall火車站George St.出口出站後右轉，沿George St.步行約1分鐘右轉Liverpool St.，往達令港方向步行約2分鐘即見中式圍牆
🌐 www.darlingharbour.com(點選Things to do→Chinese Garden of Friendship)
🗺 P.123／C3

古色古香的誼園大門

　　1988年雪梨開埠兩百年紀念時，誼園正式對外開放，由雪梨的姊妹市廣州協助設計，作為當地華人社群與雪梨文化交流之象徵，園內雙龍戲珠龍牆浮雕是廣東省政府送給新南威爾斯州的禮物。緊鄰熱鬧的中國城和達令港，圍牆內的

古色古香的江南庭園鬧中取靜，占地雖小但不覺局促，幾何雕花的迴廊連接中式庭閣，4顆奇石冒出湖面，依形狀取名為龍、龜、鳳凰和麒麟。可惜的是，入內參觀的遊客大多不是華人，到底比不上家鄉的中式庭園這麼古意、講究。

幽靜的中式庭園是中澳友好關係的象徵

知 識 充 電 站

白澳政策(The White Australia Policy)

1901年人口僅有370萬的澳洲，擔心大量中國移民湧入會造成工資水平降低，因而實施遏止亞洲移民的「白澳政策」，其中最惡名昭彰的措施，為移民官員針對亞洲移民申請者進行百般刁難的聽力測驗，考的是英語以外的任何一歐洲語言，藉此排除不受歡迎的移民，直至1973年澳洲工黨政府通過的移民法修正案，才取消帶有種族色彩的移民審核。今日全澳有近90萬華裔人口，雪梨華裔最密集的郊區為好市圍(Hurstville)，該區近4成人口為在中國出生的移民。

最受小朋友歡迎的冒險公園

屯巴隆公園
Tumbalong Park

- ✉ Darling harbour St., Darling Harbour
- ➡ Town Hall火車站George St.出口右轉,第二個路口右轉Liverpool St.後直行5分鐘越過天橋
- 🗺 P.123 / B3

雪梨市最受小朋友喜愛的公園,除了夏日戲水區有26個水柱

公園內販售咖啡和零食的小亭子

清涼的夏日戲水區

從地面噴起,還有溜滑梯、沙堆、盪鞦韆以及高10公尺的攀爬網塔,澳洲家長注重讓孩子親身體驗、從冒險中學習,10公尺的高度讓許多大人都不敢攀爬到頂,只見孩子們三兩下俐落地往上爬,在頂端向家長驕傲地揮手,底下的家長也看不出一絲緊張,帶小朋友來這裡玩耍,很快就交到澳洲朋友了呢!

世界最大電影螢幕在這裡

IMAX電影院
IMAX Theatre

- ✉ 31 Wheat Rd., Darling Harbour
- ☎ 9281-3300
- ⏰ 早場10:00~晚場21:00
- 💲 依2D、3D和放映時間長短不同,成人AU$23~35,兒童AU$17~25(實際時刻表及票價詳見網站)
- ➡ Town Hall火車站George St.出口右轉,第二個路口右轉Liverpool St.後直行5分鐘越過天橋至屯巴隆公園右轉,見達令港水面後右手邊有一間星巴克,右轉第二棟即是
- 🌐 www.imax.com.au
- ❓ 網路購票每張票會加收AU$1.95,到電影院櫃檯購票較便宜
- 🗺 P.123 / B2

號稱世界上最大、解析度最高的常態性電影螢幕,比傳統電影院螢幕大上10倍,35.73公尺寬、29.42公尺高(相當於9層樓高)的巨大螢幕超出你的視線範圍,讓你感覺不到螢幕的邊界,大坡度的座位設計及高品質數位音響環繞,讓你如歷實境;放映海底世界或是恐龍奇觀之類的常態紀錄片、部分院線片像是變形金剛、侏儸紀世界也在這裡放映。

透過世界最大的電影螢幕觀賞3D鯨魚紀錄片

IMAX螢幕高達9層樓高

搭火車造訪雪梨近郊小印度、小越南

除了市區中國城一帶,郊區的車士活(Chatswood)、好市圍(Hurstville)都有大量華人聚居,火車站周邊販售華人商品的商店和中餐廳林立,移居於此完

賣印度傳統服飾的商店

全沒有適應新環境的問題,可說是海外華人的舒適圈。

除了華人移民喜愛聚居,雪梨郊區也有號稱小印度及小越南的移民聚居地,小印度位於 Harris Park 火車站旁的 Wigram St.,整條街上一間間的印度餐廳、雜貨店、沙麗服飾店,路上來往的人群九成以上是印度移民,是品嚐道地印度料理的好去處;

小越南商店街上的牌樓

跳上火車前往 Cabramatta 站,火車站旁商店街上的雜貨店、水果攤、布店和一間間的河粉麵店展現十足的越式風情;不同於市區以遊客居多的中國城,小印度和小越南呈現的是原汁原味的多元移民文化特色。

澳洲最大工業科技博物館
動力博物館
Power House Museum

- ✉ 500 Harris St, Ultimo
- ☎ 02-9217-0111
- ⏰ 每日10:00～17:00
- 💲 成人AU$15,兒童(未滿16歲)免費
- ➡ Convention Centre Light rail,從中國城步行約5分鐘
- http www.maas.museum/powerhouse-museum
- MAP P.123 / B3

1988年以探討人類創意為宗旨的動力博物館在雪梨火力發電廠舊址開幕,寬敞的展區號稱是全澳洲最大的博物館,除了以科技、工業、交通為主題的12個固定展區,以裝飾藝

掀起工業革命的瓦特蒸汽機

Locomotive No.1 頭等艙

術、建築、醫療、珠寶等主題的臨時展覽亦十分獨特、多元,收藏品超過38萬件,好奇心旺盛的遊客往往要逛上半天以上。不可錯過的館藏包括世界上最古老且尚可運作的瓦特蒸汽機,以及新南威爾斯州第一台火車 Locomotive No.1。

杜莎夫人蠟像館
Madame Tussauds

- ✉ Aquarium Wharf, Darling Harbour
- ☎ 1800-205-851
- ⏰ 每日09:30～20:00，最晚入場時間19:00
- 💲 成人AU\$40，兒童(4～15歲)AU\$28，網路購票有10～30%優惠，需選擇進場時段；套票詳P.105
- ➡ 從環形碼頭(Circular Quay)搭乘前往Darling Harbour的渡船，下船後沿著水岸右轉步行3分鐘
- http www.madametussauds.com/Sydney
- ⁉ 如有私人活動會提早關門，詳細時間請參考網站；未滿16歲的兒童需由大人陪伴
- MAP P.123／B2

蠟像館的創辦人法國杜莎夫人(1761～1850)於1777年創作第一尊伏爾泰蠟像，後來陸續為其他名人如盧梭、班傑明富蘭克林等人製作蠟像，1802起杜莎夫人帶著她收藏的蠟像遊遍英國，1835年在倫敦貝克街(Baker St.)建立了第一個永久性蠟像館。現今

1.與英國皇室合影　2.來澳洲怎麼可以不衝浪？

旅行小抄

名人蠟像訂做步驟

1. 測量作業
與名人面對面做精準測量，記錄鼻孔大小、指甲長度等200多個尺寸數據，並收集頭髮樣本、製作牙齒模具。

2. 製模灌蠟
依據取得的測量數據用黏土捏出形狀，敷上石膏製作石膏模，再將熱蠟灌入模型，冷卻後脫模取出蠟雕像。

製模用的黏土蠟像

3. 精細加工
塑像工藝家依照名人膚色塗上油彩，裝置毛髮、牙齒、指甲和服飾，因為蠟像會隨時間縮水，所以新的蠟像尺寸會比真人大2個百分比，一個蠟像製作費時至少5個星期，成本約125,000美金。

在世界各大城市都有分館，各地分館設有當地特色的蠟像，雪梨分館當然少不了休傑克曼、妮可基嫚、凱特布蘭蕭等澳洲出身的知名藝人，全館依主題分為歷史區、領袖區、明星區、電影區、運動區、英雄區等，館方還貼心準備各式配件，讓遊客盡情發揮創意，使用配件和各名人蠟像互動留影。

成為歐普拉座上賓

世界僅存6隻的明星海牛

雪梨海生館
Sea Life Aquarium

- ✉ 1-5 Wheat Rd., Darling Harbour
- ☎ 1800-199-657
- 🕘 每日09:30～19:00，最後入場時間18:00
- 💲 成人AU$40，兒童(4～15歲)AU$28，網路購票有10～30%優惠，需選擇進場時段；套票詳P.105
- ➡ 從環形碼頭(Circular Quay)搭乘前往Darling Harbour的渡船，下船後沿著水岸右轉步行3分鐘
- http www.sydneyaquarium.com.au
- MAP P.123／C2

人工環境養殖的海牛(Dugong)全世界只有6隻，雪梨海生館內有2隻——Pig和Wuru，是雪梨海生館的兩大巨星，許多遊客都是衝著牠們倆來參觀的，海底隧道的巨大魟魚和鯊魚、大堡礁區的可愛熱帶魚也是受遊客喜愛的參觀

146公尺的海底隧道

區域。雖然硬體沒有日本或是墾丁海生館大、新穎，但如果對海洋生態有興趣還是推薦一看，另外因為門票金額較高，建議搭配套票參觀。

300多公斤的Pig每天要吃60公斤的生菜

穿梭在活珊瑚間的熱帶魚(圖片提供／Tourism Australia／SEA LIFE)

達令港熱門主題之旅

深度特寫

🌿 在海上與鯨魚親密接觸

鯨魚公路賞鯨之旅

　　每年5～8月座頭鯨從南極往北游向溫暖的北半球，這段期間公鯨魚常常會躍出水面博取母鯨魚的青睞；鯨魚寶寶在溫暖的北半球出生後，8月底～11月底鯨魚媽媽便帶著新生的寶寶往南游，這一南一北往來的路線被稱為鯨魚公路，每年約有2萬頭鯨魚經過雪梨東海岸。

　　從雪梨出發的賞鯨船號稱有90%機率可以看到鯨魚，賞鯨期間有多家船公司提供賞鯨行程，各艘船出海後如有發現鯨魚行蹤會互相告知，行程沒什麼差別；賞鯨船航出雪梨灣進入南太平洋後風浪不小，容易暈船的遊客建議選擇比較大的船，並提前吃暈船藥。賞鯨船行程AU$60～100不等，船公司為了提高登船人數，常常會在團購網站推出特價票(AU$25～40)，有計畫到雪梨賞鯨的遊客可以參考。

鯨魚從船邊近距離浮出水面讓大家驚呼連連

旅行小抄

善用團購網站搶便宜

推賞鯨行程的購票網站很多，除了船隻大小不同其餘都差不多。除了筆者參加過的OzWhaleWatching，建議可以上團購網站搜尋，哪一家正在折價就報名哪一家，有折扣價差很大喔！

團購網站
http www.allthedeals.com.au/local/sydney
OzWhaleWatching
http www.ozwhalewatching.com.au

流暢的跳躍動作使人不由得發出讚嘆 (圖片提供／Trevor Scouten)

夜景、歌舞秀、晚餐一次滿足

歌舞秀遊船之旅

✉ No.5, King St. Wharf, Darling Harbour
📞 8296-7296
🕐 19:00～22:00(不是每晚都有出船，訂票時可查出船日期)
💲 成人AU$135，7～17歲 AU$66，未滿7歲免費(以上為網路價)
➡ Wynyard火車站York St.出口，左轉York St.，右轉Erskine St.走到底到達King St.碼頭，5號登船處上船
http www.sydneyshowboats.com.au
MAP P.123／B2

在歌舞表演中夜航雪梨灣
(圖片提供／Sydney Showboat)

華麗的表演(圖片提供／Sydney Showboat)

1987年推出的雪梨歌舞秀遊船(Sydney Showboat)，結合歌舞表演及晚餐，至今已超過5百萬人次，從達令港的國王街碼頭上船，熱情的服務員先端上迎賓氣泡酒，前菜上桌後Mr. Showboat桌邊魔術秀緊接著上場，遊船駛離達令港自雪梨大橋下穿過，先前往甲板欣賞雪梨城市和歌劇院夜景的嫵媚，回到座位上繼續享用主餐和甜點，並觀賞主場拉斯維加斯式的炫麗歌舞秀《愛的航程》(Voyage of Love)。

娛樂用餐都推薦的好地方

星城賭場玩樂之旅

✉ 80 Pyrmont St, Pyrmont
📞 9777-9000   🕐 24小時營業
➡ 從Town Hall 步行約15分鐘，從環形碼頭搭渡船到Pyrmont Bay Wharf，從Central 火車站搭輕軌到The Star站
http www.star.com.au
❓ 18歲以上才可進入賭場，娃娃臉的朋友要記得攜帶證件證明自己年齡
MAP P.123／A1

澳洲是全世界賭場數和人口比例最大的國家，各大城市都設有賭場，星城賭場(The Star Casino)位於達令港東側，有近1,500台博弈機器和1,000個賭桌，從吃餃子老虎、21點、輪盤等應有盡有，亞洲遊客特別喜歡來這裡試手氣；賭場外圍有多家精品店、餐廳、酒吧，不愛賭的遊客等待時間也不無聊，賭場附設的吃到飽餐廳是許多團體旅遊會來的用餐地點，Café Court裡的Ribs & Burgers肋排、Gelato Messina義式冰淇淋、Adriano Zumbo馬卡龍都是不錯的選擇。

↑ Gelato Messina號稱雪梨最好吃的冰淇淋，推薦鹽味焦糖(Salted Caramel)及無花果(Poached Figs in Marsala)

3大熱門動物園大比拼

來澳洲旅遊，當然少不了和澳洲旅遊大使無尾熊、袋鼠合影留念，雪梨的3大動物園中，位於達令港的野生世界離市區較近，雪梨灣北岸的塔龍加動物園搭渡船僅需12分鐘，而費德戴爾動物園位於雪梨西郊，前往藍山國家公園可順道參觀。

三大動物園優缺點報你知

野生世界

優點	缺點
·大眾運輸方便	·園區面積小、多在室內
·偏特殊澳洲動物	·不能與無尾熊近距離接觸
·全室內，適合天氣不好時參觀	·隔著界線餵食袋鼠
·有無尾熊和袋鼠的飼養員解說	·與無尾熊近距離合影要另外收費
·適合旅遊時間較短的遊客	·門票較貴，搭配套票(P.105)較划算

塔龍加動物園

優點	缺點
·大眾運輸方便	·門票較貴
·雪梨灣畔視野佳	·不能與無尾熊、袋鼠近距離接觸
·免費的飛鳥秀和海獅秀	·無尾熊合影要另外收費(Koala
·動物種類多，非專為國外遊	Encounter11:00～14:45，
客設置的動物園	AU$24.95包含一張合影照片)

費德戴爾動物園

優點	缺點
·較多澳洲特殊動物	
·可免費和袋鼠、無尾熊合影(加分！)	·離市區較遠，
·餵食時間排的很密集	火車轉公車
·在往藍山國家公園的途中，去程可順路參觀	可到達
·門票較便宜	

交通便利的室內動物園

野生世界
Wild Life Zoo

✉ 1-5 Wheat Rd., Darling Harbour
📞 1800-206-158
🕐 春夏(10月初至4月中)09:30～18:00，農曆年假延長至20:00；秋冬(4月中～10月初)09:30～17:00，休園前一個小時前要進場；每年開放時間會有異動
💲 成人AU$40，兒童(4～15歲)AU$28，網路購票有10～30%優惠，需選擇進場時段；套票詳P.105
➡ 從環形碼頭(Circular Quay)搭乘前往Darling Harbour渡船，下船後沿水岸右轉步行3分鐘
http www.wildlifesydney.com.au
MAP P.123／B1

套票詳P.105
MAP P.123／B1

位於達令港的室內動物園，展區分為9個不同的野生動物棲息地和1,000多隻動物，如袋鼠、無尾熊、袋熊、鱷魚、食火鳥、身長5公尺的鱷魚Rex等等，透過寓教於樂的互動式展覽、飼養員餵食與解說，讓參觀民眾更加認識這些澳洲動物。不同於

野生世界飼養員解說時間表

可能視動物狀況變動，當日時間表請參考售票處資訊。

動物	時間
塔斯尼亞惡魔Tassie devil	10:30
袋熊Wombat	11:00
鱷魚Crocodile	12:30
無尾熊Koala	13:30、15:30
食火鳥Cassowary	14:00
袋鼠Kangaroo	16:00

塔龍加動物園半開放的飼養空間，野生世界空間較狹隘，但因地點便利，如果旅遊期間較短，不失為快速觀賞澳洲動物的好選擇。

1.當然不可錯過的澳洲國寶無尾熊　2.在飼養員的帶領下，開放參觀民眾餵食鸚鵡　3.曬太陽的慵懶袋熊　4.食火鳥有美麗的藍色羽毛(圖片提供／Tourism Australia／WILD LIFE)　5.袋鼠也是澳洲的代表動物

擁有百萬海景的港灣動物園

塔龍加動物園
Taronga Zoo

✉ Bradleys head Rd., Mosman
📞 9969-2777
🕐 每日09:30～16:30
💲 成人AU$46，兒童(4～15歲)AU$26，未滿4歲免費，家庭(2大人+2小孩)AU$129.6
➡ 環形碼頭2號登船口搭渡船，約12分鐘抵達
🌐 www.taronga.org.au

　　動物園全球各大城市都有，但可不是每個動物園都有絕佳海景，塔龍加動物園建於1916年，有400多種的動物生活在30公頃的園區中。動物園碼頭和動物園主入口之間有纜車來回，持動物園門票可免費搭乘。

　　除了一般動物園必有的猩猩、大象、獅子、老虎、熊，塔龍加動物園還有展出澳洲特有動物，免費的飛鳥秀和海豹秀更是不可錯過。

塔龍加動物秀

海豹秀(Seal Show)
🕐 每日11:00、14:00
動物園的主打表演，海豹、海獅、紐西蘭海狗敏捷地接物、跳水、潛水，坐在前排的觀眾可得小心濺起的水花，在飼養員的解說下，成為一場動感十足並寓教於樂的演出。

QBE飛鳥秀(QBE Free-Flight Bird Show)
🕐 每日12:00、15:00
以雪梨灣為舞台背景，鳥群從四面八方出現，讓人都分不清是園方訓練的鳥、還是野生的鳥群來湊熱鬧。參與演出的有多種澳洲本土特有和其他特殊鳥類，培育員口哨一吹，幾隻大鳥從觀眾席後方的樹上展翅俯衝，從觀眾頭頂呼嘯而過後停歇在培育員的手臂上，讓觀眾們不由自主地縮頭驚呼！

1.動物園門票可免費搭乘纜車，從覽車內用不同的角度觀賞動物　2.精彩的海豹秀(圖片提供／Tourism Australia, Taronga Zoo)　3.以雪梨大橋和歌劇院為背景的露天飛鳥秀　4.300公斤海獅的奮力一跳

🌿 澳洲原生主題動物園

費德戴爾動物園
Featherdale Wildlife Park

✉ 217 Kildare Rd., Doonside
☎ 9622-1644
🕐 每日09:00～17:00
💲 成人AU$29.5，兒童(3～15歲)AU$16，家庭：
2大人+2小孩AU$83，2大人+1小孩AU$69，1
大人+2小孩AU$56
➡ 搭火車到Blacktown火車站，站前9號公車站
轉搭巴士725，約10分鐘在動物園門口下車
http www.featherdale.com.au

以澳洲特色動物為主題的私人動
物園，和無尾熊近距離拍照及餵袋
鼠不另外收費是這裡的一大賣點，許
多前往藍山的一日遊的巴士都包含
此景點。無尾熊和袋鼠全天候開放，
買一包袋鼠糧(AU$1)可以在開放空
間餵食大小袋鼠，被袋鼠追討食物
的經驗很特別，吃飽的袋鼠懶洋洋
地攤在草地上打盹或是抓癢的樣子
特別可愛。跟團旅遊參觀時間有限，
通常是以無尾熊和袋鼠參觀重點，
如果是自由行不趕行程的話，上午接

旅行小抄

費德戴爾飼養員解說時間表
可能視動物狀況變動，當日時間表請
參考售票處資訊。

動物	時間
爬蟲類Rapt in reptiles	09:00～10:00
針鼴A prickly encounter with Echidnas	10:00、14:30
鱷魚餵食Crocodile Feeding(冬天無餵食)	10:15
小企鵝 Little Penguins at Play	10:30、15:45
鵜鶘Pelican	11:00
飛鼠Flying Foxes	14:45
丁哥狗餵食 Dingo Feeding	15:15
塔斯馬尼亞惡魔 Tasmanian Devils	16:00

連5場(蛇、針鼴、鱷魚、企鵝、鵜鶘)
的飼養員餵食和解說非常有趣、值
得參加。

1,2.鵜鶘餵食秀　3.企鵝餵食秀　4.免費和無尾熊合影　5.溫馴可愛的針鼴

海事博物館
Australian National Maritime Museum

✉ 2 Murray St., Darling Harbour

☎ 9298-3777

🕐 每日09:30～17:00，1月延至18:00；潛水艇最晚入場時間16:10

💲 成人AU$27，兒童(4～15歲)AU$16，未滿4歲免費，家庭(2大人+3小孩)AU$70(以上票價包含展覽船隻參觀)

➡ Town Hall火車站 George St.出口右轉，第二個路口右轉Liverpool St.後直行5分鐘，越過天橋後遇公園右轉，至Starbucks左轉(朝摩天輪方向)步行約8分鐘

http www.anmm.gov.au

MAP P.123 / B2

達令港西岸的海事博物館隸屬澳洲聯邦政府，是唯一不在首都坎培拉的國家級博物館，英國泰晤士報2010年將其列為世界最酷的10大博物館之一，館內包含航海家、海洋貿易、海軍、海事發展歷史等展示，除了室內展示外，海事博物館最大的賣點是停泊在達令港邊15艘大大小小不同功能的船，包含三桅帆船復刻版奮進號(HM Bark Endeavour Replica)、潛水艇昂斯洛號(HMAS Onslow)、驅逐艦吸血鬼號(HMAS Vampire)等等，每日展出船隻不

庫克船長與奮進號

庫克船長(Captain Cook)是18世紀偉大的英國航海探險家，1768年率領乘載94人的三帆船奮進號從英國普利茅斯(Plymouth)出發，1769年到達大溪地後又航行環繞紐西蘭全域海岸線，1770年抵達澳洲東南方的植物學灣，創下歐洲人首次抵達澳洲東岸的創舉。因為該區域和英國威爾斯南部景色相似，庫克船長命名該區為新南威爾斯，18年後大英帝國的第一艦隊跟隨奮進號航線到達雪梨，開始澳洲殖民歷史。

一，運氣好的話還可看到真品修復的1874年高帆船(James Craig)。

白色船帆造型的海事博物館

逛街購物

應有盡有的便宜貨市場
帕迪斯市場
Paddy's Markets

✉ Cnr Hay St. & Thomas St., Sydney
🕐 週三～日10:00～18:00；週一、二休館
➡ 從Town hall火車站George St.出口右轉 George St.約5分鐘右轉Hay St.，市場在左邊
http www.paddysmarket.com.au
MAP P.123／C4

帕迪斯市場位於中國城旁的紅磚建築內，至今已成立超過一個半世紀，為雪梨早期的農產品市場，如今服飾、鞋帽、假髮、玩具、新鮮蔬果等應有盡有。新鮮蔬果區有讓人置身傳統菜市場的錯覺，多數攤位販賣中國製商品，總是吸引許多撿便宜的人潮來此採購低價紀念品；2樓為 Market City

攤位293澳洲產的植物香皂

購物中心，有餐飲區及多家工廠直營的品牌門市，3樓的八樂居餐廳(The Eight)有提供美味的港式飲茶。

1.紅磚建築外觀是帕迪斯市集的特色　2.攤位519澳洲原住民樣式商品專賣店　3.攤位739香料專賣店　4.忙碌的蔬果區

特色餐飲

🕀 海鮮愛好者的嘗鮮好所在

雪梨魚市場
Sydney Fish Market

✉ Pyrmont Bridge Rd.
📞 02-9004-1100
🕐 週一～四07:00～16:00，週五～日07:00～17:00
💲 龍蝦拼盤AU$36.5，海鮮依時價
➡ 從中央火車站搭乘輕軌列車，在漁市場(Fish Market Station)下車依指標步行約5分鐘；從達令港步行約15～20分鐘
http www.sydneyfishmarket.com.au
MAP P.123／A2

換我換我！大蝦子來一斤

建於1945年的雪梨漁市場是全球漁貨拍賣量第二大的市場(僅次於東京築地市場)，沒有傳統漁市場的潮濕魚腥，整體規畫明亮整潔，讓人眼花撩亂的各式海鮮在冷凍櫃裡排列整齊，是海鮮迷不可錯過的嘗鮮好所在。

除了海鮮攤位外，還有賣酒、賣麵包、賣起司的店家，買瓶白酒、麵包、起司搭配主角海鮮的超完美吃法，跟餐廳價位相比，絕對物超所值！除了生食外還有許多炸烤的海鮮可供選擇，買齊午餐後到戶外用餐區享用，要小心一旁虎視眈眈的海鷗偷襲你的美食。附設的雪梨海鮮學校(Sydney Seafood School)是學習專業海鮮烹飪的場所，講師多為知名餐廳的主廚，從日式生魚片壽司、海鮮BBQ、西

旅行小抄

推薦必吃海鮮Top 3

·第一名：生蠔(Oyster)
雪梨漁市場裡賣的生蠔主要分為太平洋生蠔(Pacific Oyster)和雪梨岩石生蠔(Sydney Rock Oyster)。太平洋生蠔是從日本引進的品種，而雪梨岩石生蠔則原生於澳洲和紐西蘭，和太平洋生蠔相比體型較小、口味較濃郁，價位較太平洋生蠔高。

·第二名：現切生魚片(Sashimi)
鮪魚(Tuna)、鮭魚(Salmon)、紅甘(Yellowtail Kingfish)等，都十分鮮甜美味。

·第三名：水煮大蝦(King Prawn／Tiger Prawn)
蝦肉彈牙的水煮大蝦C／P值比龍蝦還高。

雪梨岩石生蠔

現點現切的生魚片

大蝦依大小和品種來訂價

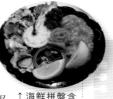
↑ 海鮮拼盤含半隻龍蝦、5隻大蝦、5顆生蠔

班牙海鮮燉飯等等，課程種類多樣，每年有13,000人次報名參加，課程時間約2～4小時，報名可上漁市場網站。

在戶外用餐區享用美食

知 識 充 電 站

雪梨魚市場拍賣系統

雪梨漁市場的拍賣是採荷蘭拍賣系統(Dutch Auction System)，又稱作減價拍賣，原用於荷蘭鬱金香拍賣，註冊買家在清晨05:30開始公開標售漁獲，每天交易的數量高達55噸，每批漁貨由賣家設定最高價，等待買家應價，如果沒有買家應價，價格會隨時間遞減，直至有買家應價為止，與一般追價的拍賣方式不同。

🍴 品嘗道地印度烤餅Roti大餐

Mamak

✉ 15 Goulburn St., Haymarket
📞 02-9211-1668
🕐 每日午餐11:30～14:40，晚餐17:30～22:00，週五、六消夜營業到02:00
💲 主餐AU$9～19
➡ Town Hall車站George St.出口右轉，第三路口Goulburn St.右轉，在左邊，步行約3分鐘
🌐 www.mamak.com.au
⁉ 不提供訂位
🗺 P.123 / C3

　　Mamak馬來西亞的印裔回教社群，以美味的Mamak街頭小吃著名。用餐時間餐廳外頭有不斷的排隊人潮，從外窗可以觀賞廚師把麵團攤平、上拋、拉薄的特技，讓人邊排隊邊流口水。

Mamak外面排隊的人潮

旅行小抄

Mamak推薦必嘗

· 印度烤餅(Roti Canai)：搭配兩種咖哩沾醬和參巴醬(Sambal Sauce)，烤餅外酥內軟，用手撕烤餅沾醬送入嘴中，嚼勁適中；另有夾蛋和紅洋蔥的Roti Telur Bawang，以及夾肉的Murtabak Roti等加料版烤餅。

· 雞肉沙嗲(Satay Chicken)：花生香的沙嗲沾醬超開胃。

· 馬來椰香飯(Nasi lemak)：椰香飯搭配生黃瓜、炒花生、小魚乾、參包醬、水煮蛋等。

· 馬來西亞式炸雞(Ayam goreng)：用特調咖哩香料醃漬入味的雞肉塊入鍋油炸，表皮酥脆、內部軟嫩。

· Roti tisu：小山狀薄餅搭配香草冰淇淋當餐後甜點。

馬來椰香飯

魚市場裡唯一的烤肉餐廳
Kong's Cave BBQ

- ✉ Sydney Fish Market, Bank St., Pyrmont
- ☎ 8570-8570　　🕐 每日10:00～15:00
- 💲 豬肉漢堡(Pulled Pork Sandwich，英文是三明治但是店家用的是漢堡麵包)AU$12、牛腩漢堡(Brisket Sandwich)、牛肋加沙拉(Beef Short Rib)AU$30
- ➡ 在雪梨魚市場(P.138)停車場的出口旁邊
- 🌐 www.vicsmeatmarket.com.au/wagyu-bar/kongs-cave/
- 🗺 P.123／A2

這家開在魚市場的肉店可說是大膽逆向行銷，因為沒有競爭對手，生意反而不錯；BBQ餐廳的肉源直接來自旁邊的肉店，Kong可不是老闆的名字，Kong是這家BBQ店裡面工作最認真員工的名字——一台兩噸重的反式燻肉爐，是澳洲最大台的訂製燻肉爐，一次可以煙燻200公斤的肉，店家使用尤加利樹和蘋果樹的木材，耗時10小時煙燻精選豬、牛肉，現點現做的漢堡和烤的鮮嫩的肋排值得一嘗！

牛腩漢堡現點現切現做

從骨頭上脫落的多汁牛肋配沙拉

大快朵頤野生袋鼠肉
Blackbird

- ✉ Balcony Level, Cockle Bay Wharf Harbour St., Sydney
- ☎ 9283-7385
- 🕐 每日11:30～23:00
- 💲 袋鼠肉排(Kangaroo)AU$30
- ➡ Darling Harbour渡船站出站後右轉沿達令港灣步行約5分鐘，看到一圈鳥的雕像噴水池即到達，在2樓
- 🌐 www.blackbirdcafe.com.au
- 🗺 P.123／C2

剛參觀完野生世界的可愛袋鼠，再來吃這裡的袋鼠肉總是讓人心情矛盾。事實上澳洲野生袋鼠繁殖快速，估計袋鼠數量有6,000多萬，是澳洲總人口的3倍。餐飲業近年提倡食用袋鼠肉，主打完全野生、肉質精實、健康，Blackbrid餐廳主廚用傑克丹尼爾酒醬汁壓制了粉紅色袋鼠肉的腥味，如果你好奇袋鼠肉是什麼滋味，一定要來試試這當地限定的袋鼠肉。

炭烤袋鼠肉配松露馬鈴薯泥和傑克丹尼爾酒醬汁

↗雞尾酒Blue Bird

熱情巴西烤肉吃到飽
Braza Churrascaria

✉ 1-25 Harbour St., Darling Quarter

📞 9286-3733

🕐 週一~四12:00~15:00、17:00~21:45，週五、六12:00~15:00、17:00~22:30，週日12:00~21:45

💲 Traditional吃到飽1人AU$54，飲料另計

➡ Town Hall火車站 George St.出口右轉，第二個路口右轉Liverpool St.後直行五分鐘越過天橋，公園右轉，在右手邊

🌐 www.braza.com.au

🗺 P.123／C3

吃到飽的巴西烤肉餐廳是肉食者的天堂，服務生穿梭在各餐桌間，忙碌地把長串的牛、羊、豬、雞肉分給各個客人，店內使用的是澳洲本地肉品，有牛肉、羊排、羊腿、豬腳、豬頸、豬肋排、豬腹、雞腿、雞胸、雞心等各種不同部位，十分講究。海鮮則有魚、蝦和小章魚，吃肉吃膩了還有各式巴西配菜和烤起司、烤鳳梨可以解膩。

旅行小抄

達令港的Happy Hour

1916～1955年間，雪梨市強制規定下午6點以後不能販賣酒精飲料，當時的雪梨人在5點下班後立刻衝到酒吧報到，趕在6點關門前喝幾杯，這現象稱為6點鐘痛飲(6 o'clock swill)，今日雖然沒有此規定，下班後喝一杯的風氣依然不減。達令港許多餐廳和酒吧在午餐和晚餐之間、客人較少的時段推出Happy Hour，通常在下午3點到6點，以便宜的酒精飲料吸引消費者，在Happy Hour結束前多點幾杯折扣的飲料也算是另類的痛飲。

傍晚時來喝一杯，享受達令港美麗的夜色

1.紅燈停綠燈行，紅色朝上就是暫時停止上菜的意思　2.超豪氣的豬肋排是店家的活招牌　3.各式肉品下肚後，酸酸甜甜的烤鳳梨特別解膩

東海岸
East Coast of Sydney

概況
導覽

準備好泳衣、沙灘巾、防曬油，前往雪梨東海岸體驗日光浴、游泳、衝浪、海灣健行等各項活動，才能真正感受澳洲人崇尚的海灘文化。雪梨東海岸的主要景點由南至北為庫基到邦黛、華生灣和曼利，庫基到邦黛海灘以6公里長的海灣健行步道聞名，每過個彎便有一處白色海灘點綴其間，每個海灘各具特色；邦黛北方的華生灣除了知名的炸魚薯條，還有讓人倒吸一口氣的陡峭懸崖；位於雪梨灣出海口北端的曼利則是19世紀以來雪梨人的熱門度假景點，在科索大道上採購流行海灘服飾、體驗衝浪課程或是躺在海灘上做日光浴，要感受曼利魅力可不能趕行程。

行程建議及時間表

庫基到邦黛海灣健行步道	180分鐘
↓	
華生灣、南岬公園	90分鐘
↓	
科索大道逛街購物	60分鐘
↓	
曼利海灘／海上運動體驗	150分鐘

來東海岸體驗南半球的衝浪者天堂

東海岸建議路徑與交通方式

1 環形碼頭 → 🚌 373、374 → 庫基海灘 → 🚶 → 邦黛海灘
→ 🚌 380 → 華生灣 → ⛴ → 環形碼頭

2 環形碼頭 → 🚌 333 → 邦黛海灘 → 🚶 → 庫基海灘
→ 🚌 373、374 → 環形碼頭

3 環形碼頭 → ⛴ → 曼利 → ⛴ → 環形碼頭

4 Wynyard火車站 → 🚌 178、179、180 → The Spit → 🚶 → 曼利
→ ⛴ → 環形碼頭

庫基到邦黛
Coogee to Bondi

➡️ 市中心到庫基：環形碼頭D候車站搭乘373號公車到Arden St. near Coogee bay Rd.，車程約45分鐘
市中心與邦黛來回：環形碼頭E候車站搭乘333、380號公車到Campbell Pde near Hall St.，車程約50分鐘，回程對面公車站牌搭車即可
邦黛到華生灣：從Campbell Pde near Hall St.(離海灘較遠那一邊的站牌)搭380號公車到終點站，車程約25分鐘

　　庫基到邦黛海灘的步道全長約6公里，沿途經過大小沙灘、海邊岩石游泳池、陡峭岩壁、面海墓園、適合野餐的公園和完美的海灣視野，請務必安排足夠的時間、放鬆的心情來體驗這裡的海灣步道！全程走完約1.5～2小時，拍照留影加玩水則需要大半天，每年5～11月是鯨魚遷移的旺季，幸運的話可以看到鯨魚出沒。

邦黛海灘戶外電影院
Ben & Jerry's
Openair Cinema

邦黛海灘衝浪學校
Let's go Surfing

Curlewis St.
Gelato Messina
Hall St.
Campbell Parade

Bondi Pavilion
哞漢堡Moo Burger 🍴
Bondi Rd.
Bondi Beach House 🍴
Bondi Icebergs

邦黛海灘
Bondi beach

原住民岩雕
Rock Carving

塔瑪拉瑪海灘
Tamarama Beach

布朗堤海灘
Bronte Beach

威佛雷墓園
Waverley Cemetery

庫基到邦黛海岸步道
Coogee to Bondi Walk

克羅維利海灘
Clovelly Beach

Arden St.

溝登斯灣
Gordon's Bay

Crowne Plaza Coogee
Beach Sydney

庫基海灘
Coogee Beach

馬佛女子泳池
McIver's Ladies Baths

婚禮蛋糕小島

威利斯泳池
Wylies Baths

庫基到邦黛海岸步道圖

邦黛海灘的Bondi Pavilion

布朗堤海灘

熱門景點

景觀豐富的度假海濱

庫基海灘
Coogee Beach

`MAP` P.143／B3

　　庫基海灘外圍的婚禮蛋糕小島(Wedding Cake Island)阻擋海浪直擊沙灘，因為得到緩衝而使這裡的浪較其他海灘緩和。南端有一入口隱密的馬佛女子泳池(McIver's Ladies Baths)，是澳洲唯一女性和小孩專用的海邊泳池，女性們可以在草地斜坡上自在地享受上空日光浴。再往南的威利斯泳池(Wylies Baths)規模較大，1907年由長泳冠軍Henry Alexander Wylie設立，被澳洲國家信託列為古蹟，寬敞平台從岩岸推出，或坐或躺的人們享受著日光浴，平台旁的福利社有賣咖啡和零食；平台下方的海岸泳池有50公尺長，利用海水漲退潮原理填滿池水，池內還有小魚共游，是雪梨最美的海洋潮汐池！

威利斯泳池挑高的木頭平台

旅行小抄

馬佛、威利斯泳池資訊

馬佛女子泳池
✉ 145-149R Beach St., Coogee
🕐 每日07:00～17:00，週二泳池清理可能關閉
💲 AU$0.2
➡ 從庫基海灘南端步道步行約3分鐘
⁉ 5歲以下兒童可在女性成人陪伴下進入
`MAP` P.144

威利斯泳池
✉ 4B Neptune St., Coogee
📞 9665-2838
🕐 每日07:00～17:00，週四泳池清理可能關閉
💲 成人AU$5，兒童AU$2.4，家庭AU$13
➡ 從庫基海灘南端步道步行約7分鐘
`http` www.wylies.com.au
`MAP` P.144

在威利斯泳池畔做日光浴

庫基到邦黛
海岸步道
Coogee to Bondi Walk

MAP P.144

從庫基海灘出發沿著海岸步道往北步行至邦黛海灘，沿途經過適合潛水及浮潛的溝登斯灣(Gorden's Bay)、水面平靜的克羅維利海灘(Clovelly Beach)、遙望大海的威佛雷墓園(Waverley Cemetery)，還有附BBQ設施、適合家庭出遊的布朗堤海灘(Bronte Beach)及俊男美女偏愛做日光浴的塔瑪拉瑪海灘(Tamarama Beach)，途中不間斷的美景總讓人忘情地駐足拍照，來到雪梨如果只到出名的邦黛海灘而忽略這條美麗的步道，那就太可惜了。

1.溝登斯灣　2.克羅維利海灘　3.適合全家大小的布朗堤海灘免費泳池　4.威佛雷墓園　5.塔瑪拉瑪海灘

雪梨最負盛名的親水勝地
邦黛海灘
Bondi Beach

MAP P.143／C3

　　Bondi在原住民語言裡有水打擊岩石、水打擊岩石的聲音兩種意思，長月形的海灘給衝浪熱愛者長年可靠的海浪，南端較適合衝浪，海浪緩和的北端則較適合游泳，是雪梨最名氣最大、遊客最多的海灘，夏季高峰一天吸引超過4萬名遊客，海灘後方街道有許多咖啡廳、餐廳、商店，滑板公園(Bondi Skatepark)吸引玩極限運動玩家來此較勁，鮮豔有趣的塗鴉讓海岸步道的牆面更顯朝氣，而步道中央的Bondi Pavilion提供有更衣室和寄物櫃設施(3枚2元硬幣)。

歷史最悠久的救生員俱樂部
1907年設立的邦黛海灘救生員俱樂部(Bondi Surf Bathers)是世界上歷史最悠久的救生員俱樂部，有1,000多個成員，年紀最大的97歲，澳洲電視台還以邦黛海灘救生員紀實為主題，製作了帶狀節目《Bondi Rescue》。

搭上海灘風的小狗塗鴉

帥氣的邦黛救生員是邦黛海灘的景點之一(圖片提供／Tourism Australia)

2000年前的歷史遺跡
邦黛原住民岩雕
North Bondi Rock Carving

MAP P.144

在金髮衝浪客到達邦黛前，邦黛曾是澳洲原住民捕魚的地點，在邦黛海灘北端的高爾夫球場南緣，還遺留有原住民2,000多年前在海岸岩石上雕刻的各種魚類圖案，有鯊魚和鯨魚，其中鯊魚攻擊人的岩雕是澳洲鯊魚攻擊事件最早的紀載。在塔瑪拉瑪海灘和邦黛之間的步道旁有一處平坦岩石，上面有一個大型魟魚岩雕，在海灣步道漫步可別只顧著看海灘上的沙灘男孩或比基尼女郎，而忽略了邦黛重要的原住民遺跡喔！

步道旁的大型原住民岩雕，你看是魟魚還是鯊魚？

旅行小抄

海邊雕塑展 (Sculpture by the Sea)

每年10月最後一週到11月第一週前後，由澳洲本地和國際的藝術家共同合作，在邦黛海灘到塔瑪拉瑪海灘間2公里的步道沿途設置多處雕塑，雕塑和海灣迷人地景結合，戶外步道搖身一變成為展示雕塑品的藝廊，每年吸引超過50萬人潮參觀，是世界最大的戶外雕塑展，也是雪梨最受歡迎的免費活動之一。

夏夜海風吹拂的觀影享受
邦黛海灘戶外電影院
Ben & Jerry's Openair Cinema

✉ In front of Bondi Surf Pavilion, Queen Elizabeth Dr, Bondi
🕐 1～2月傍晚
💲 AU$22
http www.openaircinemas.com.au
MAP P.144

在星空下欣賞戶外電影是雪梨人集體的夏日回憶，縱然沒有環場音效，景觀及通風可是一級棒。設置在邦黛海灘岸邊的戶外電影院，電影開演前有樂團演奏暖場，星期天的場次贊助商Ben & Jerry's會提供免費的冰淇淋，可以租用懶骨頭或沙灘椅，伴隨徐徐海風及海浪聲的戶外電影院，讓邦黛海灘夏日娛樂延續至夜晚。

夏夜海風吹拂的觀影享受

特色餐飲

全邦黛景觀最好的餐廳
Bondi Icebergs Club

✉ 1 Notts avenue, Bondi
📞 9130-3120
🕐 游泳池每日06:30～18:30，餐廳週一～五11:00～late，週六、日09:00～late，國定假日12:00～22:00
💲 游泳成人AU$5.5，兒童AU$3.6；主餐AU$24～33，咖啡AU$3.5～4.5
➡ 在Bondi Beach南端(面海右方)
🌐 www.icebergs.com.au
❓ 要帶護照，同一建築有另外一家Icebergs Dining Room & Bar，不要走錯
🗺 P.144

從俱樂部餐廳陽台可以俯瞰整個游泳池及邦黛海灘

1929年創立的冰山游泳俱樂部是澳洲歷史最悠久的冬季游泳俱樂部，最初是為了提供救生員冬天健身的場所，後來發展成雪梨具聲望的游泳俱樂部，海浪大時，泳池邊緣受海浪打擊激起的浪花是冰山泳池的特色，其附屬餐廳擁有全邦黛最美的景觀，從陽台上可眺望整個邦黛海灘和下方的游泳池，海外遊客入內需登記護照。要是你從庫基海灘走海灣步道到邦黛，冰山俱樂部是歇腳、喝杯飲料或是吃午餐輕食的最佳地點。

口味驚奇的袋鼠漢堡
哞漢堡
Moo Gourmet Burgers

✉ 70A Campbell Pde, Bondi Beach
📞 9300-8898
🕐 每日11:00～21:30
💲 Big Moo AU$16.5，Deluxe Moo AU$30，Kangaroo AU$16.5
➡ 在海灘後方的大馬路，Campbell Pde旁邊
🌐 www.moogourmetburgers.com.au
❓ 曼利、新鎮、庫基都有分店
🗺 P.144

↑ 大哞漢堡
→頂級哞漢堡

哞漢堡店最出名的大哞漢堡(Big Moo)使用100%頂級澳洲草飼牛肉，搭配加達起司、放養豬肉製成的培根、放養雞的雞蛋、鳳梨、甜菜根、番茄、生菜、美乃滋和番茄醬，夾在天然酵母發酵的麵包中。漢堡中夾深紅色的甜菜根片是澳洲漢堡特殊的口味，為漢堡增加了一絲別具風味的泥土味；如果Big Moo吃不過癮，可以點夾有兩塊產自澳洲北方Tablelands的澳產和牛頂級哞漢堡(Deluxe Moo)；愛嘗鮮的老饕，更不可錯過100%袋鼠肉排漢堡(Kangaroo Burger)，這特殊口味等你親自來品嘗！

華生灣
Watsons Bay

➡️ 市中心到華生灣：從環形碼頭4號登船口搭渡船到華生灣站，約25分鐘
　　華生灣到市中心：搭渡船回環形碼頭(週一～五末班船16:45、週末及國定假日21:30)；或至Military Rd.搭324、325、L24號公車，車程約45分鐘
　　邦黛到華生灣：從Campbell Pde near Hall St.(離海灘較遠那一邊的站牌)搭380號公車到終點站，車程約25分鐘

　　華生灣位於雪梨港灣的出海口南端，緊接南太平洋，以前是軍事禁地，近年來才開放遊客參觀，屬於雪梨灣國家公園(Sydney Harbour National Park)的範圍，國家公園外圍的住宅區是雪梨著名豪宅區，許多豪宅都有海景游泳池和私人碼頭供遊艇停泊。搭乘渡船前往華生灣，在碼頭邊買盒炸魚薯條，席地坐在水岸旁的草地上悠哉度過午後，是許多雪梨家庭的週末行程。

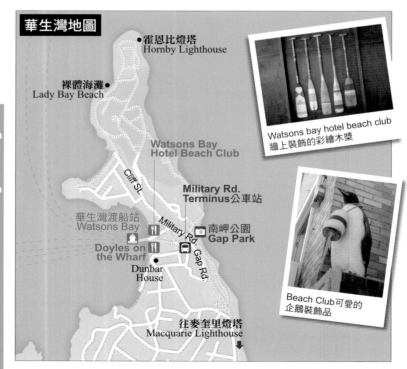

華生灣地圖

霍恩比燈塔
Hornby Lighthouse

裸體海灘
Lady Bay Beach

Watsons Bay
Hotel Beach Club

Cliff St.

Military Rd.
Terminus公車站

華生灣渡船站
Watsons Bay

Military Rd.

南岬公園
Gap Park

Doyles on
the Wharf

Gap Rd.

Dunbar
House

往麥奎里燈塔
Macquarie Lighthouse

Watsons bay hotel beach club
牆上裝飾的彩繪木槳

Beach Club可愛的
企鵝裝飾品

熱門景點

全白的麥奎里燈塔在藍天的襯托下更顯耀眼

電影取景的壯闊海灣

南岬公園
The Gap Park

MAP P.150

出渡船站穿過公園和Military Rd.便是南岬公園，入口處預防自殺的警告標示，沿著景觀步道攀上陡峭的懸崖邊，南太平洋的壯闊海景一覽無遺，還可遠眺出海口的北端(北岬，North Head)，湯姆克魯斯在《不可能任務》電影中有一個場景就是在這裡往下跳入海中，海浪重擊懸崖底部、激起浪花後捲成漩渦，看得讓人怵目驚心，低處的岩石經海浪長期浸蝕呈現特別的樣貌，和雪梨港灣內的風平浪靜形成強烈對比。從南岬公園沿海岸往南步行約20分鐘，白色的麥奎里燈塔(Macquarie Lighthouse)是澳洲最古老燈塔的舊址，第一座燈塔是1818年由法蘭西斯(Francis Greenway，P.98)監建，今日佇立的燈塔為1883年仿舊燈塔重新建設。

知識充電站

南岬天使Don Ritchie

Don Ritchie(1925~2012)住在離懸崖50公尺附近的房子，當他在南岬公園遇見表情失落的陌生人時，便主動上前交談，給予關心，甚至邀請他們回家喝茶，勸退了160多個計畫跳崖自殺者，雪梨媒體稱無私的Don Ritchie 為南岬天使(Angel of The Gap)。

Don Ritchie說：「永遠記得一個簡單微笑、舉手之勞的幫助、傾聽的耳朵和一句好話的力量(Always remember the power of the simple smile, a helping hand, a listening ear and a kind word)。」

將壯闊的海景盡收眼底

特色餐飲

祖傳5代的炸魚薯條
Doyle's on the Wharf

↓ Seafood Busket AU$18.8

↘ Doyle's外帶櫃檯招牌

- ✉ Fishermans wharf, Watsons bay
- ☎ 9337-6214
- 🕐 每日11:00～17:00
- 💲 傳統炸魚薯條AU$13.8
- ➡ 華生灣渡船碼頭旁
- http www.doyles.com.au
- MAP P.150

1885年創立的炸魚薯條店，目前由Doyle家族第5代經營，渡船碼頭旁的外帶門市一到午餐時間人潮便開始聚集，可以選擇在後方的公園或一旁的小海灘上野餐。另外在海灘上的Doyle's on the Beach提供較高檔的海鮮料理。

午餐時間的排隊人潮

景色絕佳的開放式酒吧
Watsons Bay Hotel Beach Club

↖ 海鮮冷盤是華生灣畔的奢侈享受

- ✉ 1 Military Rd., Watsons bay
- ☎ 9337-5444
- 🕐 週一～六10:00～late，週日10:00～22:00
- 💲 雞尾酒AU$17，義大利麵AU$24～29，海鮮冷盤(Chilled Seafood Platter)AU$90
- ➡ 華生灣渡船碼頭外
- http www.watsonsbayhotel.com.au
- MAP P.150

位於華生灣精品旅館後院、正對著華生灣的半露天餐廳，夏

藍白陽傘下的優閒午後

天坐在藍白陽傘下吹著溫暖海風、享受這華生灣畔戶外派對的氣氛，黃昏時刻來杯雞尾酒、等候日落是非常浪漫的約會安排；開放式的酒吧是整個餐廳最熱絡的地方，來一杯特調的華生灣冰茶雞尾酒(The Watsons Ice Tea)，搭配以海鮮為主軸的餐點，海鮮冷盤包含生蠔、鮮蝦、螃蟹、Balmain Bugs(澳洲特產的海蟹)、醃漬小章魚和3種特調醬料，適合2人分享。

東海岸

曼利海灘
Manly Beach

➡️ 市中心到曼利：從環形碼頭3號登船口搭乘前往曼利的渡船，約30分鐘抵達
🌐 www.manlyaustralia.com.au

　　1788年亞瑟菲利普船長航經位於雪梨灣出海口北端的半島時，遇見當地Kay-ye-my原住民，認為他們很有男子氣概，故把當地取名為Manly。自19世紀以來，從環形碼頭搭渡船到曼利度假是雪梨人最流行的週末行程，相較於邦黛的時尚海灘風，曼利多了點平易近人的海邊小鎮風情，海灘沿岸種著一整排高大的南洋杉(Norfolk Island Pine)是曼利的地方特色，1.5公里長的平坦海灘很適合衝浪初學者、海洋獨木舟或是嘗試站立式衝浪板，每年2、3月舉辦的曼利國際衝浪賽(www.australiaopenofsurfing.com)，吸引世界各地的衝浪高手齊聚曼利，是衝浪愛好者不可錯過的觀賽機會。

曼利海灘地圖

享受與鯊魚共舞的刺激體驗

曼利海生館
Manly Sea Life

✉ West Esplanade, Manly

☎ 8251-7877

🕐 每日09:30〜17:00，16:30前要進場

💲 成人AU$25，兒童(4〜15歲) AU$15，1大人+2小孩AU$45，2大人+2小孩AU$65，網路購票依時段有10%〜30%優惠

➡ 曼利渡船碼頭出站後左轉步行約3分鐘

🌐 www.manlysealifesanctuary.com.au(潛水活動：進入網站後點選Shark Dive即可)

🗺 P.153

　　和其他海生館相比，曼利海生館顯得老舊，每日2場的企鵝餵食秀(12:00、14:30)是受小朋友歡迎活動，有購買雪梨景點套票(P.105)

的話，只要加AU$5便可以順道來參觀；曼利海生館的最大特色是與鯊魚共舞的潛水活動，在專業教練的帶領下，沒有潛水經驗的遊客也可進入池裡和鯊魚一起游泳，是難得的驚險體驗。

旅行小抄

旅遊諮詢服務處

曼利遊客中心Manly Information Centre

✉ The Forecourt, Manly wharf

☎ 9976-1430

🕐 週一〜五09:00〜17:00，週末及假日10:00〜16:00

➡ 曼利渡船碼頭出站後廣場右手邊

🌐 www.hellomanly.com.au

🗺 P.153

多角形海生館建築

與鯊魚潛水(照片提供／Manly Sea Life)

悠閒舒適的陽光步道
曼利海灘步道
Manly to Shelly Beach Walk

MAP P.153

從曼利海灘面海右手邊進入步道入口，全長1.3公里的海岸步道通往雪莉海灘，來回僅需30分鐘，是受曼利居民喜愛的散步、騎腳踏車的路徑，沿途經過海洋生態豐富的Cabbage Tree Bay和Fairy Bower岩石泳池，天晴時，躺在海岸岩石上做日光浴的人群倒成為步道旁的特殊景觀。

↖↓步道旁的海洋主題小展品

在步道旁的岩石泳池邊做日光浴

雪梨最熱門的近郊步道之一
曼利&斯皮特橋
健行步道
Spit to Manly Walk

➡ 從Wynyard火車站Carrington St.出口外的C公車候車亭搭乘178、179、180號公車，在The Spit下車，步行過橋後右轉

MAP P.153

另一條熱門的步道由曼利海灘與斯皮特橋(Spit Bridge)間約10公里的健行步道，單程約需3～4小時。因為曼利用餐地點較多，建議從斯皮特橋出發往，最後在從曼利搭渡船回環形碼頭。斯皮特橋到曼利步道和庫基到邦黛步道為雪梨近郊熱門步道的前兩名。

沿著海邊的健行步道(圖片提供／Tourism Australia)

平靜的雪梨灣水岸是健行休憩的好地點(圖片提供／Tourism Australia)

逛街購物

✈ 海灘風格商店齊聚的購物大街

科索大道
The Corso

🅒 科索大道商店一般的營業時間：週一～五09:00～17:30，週六09:00～17:00，週日10:00～16:00(各店家營業時間或有些許差異)

➡ 從環形碼頭3號登船口搭乘前往Manly的渡船，約30分鐘抵達，出渡船後正對面的步行區即是科索大道

🅼🅰🅿 P.153

科索大道兩旁有許多專賣海灘風格服飾的商店，起源於澳洲的Boardwear衝浪穿搭三大巨頭Rip Curl、Quiksilver、Billabong在科索大道上都設有門市，各式比基尼、沙灘褲任你挑選，比基尼可不是模特兒的專利，從年輕女孩到老奶奶都愛穿，大喇喇地躺在海灘巾上做日光浴一點都不在乎他人眼光，來到雪梨不妨買件時尚比基尼解放一下！男士們也有很多沙灘短褲可選擇，再搭配夾腳拖鞋和墨鏡，要體驗雪梨海灘生活風就從穿搭開始！衝浪愛好者更不可錯過結合設計與機能的衝浪穿著。

科索大道上的曼利週末市集

- -

*R*ip Curl

✉ 98-100 The Corso, Manly 　 📞 9977-6622
🌐 www.ripcurl.com.au

1969年創立的著名衝浪旅行時尚品牌，Rip Curl以製作高科技功能型衝浪服飾及衝浪板起家，近年推出別出心裁的比基尼泳裝、衝浪防寒衣、快乾衝浪短褲及運動手錶等明星商品，完美詮釋沙灘衝浪風格，風靡全球，成為衝浪時尚的龍頭，並透過贊助衝浪賽事及選手，推動全球衝浪運動的發展。

↓衝浪界的時尚龍頭，有各種美麗獨特的比基尼款式

Billabong

✉ 63 The Corso, Manly　　📞 9976-3763
🌐 www.aubillabong.com

　1973年於澳洲黃金海岸成立的Billabong為澳洲知名衝浪運動休閒品牌，具有街頭風的原創設計兼顧時尚與運動機能，深受年輕人喜愛，於全球100多個國家有1萬多個零售點，並透過對運動員的贊助將澳洲海洋衝浪生活方式推向海外。

Quiksilver

✉ 88 The Corso, Manly　　📞 9977-8444
🌐 www.quiksilver.com.au

　1970年澳洲衝浪好手Alan Green和John Law創立的Quiksilver，主要商品為多元的衝浪服飾、眼鏡、拖鞋、衝浪用具等，其熱門產品為符合衝浪人體工學樣式、耐磨易乾的衝浪褲，是衝浪愛好者實用又時尚的不二選擇。

O'NEILL

✉ 64 The Corso, Manly　　📞 9976-2898
🌐 www.oneill.com

　由衝浪界傳奇人物Jack O'Neill於1952年創立的美式極限運動品牌O'NEILL，開發出世界第一件防寒潛水衣、衝浪腳繩且開設第一家衝浪店，多年來秉持著科技、時尚、特立獨行的設計風格，生產銷售與衝浪、滑雪、帆船、風浪板等相關設備、服飾、鞋類、配件，行銷全球48個國家。

Surf Dive n Ski

✉ 82 The Corso, Manly　　📞 9976-2680
🌐 www.sds.com.au

　Surf Dive n Ski為販售多家衝浪時尚品牌的綜合型店面，是澳洲最大的衝浪、潛水、滑雪產品零售商，除了Quiksilver、Billabong、O'NEILL等大品牌外，RVCA、ELEMENT、VOLCOM、HUF等休閒服飾也是主力商品，品牌及商品種類較其他單一品牌專賣店選擇多。

特色餐飲

♣ 在地人大推的早餐店

Infinity Bakery

✉ Shop 3, 15a Market Lane, Manly
📞 9977-4340
🕐 週一～五06:30～17:00，週六06:30～16:30，週日06:30～15:30
💲 咖啡AU$3.5，羊肉派AU$8，酪梨鮭魚三明治AU$7
➡ 曼利渡船碼頭步行約3分鐘
http infinitybakery.com.au
MAP P.153

Infinity烘焙坊是當地居民週末吃早餐或是買咖啡、麵包的首選，當日出爐的歐式麵包整齊地排列在櫃檯後方牆面的架上，裝潢簡單、明亮，如同供應的食物一樣單純、美味，手工派的用料實在，可以當作重量級早餐或是午餐輕食；櫥櫃裡的三明治可以要求店員加熱，外層的吐司烤得酥酥熱熱，夾入酪梨、煙燻鮭魚，用少許小酸豆調味，和附近餐廳AU$15起跳的早餐相比，絕對物超所值。

↘ 令人食指大動的誘人三明治

剛出爐的美味糕點

就是要來一杯熱拿鐵搭配美味糕點

每日定時出爐的歐式麵包，品質新鮮看得見

曼利海灘必吃的炸魚薯條
Manly Ocean Foods

- 108, The Corso, Manly
- 9977-1059
- 每日10:00～21:00
- 炸魚薯條AU$12，Barramundi炸魚薯條 AU$17
- 曼利渡船碼頭出站後沿著科索大道朝海邊 走，約5分鐘，在右手邊
- MAP P.153

↑分量大到滿出來的炸魚片

小小的店面供應10多種豐富的餐點選擇

　　位於科索大道接近曼利海灘街尾的炸魚薯條店從1959年營業至今，中午用餐時間，小小的店面開始出現排隊人潮，店裡沒有座位，曼利海灘旁的階梯是最棒的用餐地點，炸魚薯條搭配無敵海景，是讓人味蕾大開的絕佳搭配！亞洲尖吻鱸(Barramundi)又稱澳洲肺魚，生長在河海交界處，肉質鬆緊適中、口味溫和，很適合油炸。

享受在地啤酒的多層次風味
4 Pines Brewing Co.

- 29/43-45, East Esplanade, Manly
- 9976-2300
- 每日11:00～23:00
- 啤酒品嘗組(Beer Tasting Paddle)AU$25，啤酒AU$9.5
- 曼利碼頭出站後過馬路右轉，步行約1分鐘
- http www.4pinesbear.com.au
- 週一～五12:30有導覽，導覽費用AU$25，包含Tasting Paddle，須年滿18才可參加
- MAP P.153

　　二次大戰期間曼利海岸為了裝設軍事機關槍而移除了4棵南洋杉，2008年成立的小型釀酒廠為了紀念這4棵為國犧牲的杉樹，取名為4 Pines；小杯裝的5種啤酒依口味從淡到濃、顏色亦從淺到深，黃啤酒爽口細膩，黑啤酒香濃質厚實，酒單上對各種啤酒都有詳細的介紹。

點啤酒品嘗組可品嘗5種在地口味啤酒，品嘗順序從淺色至深色

體驗水上運動的迷人魅力

雪梨海灘吸引世界各地衝浪迷來追浪，曼利和邦黛海灘的衝浪學校都有提供適合初學者循序漸進的小班指導課程，課程費用包括衝浪板及濕式保暖衣租用，2小時課程從暖身、划水到嘗試乘浪站立，與其羨慕海邊酷帥的衝浪客，不如親身試試這道地的雪梨水上體驗；其他較緩和一點的水上運動則可到曼利碼頭旁的獨木舟中心，水面平靜的海灣很適合從事獨木舟或站立衝浪板等水上運動。

雪梨灣裡划獨木舟(圖片提供／Tourism Australia)

立槳衝浪現學現玩

南半球的海浪邀請衝浪好手來挑戰

水上運動、課程報名推薦

享受乘風破浪的樂趣(圖片提供／Tourism Australia)

🌱 邦黛海灘唯一的衝浪學校

邦黛海灘衝浪學校
Let's go Surfing

✉ 128 Ramsgate Ave, North Bondi
📞 9365-1800　　🕐 每日09:00～17:00
💲 2小時衝浪體驗 AU$89～99
➡ 位於邦黛海灘北端的馬路旁
http www.letsgosurfing.com.au　　MAP P.144

Let's go Surfing是邦黛海灘唯一有執照的衝浪學校，2小時體驗課程(Bondi surf experience)適合沒有衝浪經驗的遊客，每位教練帶5名學員的小班課程讓每位學員可以得到較多詳細的指導。

衝浪冠軍開設的學校

曼利衝浪學校
Manly Surf School

- ✉ 93-95 N Steyne, Manly
- 📞 9932-7000　🕐 每日09:00～17:00
- 💲 1堂團體課2小時，1堂AU$70，2堂AU$120，3堂AU$160，越多堂越便宜
- ➡ 曼利碼頭出站沿科索大道走到曼利海灘，左轉沿曼利海灘約1分鐘，衝浪學校在海灘上
- 🌐 www.manlysurfschool.com.au
- ❓ 也有提供SUP立槳衝浪課程，先上網預訂課程並提前30分鐘集合做準備
- 🗺 P.153

　　澳洲衝浪協會票選新南威爾斯州第一名的衝浪學校，老闆Matt Grainger曾是新南威爾斯州的衝浪冠軍。因為沒有人數限制，所以上課

學員數可能較多，價格相對也便宜。曼利的浪一般比邦黛緩和，沒有經驗的新手較容易上手。

初學者也可輕鬆上手

曼利獨木舟中心
Manly kayak centre

- ✉ Manly Wharf
- 📞 1300-529-257
- 🕐 週一～五10:00～16:00，週六、日09:00～16:00
- 💲 單人獨木舟／站立衝浪板1～3小時AU$25～45，雙人獨木舟1～3小時AU$45～85；以上3小時之後每小時加收AU$5
- ➡ 從環形碼頭3號登船口約30分鐘抵達
- 🌐 www.manlykayakcentre.com.au
- 🗺 P.153

　　不需要獨木舟經驗，友善的店員會教導你基本的獨木舟技巧並提供救生衣和地圖，SUP立槳初學者建議至Manly Surf School報名課程。

探索生態豐富的海底世界

曼利潛水中心
Dive Centre Manly

- ✉ 10 Belgrave St., Manly
- 📞 9977-4355
- 🕐 週一～五08:30～17:00，週六、日08:00～17:00
- 💲 潛水一日體驗AU$195，PADI兩日初級課程AU$495，浮潛體驗AU$50
- ➡ 曼利碼頭沿Belgrave St.步行約3分鐘在右邊
- 🌐 www.divesydney.com.au
- ❓ 課程時間不定期更新，詳見網站
- 🗺 P.153

　　曼利潛水體驗(Discover Scuba)不需任何經驗，由專業教練帶領學員潛入生態豐富的曼利海域保護區，是雪梨熱門的潛水地點，另有小班制的2天PADI課程可供選擇，領有PADI執照的遊客可報名進階課程，在教練帶領下探索各處潛點。

曼利碼頭旁的獨木舟中心

旅行小抄

體驗獨木舟需事先預備

- 輕便衣物(天冷需備保暖防風衣物)
- 泳衣、浴巾和換洗衣物
- 飲用水
- 防曬乳和帽子
- 防水袋(裝貴重物品)

雪梨大學與新鎮區
Sydney University & Newtown

◆ 概況
導覽

雪梨大學是澳洲第一所大學，莊嚴的哥德式主樓襯托出大學生的年輕朝氣，從校園旁的國王街(King St.)往西行進入新鎮區，在新鎮火車站交錯的艾默路(Enmore Rd.)和國王街，兩條街上近600家商店、餐廳吸引許多年輕人聚集，逛街之餘別忘了抬頭欣賞新鎮商店街2樓、維多利亞和聯邦建築風格的門面。國王街向來有飲食街(Eat St.)的稱號，酒吧、咖啡館、餐廳林立，餐廳以泰式為主，亦有素食餐館；此區也有不少書店、創意商店、二手衣店、無包裝雜貨店、有機商店，亦不排斥巷道內各角落的塗鴉藝術，展現出新鎮居民偏好小眾文化、重視環保和社區意識的特質，是雪梨最潮的小區！

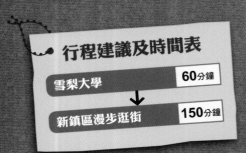

行程建議及時間表

雪梨大學	60分鐘
↓	
新鎮區漫步逛街	150分鐘

新鎮區街頭塗鴉藝術

往中央火車站約1公里

格里伯市集
Glebe Market

維多利亞公園
Victoria Park

Point Rd.

大學美術館
University Art Gallery

主樓Great Hall

尼克森博物館
Nicholson Museum

Fisher Library

Parramatta Rd.

雪梨大學
University of Sydney

City Rd.

Shepherd St.

Cleveland St.

Abercrombie St.

Wilson St.

Lawson St.

Little Eveleigh St.

Redfern

鐵道倉庫農夫市集
Carriageworks Farmers Market

Butlin Ave

往新鎮火車站約1.5公里

Gould's Book Arcade

Pentimento
Monster Threads

往雪梨大學

Brewtown

The Pie Tin

Connell St.

Brown St.

Octopus Design

Wilson St.

U-turn Recycle Fashion

Macdonaldtown

Erskineville Rd.

Australian Red Cross

Church St.

Mary St.

Thai
Pothong

Lentil as Anything

NOFFS

Better Read than Dead
Elizabeth's Bookshops

Australia St.

坎坡當墓園
Camperdown Cemetery

Bury St.

Newtown

Station St.

Blue Dog Posters
Cream on King

Black Star Pastry

Wilford St.

Enmore Rd.

Phillip St.

Enmore Theatre

Young Henry

Cow and the Moon

澳洲第一所大學

雪梨大學
University of Sydney

- ✉ University of Sydney, Camperdown
- ☎ 9351-2222
- 🕐 校園24小時開放；校園中的博物館、美術館週一～五10:00～16:30，每月第一個週六12:00～16:00
- 💲 免費參觀
- ➡ 從Central火車站左轉Pitt St.,接George St.、Broadway到Parramatta Rd.和City Rd.交叉口，穿過Victoria Park，步行約25分鐘
- 🌐 www.sydney.edu.au
- 🗺 P.163／A3

　　1850年創立的雪梨大學是澳洲第一所大學，成立迄今出過7位澳洲總理及7位諾貝爾獎得主，在校生人數約53,000人。位於坎坡當校區、1859年落成的主樓(The Main Quadrangle)是遊客參觀的重點，也是拍婚紗的熱門景點，哥德式雄偉的建築以及寬廣的中庭，讓人恍如身處在哈利波特電影中的魔法學院，人稱山寨版的霍格華茲。主樓內有尼克森博物館(Nicholson Museum)和大學美術館(University Art Gallery)開放民眾參觀，尼克森博物館於1860年成立，擁有澳洲規模最大的埃及、希臘、羅馬、中東古文物收藏，大學美術館展出雪梨大學自1850年起受捐贈、收藏的藝術品，主要為中國藝術品、日本版畫、歐洲油畫和澳洲本土藝術家作品，館藏約有7,000餘件。

雪梨大學內新舊建築交替

主樓哥德式外觀與綠茵讓中庭有優雅古典氛圍

雪梨早期主要墓園

坎坡當墓園
Camperdown Cemetery

✉ 189 Church St., Newtown
📞 9557-2043　🕐 每日08:00～18:00
➡ Newtown火車站出站在King St.右轉後，第一
個路口左轉Eliza St.，走到底可見教堂圍牆，
右轉沿著圍牆走到Church St.左轉，入口在左
手邊
🌐 www.neac.com.au/bookings/graveyard
🗺 P.163 / B2

墓園中的聖史蒂芬教堂

1848～1867年雪梨的主要墓園，超過18,000人在這裡安息，其中有許多人無法負擔墓碑，所以埋在沒有標示的墓地裡；1874年聖史蒂芬教堂(St. Stephen's Church)在這荒廢的墓園裡興建成立，1951年因為墓園疏於照顧，當地政府清理墓碑後把這塊地改建成公園，教堂周圍立起圍牆，圍牆內的墓地一直維持現況，圍牆外的綠地則是新鎮區居民的休憩場所，在草坪上野餐的民眾或許不知道當年清理墓園時只清理了地上的墓碑。

墓園外圍的圍牆是街頭藝術家的塗鴉本

知 識 充 電 站

坎坡當墓園中的愛情鬼故事

1857年Dunbar帆船在雪梨灣入口觸礁，121人喪生，22具尋獲的屍體在坎坡當墓園裡安息，其中包括海軍軍官John Steane，而和他發生婚外情的已婚情人Hannah也在船難1週前去世，巧合的是，兩人墓地僅相距10公尺，傳說在無月光的夜晚，Hannah灰色的女性鬼魂會慢慢地飄向她情人的墓地。

新鎮街頭塗鴉藝術
Newtown Street Art

✉ King St. & Enmore Rd.沿路皆可見

➡ Newtown火車站出站後右轉為King St.東段，左邊離車站比較近的是King St.西段，離車站較遠的為Enmore Rd.

對於非法街頭塗鴉加強取締的同時，地方政府開放公共圍牆給街頭藝術家登記創作，並安排街頭藝術家和屋主們會面溝通，取得屋主同意後在房屋的外牆進行塗鴉創作；而藝術家Juilee Pryor在1991年非法創作的《I Have a Dream》是雪梨最有名的街頭塗鴉之一，已被當地政府列為古蹟保護，其主題為人權主義者馬丁路德(Marti Luther King,Jr)畫像、原住民國旗的壁畫，主要訴求為社會包容與平等。從新鎮火車站出發，國王街(King St.)和艾默路(Enmore Rd.)沿路及巷弄內處處精彩，成為新鎮區的一大特色。

1,2,3.新鎮的街頭塗鴉藝術是最夯的街拍場景 **4**.已列為古蹟保護的《I have a Dream》

逛街購物

⋯⋯⋯⋯ 創意商品店 ⋯⋯⋯⋯

國王街(King St.)和艾默路(Enmore Rd.)上林立的創意商店，時刻展示著新鎮古靈精怪的地方特質。

❀ 新鎮最可愛的創意品店
Pentimento

📧 249 King St., Newtown
📞 9565-5591
🕐 週一10:00～19:00，週二11:00～19:00，週三10:00～20:00，週四～六10:00～20:30，週日10:30～18:30
➡️ Newtown火車站出站過馬路右轉King St.步行約4分鐘，在左手邊
🌐 www.pentimentonewtown.com
🗺️ P.163／C2

架上幽默感十足的卡片和小冊子總是讓瀏覽的客人不覺噗滋一笑，是新鎮最可愛的商店，不知道要買什麼禮物送人時，來Pentimento逛逛一定會有靈感。

→以澳洲特有動物為主題的可分解筆記本

↓多款創意包裝紙可供選擇

Pentimento販售的雪梨復古地圖包裝紙很適合裱起來當特色海報，

清新風的紙作吊飾

❀ 家家戶戶必有的藝術印刷品
Blue Dog Posters

📧 311 King St., Newtown
📞 1300-781-002
🕐 週一～三、五、六10:00～18:00，週四10:00～19:00，週日10:00～17:00
➡️ Newtown火車站出站過馬路右轉King St.步行約1分鐘，在左手邊
🌐 www.bluedogposters.com.au
🗺️ P.163／C2

Blue Dog以合理的價格販售特色海報和藝術家畫作的印刷品，從影視、體育、動畫、藝術、復古等各主題都有，選擇十分豐富，新鎮居民牆上必有一幅來自Blue Dog、展現個人特質的物件。

有許多電影、動畫主題的海報可供挑選

167

動物主題文創商品店
Monster Threads

- ✉ 251 King St., Newtown
- ☎ 9550-3009
- 🄲 週一～三11:00～17:00，週四～五11:00～21:30，週六10:00～21:30，週日11:00～18:00
- ➡ Newtown火車站出站過馬路右轉King St.，步行約4分鐘，在左手邊(在Pentimento隔壁)
- http www.monsterthreads.com.au
- MAP P.163／C2

Monster Threads是以動物為設計主題的創意商品店，從上衣、文具、卡片、首飾、馬克杯、提包等種類繁多，各種動物透過設計師的巧思變得有點酷、有點瘋狂、有點搞笑、有點異想天開，招牌上的熊貓機器人是他們的最出名的設計圖案。

以動物為主題的創意商品特別討喜

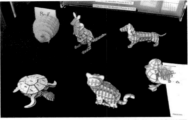

Monster Threads的動物立體拼圖

嚴選創意小物等你帶回家
Octopus Design

- ✉ 260 King St., Newtown
- ☎ 9565-4688
- 🄲 週一～三、週五～六10:00～19:00，週四10:00～21:00，週日11:00～18:00
- ➡ Newtown火車站出站右轉King St.步行約4分鐘，在右手邊
- http www.opusdesign.com.au
- MAP P.163／C2

Octopus Design是帕丁頓OPUS(P.192)的小型分店，OPUS團隊針對新鎮較年輕的顧客群嚴選創意產品，包括在澳洲和海外蒐集的卡片、家飾、書籍、廚具……各式別出心裁的小物，店內一定會有一件讓你會心一笑、愛不釋手的商品。

Optopus舊式建築裡賣的是創意新品

⊰ 二手衣飾店 ⊱

新鎮區有不少二手衣店，而且生意都不錯，新鎮居民愛買二手衣並非出於預算考量，而是偏好二手衣的獨一無二，他們視二手衣為被愛過的衣服(pre-loved)，被穿過的衣物訴說著之前主人的故事，有不同於新衣的味道與風格！

✦ 購買二手服飾回饋社會
NOFFS

✉ 461 King St., Newtown
☎ 9305-6619
🕐 週二～日12:00～17:00
➡ Newtown火車站出站左轉King St.步行約7分鐘，在右手邊
🌐 www.noffs.org.au
🗺 P.163／C2

非營利組織Ted Noffs Fondation經營的二手衣店，所有盈餘用於青少年社福專案，沒有一般二手衣店的雜亂，可以看出這裡的店員對於二手商品陳列的用心。

✦ 新鎮型男的淘寶地
Cream on King

✉ 317 King St., Newtown
☎ 9565-2955
🕐 週一～三、週五～六10:00～18:00，週四10:00～20:00，週日11:00～18:00
➡ Newtown火車站出站過馬路右轉King St.步行約1分鐘，在左手邊
🌐 www.creamonlin.com.au
🗺 P.163／C2

以80、90年代復古設計為主的二手衣店，店家細心地修改及縫補挑選過的二手衣物與引人注目的配件，從碎花洋裝、皮革夾克、牛仔褲、靴子、包包應有盡有，尤其是二手復古襯衫很受新鎮型男青睞，經過這裡別忘了進來挖寶。

復古風的二手皮鞋

許多新鎮青年都會來這裡挑選二手襯衫

低價入手精品服飾的好選擇
U-turn Recycled Fashion

✉ 290 King St., Newtown
☎ 9516-0686
◷ 週一～六10:00～18:00，週日11:00～16:00
➡ Newtown火車站出站後右轉King St.，步行約
　1分鐘，在右手邊
http www.facebook.com/UTurnRecycled
　Fashion
MAP P.163／C2

U-turn在雪梨有5家門市，不同於新鎮其他二手衣店專攻復古風，U-turn店裡可以找到現今名牌的二手服飾、鞋子和包包配件，復古風格的名牌更是萬中選一，眼睛亮一點能以10％的價錢入手精品服飾，商品陳列和試衣間明亮乾淨，男女商品各據一半店面空間，不同於以女裝為主的二手衣店。

Uturn二手衣店店面

店家整齊排列的二手名牌女鞋

讓你內外皆美的公益服飾店
Australian Red Cross

✉ 359 King St., Newtown
☎ 9517-9209
◷ 週一～三、週五～六10:30～18:30，週四
　10:30～21:00，週日11:00～17:00
➡ Newtown火車站出站左轉King St.步行約2分
　鐘，在右手邊
http www.redcross.org.au/stores.aspx
MAP P.163／C2

寬敞的展示櫥窗

澳洲紅十字會旗下的二手衣店，位於較安靜的國王街南段，有兩間店面寬而且天花板上吊著水晶燈，不同於一般紅十字會二手衣店，店員特別針對新鎮風格挑選商品，找行頭又可以作善事，吸引很多新鎮潮人來此尋寶。

完全不輸新品的衣飾與搭配

Sydney University & Newtown

風格書店

距離雪梨大學不遠的新鎮自然少不了幾間書店，新鎮居民不愛連鎖書店，偏愛獨立及二手書店，雖然沒有令人驚豔的裝潢，卻可在小細節裡感受到書店主人的用心經營、不同於連鎖書店的風格。

猜猜看你會買到哪一本書？

Elizabeth's Bookshops

✉ 257 King St., Newtown　☎ 9550-5691
🕐 週一～三09:30～21:00，週四～六09:30～22:00
➡ Newtown火車站出站後過馬路右轉King St.步行約1分鐘，在左手邊
http www.elizabethsbookshop.com.au
MAP P.163／C2

開放式的書店店面

和書本來一場盲目約會！這是伊莉莎白二手書店超風趣的行銷手法，將推薦的書籍用牛皮紙包起來後寫上一些提示讓消費者自己猜想是哪一本書，時間、悲劇、家庭、希望、贖罪……不明說書名或是書背的簡介，簡單幾個提示讓書本增加了不少神祕吸引力，店裡掛著一幅木乃伊躺著閱讀的畫作繞富風趣，店裡二手書藏豐富，還有整書架的英文二手童書。

和書本來一場盲目約會

備受喜愛的書店

Better read than Dead

✉ 265 King St., Newtown　☎ 9557-8700
🕐 週日～三09:30～21:00，週四～六09:30～22:00
➡ Newtown火車站出站後過馬路右轉King St.步行約1分鐘，在左手邊
http www.betterread.com.au
MAP P.163／C2

雪梨著名的獨立書店，曾被Lonely Planet評為雪梨最受喜愛的書店，木質地板搭配藍綠色系的書牆，沒有多餘的裝飾，書架每一層都有店員手寫的書評，愛書的店員成就了不平凡的書店，是一個讓愛書人進去後很難離開的空間。

書架上的手寫書評是一大特色

✤ 最大的二手書店
Gould's Book Arcade

- ✉ 32 King St., Newtown
- ☎ 9519-8947
- 🕐 週一～日10:00～22:00
- ➡ Newtown火車站出站後右轉King St.步行約12分鐘，在右手邊
- http www.gouldsbooks.com.au
- MAP P.163／B3

1967年成立，是雪梨最大的二手書、絕版書的零售書店。一股舊書霉味迎面而來，近百萬本書籍凌亂地擺列，來尋寶的書蟲客人似乎一點都不在意，神奇的是店員可以很有效率地幫你找書。

諾大的店面足以收藏百萬本書籍

除了一般大眾書籍外，也有許多藝術、澳洲歷史、左派政治、軍事歷史等主題收藏。

特色餐飲

✤ 當地居民引以為傲的啤酒
Young Henry's

- ✉ 76 Wilford St., Newtown
- ☎ 9519-0048
- 🕐 週一～六10：00～19：00，週日12：00～19:00(18:30前要點酒)
- 💲 啤酒品味組(Tasting Paddle)AU$15，單杯(Middy)AU$5
- ➡ Newtown火車站出站後左轉Enmore Rd.，步行約5分鐘，右轉Wilford St.，過一個路口後Young Henry's在左手邊
- http www.younghenrys.com
- MAP P.163／C2

在一閒置的工業倉庫裡的小型精釀啤酒廠，以「釀出受新鎮當地居民喜愛並引以為傲的啤酒」為出發點，並為了減少釀製的碳足跡，鼓勵客人用可重覆使用的玻璃瓶、不分銷給太遠的地區並且將釀製過程產生的穀料捐給牧場作飼料。取名為新鎮人(Newtowner)的啤酒是為了慶祝新鎮行政區成立150年特地釀造、混和3種不同的澳洲麥類釀造，口味獨特、有趣、富果香、微苦，就像是新鎮人的性格，推出後大

受歡迎，值得一試的還有每年當地收穫的新鮮蘋果釀製的蘋果酒(Cloudy Cider)，建議點可以品嘗6種口味的品味組(Tasting Paddle)。

這裡沒有賣食物，歡迎攜帶外食，週末會有餐車進駐販賣食物。

→很有個性的彩繪牆

在釀酒桶前喝啤酒，有夠新鮮

Sydney University & Newtown

每日新鮮出爐的美味鹹甜派
The Pie Tin

✉ 1a Brown St., Newtown
☎ 9519-7880
◎ 週一～三10:00～20:00，週四～六 10:00～22:00，週日10:00～18:00
💲 鹹派AU$6.9～8.9，派餐(Pie meal)鹹派加兩樣配菜AU$12.5～14.5，甜派AU$7.9～10.9
➡ Newtown火車站出站後右轉King St.步行約6分鐘，右轉Brown St.，在右手邊第一個路口
🌐 www.thepietin.com.au
🗺 P.163／C2

紅磚牆、水泥地面、吊燈和正中央的供餐大桌，裝潢走的是簡潔、隨興的Loft工業風

店家十分講究當日新鮮現做，所有的派都是小批量烘焙、一天多次出爐，所以菜單上的派不一定都有，要到展示櫃看才知道哪些派有賣，唯一的缺點是要從展示櫃裡這麼多誘人的派中作出選擇，十分困難。個人推薦是一份鹹派(食量大的可以點派餐或是兩個鹹派)加一份甜派(食量小的可以兩人共食)。

迷迭香羊肉派(Lamb&Rosemary)料好實在

超大分量的蘋果派，取名叫作The Pie Ate Newtown，把新鎮吃掉的派？1個人絕對吃不完！

當地最熱門的素食餐廳
Lentil as Anything

✉ 391 King St., Newtown
☎ 8283-5580
◎ 每日12:00～15:00、18:00～21:00，週六、日還有早午餐10:00～12:00
💲 隨意，建議至少付AU$10
➡ Newtown火車站出站後右轉King St.，步行約1分鐘在右手邊
🌐 www.lentilasanything.com
🗺 P.163／C2

非營利社區組織開設的素食餐廳，熱情的服務人員大多是社區義工，門口黑板上列著當日供應的菜色，吃飽後再依自己覺得吃的食物值多少錢往付款箱裡投錢，愛付多少就付多少PAYF(Pay as you feel)的經營模式大受新鎮居民歡迎，大家貪的不是便宜的餐點，而是一種社區分享、慷慨、互信、公義的獨特用餐經驗。餐廳樓上不定期舉辦課程、展覽、音樂會，是社區民眾交流的場所。

↓你認為這樣的早餐值多少錢呢？

在新鎮吃素可是潮流

世界金牌的義式冰淇淋
Cow and the Moon

- ✉ 181 Enmore Rd., Enmore　📞 9557-4255
- 🕐 週一～四08:00～22:30，週五～日09:00～23:30
- 💲 小AU$5.5(1種口味)、中AU$7.5(2種口味)、大AU$9.5(3種口味)
- ➡ Newtown火車站出站後左轉Enmore Rd.步行約8分鐘，在Enmore Rd.和London St.的路口右手邊
- 🗺 P.163／C1

→ 人氣第一名口味Mandorla Affogato

2014年在義大利打敗來自世界各地的隊伍，榮獲義式冰淇淋比賽第一名，好消息傳開後，這家新鎮當地人的私房冰淇淋開始出現排隊人潮，尤其是晚餐後到打烊前，似乎附近餐廳用完晚餐的人群都會到這裡報到。得到第一名的冰淇淋口味是香草冰淇淋、混合焦糖杏仁及單一產地咖啡的Mandorla Affogato，因為太受歡迎，時常會買不到。

火焰海鮮讓你五體滿足
Thai Pothong

- ✉ 294 King St., Newtown
- 📞 9550-6277
- 🕐 每日12:00～15:00、18:00～22:00
- 💲 火焰海鮮(Flambé Steamed Seafood)AU$28，咖哩約AU$17～22
- ➡ Newtown火車站出站後右轉King St.，步行約1分鐘，在右手邊
- 🌐 www.thaipothong.com.au
- ⁉ 現金結帳會給10%禮品兌換券，在一旁的泰國禮品區可折抵小禮品
- 🗺 P.163／C2

選用九層塔、香茅、萊姆、椰奶、魚露、辣椒等食材，Thai Pothong巧妙運用酸、辣、鹹、甜、苦五味，正宗的菜色加上皇家等級的裝潢和服務，讓Thai Potong在Newtown數十家泰國餐廳中脫穎而出，更讓其連續數年被澳洲泰國美食協會評選為最好的泰式餐廳。除了超開胃的青木瓜沙拉和各式咖哩，火焰海鮮(Flamed Seafood)是這裡的人氣菜色之一，以椰漿、雞蛋、咖哩醬調味的綜合海鮮，先用蒸煮的方式引出鮮味，用鋁箔紙包裹後在客人面前點燃火焰，急速高溫讓咖哩香味濃郁等級提升，將這場泰式饗宴引入高潮！

諾大的佛像讓店內盈滿泰式氛圍

人氣料理火焰海鮮咖哩

品嘗超人氣草莓西瓜蛋糕
Black Star Pastry

- ✉ 277 Australia St., Newtown
- ☎ 9557-8656
- ⏰ 每日07:00～17:00
- 💲 草莓西瓜蛋糕1人份AU$6
- ➡ Newtown火車站出站後穿過King St.，進入對面的Australia St.，在兩個路口後的左手邊
- 🌐 www.blackstarpastry.com.au
- 🗺 P.163／C2

草莓西瓜蛋糕配咖啡

隨著排隊人潮進入狹小店面，右前方不大的點心櫃裡展示的甜點令人無法抗拒，很想跟店員說：每種都來一個吧！約有七、八成的顧客是專門為了聞名的草莓西瓜蛋糕而來，這色彩鮮豔的蛋糕超上鏡頭，讓人吃前總要多看它幾眼，捨不得吃它。草莓切片鋪滿上層，點綴著開心果仁和玫瑰花瓣，海綿蛋糕夾著玫瑰香味的濃郁奶油入口即化，咬到中間，西瓜獨特的清脆口感出奇地提升了整個蛋糕的層次。

「可頌甜甜圈漢堡」最熱門
Brewtown

- ✉ 6-8 O'Connell St. Newtown
- ☎ 02-9519-2920
- ⏰ 每日08:00～16:00
- 💲 咖啡AU$3～6，Brewnut AU$4～8，Elvis Burger AU$16.5
- ➡ Newtown火車站出站後過馬路右轉King St.步行約8分鐘，左轉O' Connell St，在左手邊
- 🌐 www.brewtownnewtown.com
- ❓ 只點咖啡和Brewnut可直接上2樓，Elvis Burger要在一樓點餐
- 🗺 P.163／B2

2層樓的紅磚倉庫變身成為新鎮最夯的咖啡天堂，頂級咖啡豆從咖啡農場採購到烘焙不假他人手，使用咖啡烘焙機Probat L5小批量烘焙，新鮮咖啡豆提供給顧客高品質的咖啡。來這裡喝咖啡一定要搭配店家特製甜點Brewnut，結合可頌(Croissant)的奶油麵糰、甜甜圈(Donut)的油炸烹調方式，有多種口味可供選擇；偏好鹹食則可選擇用鹹口味Brewnut取代傳統漢堡麵包，包有牛肉片、培根、起司的Elvis漢堡，這新鎮流行的早午餐就是與眾不同。

1.經過整修後的復古咖啡烘焙機　2.足夠一天熱量的Elvis漢堡

城東特色小區
Inner East Suburbs

位於達令赫斯特(Darlinghurst)的牛津街(Oxford St.)西段是一年一度同志遊行的主要場地，此區店家對多元性向族群公開表示歡迎，往東續行牛津街則進入雪梨時尚小區帕丁頓(Paddington)。牛津街東西段的差異從店家擺設及街上行人穿著中不言而喻，西段是不在乎別人眼光的瀟灑，東段則是走在時尚尖端、對旁人評價敏感的貴婦路線。自牛津街往南沿著皇冠街(Crown St.)進入莎莉山(Surry Hills)，早期的貧民區搖身一變成為雪梨雅痞聚集地，講究生活品質卻不拘小節是莎莉山小區的特色；往北則是有幫派歷史背景、越晚越熱鬧的國王十字區(Kings Cross)。雪梨城東各個風格迥異的小區等你來探訪！

行程建議及時間表

達令赫斯特	30分鐘
↓	
莎莉山小區	120分鐘
↓	
帕丁頓小區	120分鐘
↓	
伊莉莎白灣宅邸	30分鐘
↓	
國王十字區夜遊／晚餐	60分鐘

Mardi Gras(圖片提供／Tourism Australia)

城東特色小區地圖

海德公園
Hyde Park

國王十字區
King's Cross

Crown St.

Kings Cross

William St.

Museum

達令赫斯特
Darlinghurst

Edgecliff

Elizabeth St.

牛津街/Oxford St.

莎莉山
Surry Hills

帕丁頓
Paddington

380
333

Central

Crown St.

Moore Park Rd.

牛津街/Oxford St.

301

302

303

Elizabeth St.

雪梨板球場
及安聯球場
Sydney Cricket Ground
& Allianz Stadium

百年公園
Centennial
Park

- - - 市區－帕丁頓：公車路線380、333，從環形碼頭E候車站經Elizabeth St.沿海
德公園轉牛津街

- - - 市區－莎莉山：公車路線301、302、303，從環形碼頭D候車站經Elizabeth
St.沿海德公園轉Campbell St.、Crown St.

國王十字區
King's Cross

▶ Kings Cross火車站出站即是國王十字區

入夜後的國王十字區(King's Cross)街道霓虹燈閃爍，路口的可口可樂招牌是國王十字區的地標，人潮漸漸湧入，空氣裡瀰漫著一股躁動不安的氛圍，雪梨夜生活正式登場！1897年為慶祝維多利亞女王登基60週年，將此區命名為皇后十字區(Queens Cross)，威廉七世登基後則改名為國王十字區，當地人暱稱The Cross。

20世紀初許多藝術家、詩人、作家、音樂家在此落腳，波希米亞風瀰漫；1920年的禁酒令讓這裡的地下酒吧大發利市，二次大戰和越戰期間，許多軍人駐兵在不遠處的海軍基地，每逢休假，大批軍

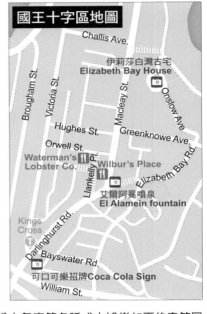

國王十字區地圖

Challis Ave.
伊莉莎白灣古宅
Elizabeth Bay House
Brougham St.
Victoria St.
Macleay St.
Onslow Ave.
Hughes St.
Greenknowe Ave.
Orwell St.
Waterman's Lobster Co.
Llankelly Pl.
Wilbur's Place
Elizabeth Bay Rd.
艾爾阿冕噴泉
El Alamein fountain
Kings Cross
Darlinghurst Rd.
Bayswater Rd.
可口可樂招牌Coca Cola Sign
William St.

人湧入國王十字區，妓院、酒吧、脫衣舞廳等各種成人娛樂如雨後春筍冒出，The Cross演變成至今澳洲最出名的紅燈區。

雪梨政府的禁酒令

雪梨政府在近年幾件喝酒鬧事導致的死亡意外發生後，推出了2條法規以遏止酒精和毒品造成的治安問題。

一拳法規(One Punch Assault Laws)：在酒精或是賭品的影響下喝酒鬧事致他人死亡者，強制最低刑罰8年的牢獄。

禁閉令(Lock Out Laws)：各式夜店從午夜01:30起必須謝絕來客，並在03:00後停止賣酒，酒販則需在22:00點後停止賣酒，雪梨居民對於禁閉令正反評價兩極，反對民眾更發起了Keep Sydney Open的抗議活動，許多夜店咖改到新鎮(P.162)找樂子，新鎮的店家因為入夜後湧入的醉客變多，也自發性的實施禁閉令。

國王區經典印象

可口可樂招牌
Coca Cola sign

➡ Kings Cross火車站出站右轉，在Darlinghurst
St.和William St.路口大樓上
🅜 P.178

施工中的霓虹招牌用印有可口可樂商標的
大帆布暫時替代

自1974年租賃至今，41公尺
寬13公尺高，是南半球最大的霓
虹招牌，也是Kings Cross夜生活
區的入口的顯著地標。2014年可
口可樂公司開始整修工程，直至
2016年初仍以大帆布遮起來施
工、沒有進展，國王十字區的店
家相當關切整修的進度，一方面
擔心新的設計失去原有的特色，
一方面期待更新更亮的霓虹燈吸
引更多遊客。

駐足拍照的熱門地點

艾爾阿冕噴泉
El Alamein fountain

➡ Kings Cross火車站出站左轉Darlinghurst
St.，步行5分鐘即見噴泉
🅜 P.178

1961年為紀念二次世界大戰埃
及El Alamein戰役而興建的艾爾
阿冕噴泉(El Alamein Fountain)，
由Robert Woodward設計，從211
個注口噴出的水柱構成的圓形噴
泉，隨風吹拂而產生多變的弧
度，現代感十足，是雪梨著名的
公共藝術品，1964年獲得新南威
爾斯州建築協會的公共設計獎。

風中的噴泉類似隨風漂泊的蒲公英，噴泉
旁立有顯示羅馬、香港、東京等大城市距
離的路標，吸引許多遊客拍照

旅行小抄

國王十字區安全小提醒

雖然都是常識，請容許我跟澳洲政府
一樣雞婆。

· 結伴同行，玩得開心又安心

· 值錢財物不外露

· 年滿18才能合法飲酒，部分場所須出
示證件才可進入

· 不要直盯著路邊醉漢或流浪漢，提
高警覺心，迴避路上紛爭

· 不要大剌剌地對著陌生人拍照

一窺殖民時期的雪梨豪宅

伊莉莎白灣古宅
Elizabeth Bay House

- ✉ 7 Onslow avenue, Elizabeth Bay
- ☎ 9356-3022
- ⏰ 週五～日11:00～16:00；週一～四公休
- 💲 成人AU$8，15歲以下AU$4，未滿5歲免費，家庭(2大人+2小孩)AU$17
- ➡ Kings Cross火車站出站左轉沿Darlinghurst St.至噴泉，續行Macleay St.約7分鐘，右轉入18號建築旁邊小巷，小巷出口旁可見古宅
- http www.sydneylivingmuseums.com.au(點選 HOUSES & MUSEUMS→ELIZABETH BAY HOUSE)
- MAP P.178

伊莉莎白灣古宅位於國王十字區北端的帕茲角(Potts Point)，因俯視伊莉莎白灣而得名，1826年殖民地政府授予擔任輔政司的亞歷山大麥克里(Alexander Macleay) 22公頃的土地，1835年麥克里野心勃勃地要為妻子和女兒們興建殖民地最雄偉的私人宅邸，豈料4年的興建過程超出預算且殖民地經濟衰退，麥克里於1837年失去輔政司職位後更是雪上加霜，在經濟壓力下，多立克式(Doric)列

和歐洲宅邸相比實在稱不上豪宅，不過考量殖民期物資不豐富的條件下，伊莉莎白灣宅邸已十分奢華講究

柱廊露台僅完成正面而非依原計畫環繞整個宅邸，1845年麥克里因負債過高而被迫將宅邸移轉給兒子威廉，如今古宅的家具擺飾便是參考當時的財產移轉清冊來陳設，以重現舊時豪宅風光。

同時期在附近興建宅邸的還有法官約翰韋德(John Wylde)及銀行家喬瑟芬帕茲(Joseph Hyde Potts)，當今的麥克里街(Macleay St.)、韋德街(Wylde St.)和帕茲角(Potts Point)就是以他們的名字命名，政府高官、法官與銀行家聚居於此，進而吸引了許多名流權貴置產，殖民時期的豪宅區至今仍與雪梨上流社會畫上等號，和緊鄰的國王十字區夜生活形象產生極諷刺的對比。

整個建築物以挑高圓頂沙龍和懸臂式樓梯為中心，這樓梯可是雪梨新人拍婚紗的熱門景點呢

亞歷山大麥克里擔任輔政司之餘，也是擁有豐富植物標本收藏的昆蟲學家

輕鬆體驗醉人的雪梨夜生活

常常可以在網路上看到類似「國王十字區很危險、晚上能不去就別去」的相關警告，事實上，近年來在當地政府的「Clean up the Cross」計畫下，國王十字區街頭治安有很大的改善，但是治安管制和店家利益產生了很大的衝突，像是對營業時間和酒品販賣時間的管制，導致消費人潮大減、一些店家更因此關門，當地的店家組織批評當局是管太多的雞婆保母政府，但這些規定確實讓國王十字區街頭安全了許多。如果你不是夜店咖、想要淺嘗國王十字區的夜生活氛圍，週一以外的20:00～22:00是最適合觀光客逛大街的時段，一來是太早去場面冷清、二來是太晚去醉漢變多。沒有理由到了雪梨不來國王十字區逛逛，至少拍幾張以可口可樂霓虹燈和艾爾阿冤噴泉為背景的照片，證明你來過了雪梨的黃金路段 (The Golden Mile)。

懸掛絢麗燈飾的Llankelly街景

知 識 充 電 站

國王十字區的一王二后

1927年槍械管制法令通過後，剃刀成為黑幫分子的隨身武器，這些黑幫被稱作剃刀幫 (Razor Gang)，國王十字區在1927～1931年期間是剃刀幫派間的主戰場，這些剃刀幫背後的首腦是2個互看不順眼的女人——提莉 (Tilly Devine) 和凱特 (Kate Leigh)。提莉，人稱烏魯木魯女王 (Queen of Woolloomooloo) 經營多間妓院，她的死對頭凱特則是經營多家非法酒吧的莎莉山女王 (Queen of Surry Hills)，這兩個女人有錢有勢又有暴力黑幫做靠山，所謂一山不容二虎，除了在貂皮大衣和鑽戒上較勁外，她們指揮的剃刀幫為了爭地盤，在國王十字區的巷弄間掀起了多起街頭浴血惡鬥，最後兩女王始終不敵經濟大蕭條及執法單位的取締而勢力削減。

繼兩女王的後起之秀為阿貝沙弗龍 (Abe Saffron，1919～2006)，人稱罪惡先生 (Mr. Sin)，阿貝成為十字區地下老闆 (the Boss of the Cross)，名義上為合法地

產開發商及幾家酒吧老闆，檯面下則為黑幫老大，使用暴力、恐嚇手法收購住宅後開發獲取暴利，當時國王十字區一帶許多商家都得聘請阿貝做經營顧問，以顧問費名義合法給付保護費。警察在值勤時間會坐在國王十字旅館 (Kings Cross Hotel) 外的露天座位喝茶，但是茶壺裡面裝的不是茶而是酒，隔壁桌遞來的糖罐子裡面裝的也不是糖，而是用來賄絡警察的現金，透過行賄讓警察睜一隻眼閉一隻眼，幹盡所有不法勾當的阿貝，終其一生唯一有足夠證據被判定的罪竟是逃漏稅！

警察博物館(P.44)裡有介紹Kate Leigh生平

特色餐飲

當季食材的鮮美滋味
Wilbur's Place

- ✉ 36 Llankelly Place, Potts Point
- ☎ 9332-2999
- 🕐 晚餐週二～六17:00～21:30，週六有早午餐08:00～15:00；週日一公休
- 💲 麵包和橄欖AU$6.5、炸魚翅(Salt & Pepper Barra Wings) AU$13、主餐AU$28
- ➡ Kings Cross火車站Darlinghurst Rd.出口左轉，步行約4分鐘左轉Llankelly Place巷內，店家在巷子內的右手邊
- http www.wilbursplace.com   MAP P.178

餐廳聚集的Llankelly Place人行巷道懸掛著圓形霓虹裝置藝術，Wilbur's Place沒有顯著招牌，店家為了善用不大的空間而使用面牆長窄桌、開放式廚房以及內

外相通的露天座位，牆上特意保留的磚面和大洞，走的是簡單實用風格；透過開放廚房可以欣賞廚師運用當季新鮮食材做出料理，菜單雖然簡短但每道菜都是精心設計，服務親切又不過度，享受高級餐廳等級的美食卻不感拘束。

←炸魚翅是走亞洲胡椒鹽風，魚肉鮮嫩、魚翅酥脆，直接用手拿起來啃更美味

品嘗大螯龍蝦肉三明治
Waterman's Lobster Co.

- ✉ 5/29 Orwell St., Potts Point
- ☎ 9380-2558
- 🕐 週一～六12:00～24:00，週日12:00～18:00
- 💲 龍蝦三明治AU$19，加附薯條AU$2，加附餐醃醬瓜AU$1，龍蝦肉加量AU$13
- ➡ Kings Cross火車站Darlinghurst Rd.出口左轉，步行約4分鐘左轉Llankelly Place巷內，店家在巷尾左手邊
- http www.watermanslobsterco.com   MAP P.178

特選鮮甜的冷水Homarus Americanus龍蝦，從大螯挑出的龍

露天用餐區

蝦肉扎實彈牙，有兩種調味可供選擇，康乃狄克風格(Connecticut Style)用奶油拌入溫龍蝦肉，而緬因風格(Maine Style)則是加入美乃滋、芹菜、韭菜調味，將選好的調味醬夾入飄著奶油香味、兩側烤的酥脆而中間柔軟的熱狗麵包中，直讓人大口咬下這國王十字區小巷內的美食。餐廳走的是輕快的休閒風格，內部座位不多，天氣好時，在店門外巷道上擺上五六張桌椅，露天用餐另有一番風情。

→詢問店家那一風格的龍蝦三明治比較多人點，答案是康乃狄克風格喔

達令赫斯特
Darlinghurst

由原住民當代藝術家Reco Rennie 2012年創作的公共
藝術「Always was, always will」

➡ Museum火車站出站後左轉Liverpool St.，Liverpool St.過海德公
園後為Oxford St.，續行Oxford St.即進入達令赫斯特小區

　達令赫斯特，當地人簡稱Darlo，雪梨同行戀
權利運動在此萌芽，牛津街上有專賣同志書籍
的書店、幾間同志友善的酒吧(Stonewall hotel、
The Oxford hotel、The Colombian Hotel等)聚
集，這裡是雪梨多元性向族群表揚自信、展現自
我的最佳舞台。

圖片提供／Tourism Australia

達令赫斯特、莎莉山地圖

熱 門 景 點

世界知名的彩虹大遊行
牛津街西段
Oxford St. West

✉ 遊行從海德公園東南端的牛津街延續至
Flinders St.，遊行結束點在Flinders St.和
Moore Park Rd.路口
🕐 19:00～23:00
🗺 P.183

　　宣揚愛、自信、多元的同志大
遊行於每年3月第一個週六舉行，
是同志狂歡節落幕前的重頭戲；
很難想像1984年以前，同志在新
南威爾斯州仍屬違法行為，從

Mardi Gras(圖片提供／Tourism Australia)

旅行小抄

和盛裝的遊行者合照的最佳機會
中午過後遊行隊伍開始在海德公園整
隊集合，這時是和遊行者合照的最好
時機；想要占前排的好位置，遊行開始
前3、4個小時就必須到現場卡位；雪梨
同志狂歡節並非只有1個晚上的遊行，
2月中～3月初為期3週的節慶有許多大
大小小的活動，詳情請參考：
🌐 www.mardigras.org.au

1978年第一屆同志狂歡節(Mardi
Gras)，53名參與民眾遭到逮捕，
發展到現今由1萬多人組
成的各式遊行隊伍驕傲
地接受牛津街兩側緊密
人牆的歡呼，連新南威
爾斯警察和消防員都有
組織遊行隊伍，雪梨社
會的多元化與包容力實
在值得喝采。

歷史悠久的同志主題書店
達令赫斯特書店
The Bookshop Darlinghurst

✉ 207 Oxford St., Darlinghurst
📞 9331-1103
🕐 週一～三10:00～19:00，週四～六10:00～
21:00，週日及國定假日11:00～19:00
➡ Museum 火車站出站後左轉Liverpool St.續
接Oxford St.步行約13分鐘，在右手邊
🌐 www.thebookshop.com.au
🗺 P.183

　　開業20多年，The Bookshop專
賣多元性別主題的書籍、雜誌和
音樂，不論是探討雪梨同志發展
的學術書籍或是針對多元性向族

群的旅遊指南，在這都可以找
到，還有多款猛男月曆可供挑
選，這些月曆不意外地也很受異
性戀女性顧客喜愛。

伴隨雪梨同志社群一同成長的主題書店

Inner East Suburbs

特色餐飲

雪梨唯一創意劇場餐廳
Slide私藝坊

- ✉ 41 Oxford St., Darlinghurst
- ☎ 8915-1899
- 🕐 售票處週一～五09:00～17:00，表演當晚19:00至表演結束
- 💲 巴黎夢姬AU$89(週四)，其他節目在不同夜晚演出，依節目不同菜單和票價會有變動
- ➡ Museum火車站出站後左轉Liverpool St.接Oxford St.，步行約5分鐘，在右手邊
- 🌐 www.slide.com.au
- ❓ 更新節目表請詳網站　　MAP P.183

位於海德公園東南角牛津街上的Slide私藝坊，以自編自導自演的創意劇場及美食著稱，根據不

同季節和潮流動向獻上不同劇碼，菜單會隨著上演的劇碼主體調整，穿過Slide私藝坊的大門，

把俗世拋在腦後，用全方位的感官享受獨特的夢幻劇場氛圍；週四晚上的戲碼是激動人心的紅磨坊歌舞秀《巴黎夢姬》(Risqué Revue)，以浪漫之都巴黎為背景，愛恨交織的故事情節，俊美的男女舞者帶來精美編排的演出，搭配法式經典3道料理，絕對是最獨特的劇場晚宴！

圖片提供／Slide

香酥味美的炸豬皮
Mr. Crackles

- ✉ 155 Oxford St., Darlinghurst
- ☎ 8068-2832
- 🕐 週一～三11:30～21:30，週四～六11:30～01:30，週日12:00~22:00
- 💲 潛水堡AU$12～18，炸豬皮(Cup of Crackling)AU$5
- ➡ Museum火車站出站後左轉Liverpool St.接Oxford St.，步行約10分鐘，在右手邊
- 🌐 www.mrcrackles.com.au　　MAP P.183

由2個專業主廚合作開設的快食店，豬腹肉和羊肩肉用鹽、大蒜、迷迭香等香料入味後，慢火燉煮10個小時至入口即化，再放入烤箱烘烤至表皮酥脆，有點像是豬皮版的蝦餅。

杯裝的大片香脆豬皮是附近夜店咖狂歡後的零嘴

莎莉山
Surry Hills

➡ Museum火車站出站後左轉Liverpool St.，續行Oxford St.約8分鐘，右轉Crown St.即進入莎莉山小區；或是Central火車站左轉Elizabeth St.再右轉Albion St.，步行約10分鐘可達Crown St.

位於中央車站東邊的莎莉山(Surry Hills)簡稱Surry，原為雪梨的貧民區，早期不少年輕藝術家被低廉的房價吸引而進駐，為莎莉山注入了一股藝術氣息，現為雪梨年輕雅痞聚居的小區，莎莉山缺乏新鎮及達令赫斯特的特立獨行、也不似帕丁頓般講究品牌，卻有著低調追求生活品質的自在感；皇冠街(Crown St.)上店家較集中，布魯克街(Bourke St.)上點綴著零星的咖啡廳和烘焙坊，自行車專用道在行道樹蔭下南北延展，車流較少顯得幽靜，2條街一動一靜，是感受莎莉山氛圍必逛的2個街區。

熱門景點

澳洲20世紀的藝術才子
布萊特懷特利畫室
Brett Whiteley Studio

✉ 2 Raper St., Surry Hills
☎ 9225-1881
🕐 週五〜日10:00〜16:00；週一〜四公休
💲 免費參觀
➡ 從中央車站沿Devonshire St.步行約15分鐘
🌐 www.artgallery.nsw.gov.au/brett-whiteley-studio
🗺 P.183

依位於莎莉山的布萊特懷特利(Brett Whiteley，1939〜1992)畫室是他1988〜1992年期間居住與創作的地方，目前隸屬州立美術館，展出其素描本、照片、音樂、書籍收藏及部分創作。布萊特是澳洲20世紀的優秀藝術家，1976〜1978年他囊獲澳洲美術界的3大

書室的入口為作品〈Almost Once〉的縮小版，一根完整的火柴棒和燃盡的火柴棒訴說人生的起滅。原作位於州立美術館建築後方(P.84)

重要獎項(Archibald、Wynne、Sulman)，其創作以大膽強烈的用色和超現實的抽象畫風著名。

逛 街 購 物

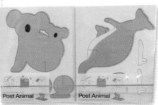

音樂迷必訪傳統CD、唱片行
TITLE Music and Film

✉ 499 Crown St., Surry Hills
📞 9699-7333
🕐 週一〜五10:00〜18:00，週六、日10:00〜17:00
➡ Oxford St右轉Crown St.步行約10分鐘左轉，在右手邊
http www.titlestore.com.au
MAP P.183

黑膠唱片擁有數位化音樂取代不了的特有音色

影音娛樂數位化的時代，Title堅持提供碟片影音一片淨土，用指頭一張張翻閱實體CD、DVD或唱片絕對比在觸控螢幕上搜尋目錄來的有趣，TITLE有豐富的影音碟片以及專門書籍，新品和二手品都有，想要知道雪梨當地哪個歌手、樂團最受歡迎，問TITLE店員最清楚。

精緻紙製文化產品
Paper2

✉ 477 Crown St., Surry Hills
📞 9318-1121
🕐 週一〜六10:00〜17:30，週日10:00〜16:00
➡ Oxford St.右轉Crown St.步行約10分鐘，在右手邊
http www.paper2.com.au
MAP P.183

平面設計師Margaret Rockliff因為自身對紙張和文具的熱愛，以及對潮流的敏銳嗅覺，從東京、倫敦、法蘭克福、紐約等地及雪梨本地搜尋創新、獨特的紙產品和文具，老闆還自行設計、印刷自家品牌，結合實用性和品味的文具產品，圖形和元素透過設計師的發揮變成讓使用者有超乎視覺感受的物件，充分發揮觸覺設計新穎、多變的特質。

→澳洲特有動物造型的小盆栽裝飾牌
(圖片提供／La La Design House，www.lalalandshop.com.au)

←無尾熊和袋鼠造型的明信片

⚜ 品味獨到的衣飾小店
Collector Store

- 📧 473 Crown St., Surry Hills
- 📞 9699-7740
- 🕐 週一～六10:00～17:30，週日11:00～16:30
- ➡️ Oxford St.右轉Crown St.步行約10分鐘，在右手邊
- 🌐 www.collectorstore.com.au
- 🗺️ P.183

收藏家商店以獨特的眼光挑選適合莎莉山雅痞消費族群的衣物、首飾配件和家居小物，像是Rittenhouse服飾、Herschel背包、Status Anxiety錢包等，講究實用、極簡沒有華麗的裝飾。

店內衣飾小物皆十分講究品味

⚜ 法式典雅家具尋寶
Ici et La

- 📧 7 Nickson St., Surry Hils
- 📞 8399-1173
- 🕐 週一～六10:00～17:00
- ➡️ Oxford St右轉Crown St.步行約10分鐘，左轉Devonshire St.再右轉Nickson St.，在右手邊
- 🌐 www.icietla.com.au
- 🗺️ P.183

Ici et La以販售20世紀早期的法式家具出名，店內擺飾著典雅的家飾品和色彩鮮豔的織品，其中最經典的產品就是搭配條紋棉布

倉庫兼店面，沒有用心陳列的商品，但有成堆的寶藏等有心人來翻找

的戶外摺疊椅、導演椅，可以自己挑選喜歡的顏色條紋訂做，主要客戶群為講究生活小細節、追求品味年輕雅痞。

雜亂堆放的法式復古家具

自選布料客製折疊椅

特色餐飲

人氣必點薑糖烤布蕾
Bourke Street Bakery

✉ 633 Bourke St., Surry Hills
☎ 9699-1011
🕐 週一～五07:00～18:00，週六～日07:00～18:00
💲 Ginger Brulee Tart AU$5.5，Sausage Roll、Pie AU$4.8～5.5
➡ Oxford St.右轉Crown St.步行約10分鐘，左轉Devonshire St.至Bourke St.轉角即見
🌐 www.bourkestreetbakery.com.au
🗺 P.183

2004年由烘焙師傅Paul Allam、David McGuinness創設的布魯克街烘焙坊，從莎莉山安靜轉角的小店發展成如今分散在雪梨各區的10家分店，即便如此，莎莉山

↓人氣組合咖啡配薑糖烤布蕾

的總店仍是死忠顧客的最愛，秉持著手工當日烘焙、在麵包中投入熱誠與愛心的初衷，謙虛地穩坐雪梨麵包烘焙界的天王寶座，人氣必點薑糖烤布蕾塔(Ginger Brulee Tart)，這道歷久不衰的甜點推出後，民間跪求食譜的聲浪促使Paul Allam出了一本烘焙書，恰到好處的薑味和隱藏食材Masala chai香料將烤布蕾提升到新的境界；偏好鹹點的話，當日現烤的派和肉捲也在水準之上。

網路人氣No.1咖啡廳
Four ate Five

✉ 485 Crown St., Surry Hills　☎ 9698-6485
🕐 週一～五07:00～15:30，週六07:30～15:30，週日09:00～14:30；午餐三明治11:30後供應
💲 午餐三明治AU$13～16，咖啡AU$3～4.5，奶昔AU$7.5
➡ Oxford St.右轉Crown St.步行約10分鐘，在右手邊
🌐 www.fouratefive.com
🗺 P.183

門牌號碼是485，所以取名Four ate(諧音8)Five，莎莉山網路票選人氣最高的咖啡廳，販售咖啡、果汁、奶昔、三明治、沙拉等，以高品質的簡單菜單著名，三明治有手撕豬肉、烤牛肉、雞肉或

是和牛肉丸配3種起司等選擇，是當地人大推的輕食午餐，內部採開放空間，服務生招呼客人熱情有效率，來這裡用餐可以感受莎莉山的活力，每逢週末滿座的客人讓人有開派對的錯覺。

用餐時間等位置可要耐心等待

189

幸福感大增的奶香鬆餅
Bills

✉ 359, Crown St, Surry Hills
☎ 9360-4762
🕐 週一～五07:00～22:00，週六、日 07:30～22:00，鬆餅早餐和午餐時段提供
💲 Ricotta Hotcake AU$21
➡ Oxford St.右轉Crown St.步行約5分鐘，在右手邊
🌐 www.bills.com.au　　　MAP P.183

↖隨奶油慢慢融化的比爾鬆餅

澳洲出身、號稱世界第一的傳奇早餐，很多遊客到東京旅遊會把Bills鬆餅列入必吃名單中，來到雪梨當然不可錯過，以炒蛋(Scrambled Egg)和鬆餅(Ricotta Hotcake)聞名，充滿奶香的熱鬆餅搭配香蕉和蜂蜜奶油，讓人幸福感大增；這家餐廳的風格就如同創辦人Bill Granger般擁有澳洲男孩陽光、隨和的個人特色，1993年，24歲的Bill從藝術學院退學後，靠著自學的烹飪技術在達令赫斯特開設第一家Bill早餐店，以炒蛋和鬆餅在雪梨打出名聲，莎莉丘為第二家分店，後陸續在東京、首爾、夏威夷、倫敦開設分店，出過7本食譜及一個電視節目，是澳洲版的傑米奧利佛(Jamie Oliver)。

每天都有新口味
Gelato Messina

✉ 389 Crown St., Surry Hills
☎ 9332-1191
🕐 週日～四12:00～23:00，週五～六12:00～23:30
💲 1球AU$4.8，2球AU$6.8，3球AU$8.8
➡ Oxford St.右轉Crown St.步行約7分鐘，在右手邊
🌐 www.gelatomessina.com
MAP P.183

Gelato Messina是澳洲美食雜誌票選第一名的冰淇淋店，雪梨有7家分店、墨爾本2家、黃金海岸1家及拉斯維加斯1家，講究新鮮、無人工添加的義式冰淇淋店，冰櫃裡展示著40多種冰淇淋，傳統的口味如開心果、香草、草莓，創新口味如蘋果派、酒漬無花果、椰香香蘭葉；精益求精的冰淇淋師傅從週一～五每天會推出一種新口味，每種新口味上架7天，受歡迎的新口味則可成為固定口味，吸引了喜多愛嘗鮮的死忠顧客，如果沒法決定要買什麼口味，可以向店員要求試吃。

冰淇淋蛋糕走的是威利旺卡的奇幻路線

起司愛好者必訪聖地
Formaggi Ocello

✉ Shop16, 425 Bourke St., Surry Hills

☎ 9357-7878

🕐 週二～日10:00～18:30

💲 澳洲起司拼盤AU$49，咖啡AU$3～4.5，甜點AU$3.5～7，品嚐活動AU$90

➡ Central火車站出Elizabeth St.左轉，再右轉Albion St.，步行約12分鐘左轉Bourke St.，在左手邊

🌐 www.ocello.com.au

🗺 P.183

西西里經典傳統甜點瑞卡塔起司捲
(Ricotta cannoli)

曾被英國每日電訊報(Daily Telegraph)列為世界最好的起司專賣店之一，擁有超過200種來自義大利、法國、澳洲本地的高品質起司，新鮮空運的起司在店內控制溫濕度的熟成室內熟成至完美階段始能販售；親切的店員在詢問顧客口味偏好後會推薦適合的起司，並提供試吃，建議點選店家搭配好的澳洲起司拼盤(Australian Flight)，可2～3人共享，餐後再來一杯咖啡配甜點，這是莎莉山雅痞族喜愛的的午間輕食/下午茶。如要深入認識各種起司特色，可報名店家定期舉辦的起司與葡萄酒搭配品嚐活動(Cheese & Wine nights)。

1.黑板上寫有起司與葡萄酒品嚐活動的訊息 2.起司熟成室 3.不知道從何選擇，讓店員推薦準沒錯 4.各類起司標示清楚，方便客人選購

莎莉山掀起的咖啡革命

說到高品質的咖啡及特色咖啡廳，澳洲人第一個想到的城市，當屬藝術氣息濃厚的咖啡之都墨爾本，但近年來，一間間優質咖啡廳在莎莉山竄起，頗有與墨爾本並駕齊驅之勢。

雪梨咖啡界的領航者

Single Origin Roasters

- ✉ 60-64 Reservoir St., Surry Hills
- ☎ 9211-0665
- 🕐 週一~五06:30~16:00，週六07:30~15:00；週日公休
- 💲 咖啡AU$4~6，香蕉蛋糕(Banana bread)AU$6
- ➡ Central火車站出Elizabeth St.左轉，步行約4分鐘右轉Reservoir St.，在左手邊
- http www.singleoriginroasters.com.au
- MAP P.183

2003年在莎莉山開業的Single Origin Roaters在雪梨南郊有自營的咖啡烘焙工廠，提供雪梨不少同業高品質的烘焙咖啡豆，是帶領雪梨咖啡界更上一層的領導業者，10多年來仍維持生氣勃勃的潮咖啡店，推薦濃淡適中的澳式白咖啡(Flat white)以及人氣香蕉蛋糕，濃縮咖啡口味的微苦奶油緩緩地在香蕉蛋

糕上融化的景象會讓人不禁口水直流；在這還提供Aeropress手壓咖啡器濾煮咖啡，用手壓產生的壓力增加對咖啡的萃取度，沖泡出的咖啡芳香、濃郁又不苦澀。

知識充電站

澳洲人最愛的「白咖啡」

二次大戰促使大量義大利人移民澳洲和紐西蘭，也引進了義式濃縮咖啡文化，1980年代中期在雪梨的咖啡廳(紐西蘭人說是在奧克蘭發明的)出現了一種介於卡布奇諾和拿鐵之間的新咖啡「Flat White」(可稱為白咖啡或鮮奶濃縮咖啡)，白咖啡的奶泡比卡布奇諾細緻，咖啡比重比拿鐵高，是受澳洲人喜愛的咖啡選擇，造訪莎莉山咖啡廳一定要點杯Flat White！

Single Origin Roaster功力深厚的咖啡師

本店人氣香蕉蛋糕

🌿 5小時精緻萃取的冰釀咖啡

Reuben Hills

- ✉ 61 Albion St., Surry Hills
- ☎ 9211-5556
- 🄲 週一～六07:00～16:00，週日07:30～16:00
- 💲 咖啡AU$4.5～6.5，Cold Brew、Filter Coffee AU$5.5
- ➡ Central火車站出Elizabeth St.左轉，再右轉Albion St.，步行約3分鐘，在右手邊
- http www.reubenhills.com.au
- MAP P.183

每逢週末總是一位難求

↖功力純熟的精美拉花

兼營咖啡烘焙的咖啡廳，從世界各地——尤其是中南美洲的咖啡農場——採購單一產地、高質量的咖啡豆進行烘焙，咖啡廳的服務宗旨是為客人提供終極的咖啡體驗，經過5個小時萃取的冰釀咖啡口感香濃渾厚，自然重現深焙咖啡豆原味，值得一嘗。常於週六10:00舉辦限定名額的咖啡品嘗活動，讓咖啡愛好者試喝新採購、不同手法烘焙、沖泡的咖啡，積極聽取意見以求精進，這是Reuben Hills在眾多咖啡廳中表現突出的原因之一。

🌿 莊園主人的專業虹吸式咖啡

The Reformatory Caffeine Lab

- ✉ Shop 7B, 17-51 Foveaux St., Surry Hills
- ☎ 0422-011-565
- 🄲 週一～五06:30～16:00，週六08:00～14:00；週日公休
- 💲 冷滴Cold Drip AU$7，虹吸咖啡(2人份)AU$15
- ➡ Central火車站出Elizabeth St.右轉，再左轉Foveaus St.，步行約2分鐘在右手邊
- http www.facebook.com/thereformatory
- MAP P.183

特色試管冰滴咖啡(Signature Cold Drip)AU$7

裝潢風格是邪惡博士的咖啡因實驗室，水泥地板搭配黑色的牆面，牆面上是反派的動漫人物，咖啡廳內沒有座位，只有牆上突出的幾個平臺讓客人站著喝咖啡，來這裡點茶或果汁可是會讓咖啡師翻白眼；老闆Simon Jaramillo是南美哥倫比亞咖啡莊園的第四代，除了如其他龍頭咖啡廳從農場直接採購之外，更進一步地從咖啡種植開始控管品質。2人份的虹吸咖啡完全考驗咖啡師的專業程度，過度萃取或水溫過高都會壞了整壺咖啡，點一壺來試試邪惡博士的咖啡功力如何吧！

帕丁頓
Paddington

➡️ 從達令赫斯特沿著Oxford St. 穿過Boundary St後即屬於帕丁頓。自環形碼頭公車E候車亭搭乘333、380號公車，公車沿著海德公園西側的Elizabeth St.左轉進入Oxford St.約15分鐘車程，在Oxford St. near Glenmore Rd.下車，即是帕丁頓

帕丁頓(Paddington)，當地人簡稱Paddo，牛津街東段和威廉街(William St.)上精品服飾店和自創品牌小店林立，帶領著澳洲時裝設計界的風潮，是感受雪梨時尚品味的最佳去處；巷內住宅區擁有雪梨保存最完整的鑄鐵鑲邊維多利亞式排屋，在帕丁頓小區漫步，行為舉止也不自覺地優雅了起來。

優美細膩的鑄鐵鑲邊圍欄裝飾

帕丁頓地圖

帕丁頓時尚滙
The Intersection
Paddington
Australian
Fashion Precinct

Macdonald St.
Brown St.
Heeley St.
Goodhope St.
Glenmore Rd.
Comber St.
Ormond St.
Heeley St.
Cascade St.
Hargrave St.

5街
5 ways

Tuk Tuk St. Bar

Alimentari

Oxford. St.

維多利亞軍營
威廉街
William Street

Elizabeth St.
Paddington St.

帕丁頓儲水庭園
Paddington
Reservoir Gardens

恐龍設計
Dinosaur Designs

Opus

Ampersand Café
& Bookstore

Moore Park Rd.

帕丁頓市集
Paddington Markets

安聯球場
Allianz Stadium

雪梨板球場
Sydney Cricket Ground

百年公園
Centennial Park

熱門景點

城市裡的地下花園
帕丁頓儲水庭園
Paddington Reservoir Gardens

✉ 251-255 Oxford St., Paddington
➡ 在Oxford St. near Ormond St.下車後，在街道對面
MAP P.194

1866～1899年間，為因應人口增加而設置的地下儲水設施，廢置後曾用作車庫和加油站使用；2006年，運用原始紅磚拱牆的造景設計將地下儲水槽改建為花園，下沉的花園看不到牛津街來往的車與人，別具一格，2009年獲得全國都會設計獎，且被列入州立古蹟。

造型特殊的下沉花園

潮流時尚匯集地
帕丁頓時尚滙
The Intersection Paddington Australian Fashion Precinct

✉ Intersection of Oxford St. and Glenmore Rd., Paddington
🕐 週一～三、五～六10:00～17:00，週四10:00～20:00，週日11:00～16:00(各商店營業時間略有差異)
➡ 在Oxford St. near Glenmore Rd.下車後即見
http www.theintersectionpaddington.com.au
MAP P.194

帕丁頓時尚滙位於牛津街和Glemore路交叉口，頂級的澳洲當地時裝品牌門市聚集在這一

帶，包括Acne、LEE MATHEWS、Jac+Jack、Camilla & Marc、Sass & Bide、Ksubi、WILLOW、SCANLAN&THEODORE、ZIMMERMANN等等，來時尚滙的大多是站在時尚尖端的貴婦或名人，雪梨一般市井小民不會特地來這裡購物，至於口袋不夠深的遊客，來這裡逛逛櫥窗、觀賞來往人潮的穿著打扮也有一番樂趣。

鑲著金屬牌的風格大道(Walk of Style)，用來表揚對澳洲時裝界有重大貢獻的品牌／設計師

欣賞美麗建築與精品衣飾小物

威廉街
William Street

- ✉ William St., Paddington
- 🕐 週一～三、五～六10:00～17:00，週四 10:00～20:00，週日11:00～16:00(各商店營業時間略有差異)
- ➡ 在Oxford St. near Ormond St.下車後，沿著 Oxford St.步行3分鐘左轉William St.即見
- http www.williamstreetpaddington.com.au
- MAP P.194

威廉街路牌

從牛津街左轉威廉街，進入帕丁頓別具一格的小型精品商店街，沿街兩排維多利亞式排屋住宅改裝為一間間服飾店、首飾店、藝廊、餐廳、手工製鞋店，店面小而美，有別於百貨公司賣場的購物體驗；街尾的 Di Nuovo服飾店和隔壁販售鞋子和配件的Pelle，皆是專營設計師品牌高檔二手商店。

商店外觀復古典雅

←威廉街4號的Just William Chocolates 販售的鴨嘴獸、無尾熊、針鼴造型巧克力，像不像？

逛 街 購 物

世界嚴選的設計商品
OPUS

- ✉ 354 Oxford St., Paddington
- 📞 9360-4803
- 🕐 週一～三、五～六09:00～18:00，週四 09:00～19:30，週日11:00～17:00
- ➡ 在Oxford St. near Ormond St.下車後，沿著 Oxford St.步行4分鐘，在左手邊
- http www.opusdesign.com.au
- MAP P.194

1968年在帕丁頓成立的OPUS是澳洲最具聲望的禮品／家居用品店，OPUS團隊以獨到的眼光從世界各地嚴選出值得陳列的商品，2層挑高的明亮展示空間布滿新奇、富有樂趣和設計感的物件，讓人愛不釋手。

OPUS的店面選用綠色貼磚來布置

明亮的空間展示著各國設計小品

從5街出發，悠閒探訪帕丁頓住宅區

帕丁頓5街 (5 Ways) 位於帕丁頓心臟地帶，因 Glenmore Rd.、Heeley St.、Broughton St.、Gurner St. 和 Goodhope St. 5條街道相交於一小圓環口而得名，5街圓環口附近多家咖啡廳和餐廳是週末早午餐聚會的首選，因為距離牛津街有一段距離，客人多以帕丁頓當地居民為主；以5街為出發點，周圍街道皆為保存完整的維多利亞排屋住宅，優雅的鐵柱雕花極具建築特色，陽光穿過樹蔭灑在靜謐的復古建築上，當地居民習以為常的住宅區，是我心目中的雪梨最道地的景點之一。

在5街喝咖啡、漫步，體驗帕丁頓居民的生活美學

澳洲當代設計代表品牌
恐龍設計
Dinosaur Designs

- ✉ 339 Oxford St., Paddington
- ☎ 9361-3776
- ⏱ 週一～六09:30～17:30，週日11:00～16:00
- ➡ 在Oxford St. near Ormond St.下車後，過馬路後沿著Oxford St.步行3分鐘，在右手邊
- http www.dinosaurdesigns.com.au
- MAP P.194

恐龍設計簡單大方的店面

3名藝術學院畢業生Louise Olsen、Stephen Ormandy和Liane Rossler 3人於1985年創辦的恐龍設計，創業前幾年在帕丁頓市集擺攤銷售手工飾品，發展到今已是澳洲當代設計的代表品牌，作品混合設計、藝術、工藝概念，創作獨特卻不失實用性，以其現代、大膽、手工製作的設計風靡紐約、倫敦、東京等全球大城市。

帶有自然風的手環很受帕丁頓貴婦喜愛

特色餐飲

在地人才知道的義大利美食
Alimentari

✉ 2 Hopetoun St., Paddington 📞 9358-2142
🕐 週一～五07:00～17:00，週六07:30～16:00
💲 三明治(Panini)AU$8～15，咖啡AU$4，小點心AU$4～7
➡ 在Oxford St. near Ormond St.下車，沿著 Oxford St.步行3分鐘左轉入William St.，在 William St.街尾
🗺 P.194

位於威廉街尾的Alimentari是帕丁頓居民不想讓遊客知道的祕密，當地居民遛狗、騎腳踏車、推嬰兒車路過時一定會停留的小店，供應高品質義大利熟食和咖啡，各種義大利麵、起司、Salami臘腸、火腿、麵包、沙拉、三明治和義式小點心，大推西西里傳統甜點迷你瑞可塔起司卷(Mini Ricotta Cannoli)。

健康輕食好選擇
Tuk Tuk St. Bar

✉ 229 Glenmore Rd., 5 Ways, Paddington
📞 9361-3573
🕐 週一～日07:00～17:00
💲 果汁AU$6.9，早餐AU$9.5～17.9
➡ 在Oxford St. near Ormond St.下車後，左轉 Ormond St.走到街尾右轉Glenmore Rd.，轉入5街圓環右手邊第一條Heeley St.，在右邊
🌐 www.facebook.com/tuktukstreetbar
🗺 P.194

Tuk Tuk有號稱帕丁頓最好的咖啡

位於優雅的帕丁頓5街，使用車庫多餘空間搭建的半露天咖啡吧，親切服務和具健康概念的早餐符合帕丁頓居民的注重身材的需求，週末上午上完瑜珈課後，現打新鮮果汁、高纖燕麥早餐是最佳的輕食選擇。

優格、野莓、燕麥片、烤無花果、草莓、蘋果絲層層疊起的早餐杯 Breakfast Trifle AU$13.9

Inner East Suburbs

書與咖啡的完美結合

Ampersand Café & Bookstore

- ✉ 78 Oxford St., Paddington
- ☎ 9380-6617
- ⏰ 週一～六07:30～17:30，週日09:00～17:00
- 💲 簡餐AU$14～19，咖啡飲料AU$3.5～8
- ➡ 在Oxford St. near Glenmore Rd.下車後，沿 Oxford St.往回步行1分鐘，在右手邊
- 🌐 www.facebook.com/ AmpersandCafeBookstore
- 🗺 P.194

書店和咖啡廳很常見，但是像 Ampersand將兩者結合得如此渾然天成的絕不多見，3層樓的建築內每一個角落、每一面牆都是滿滿的二手書，咖啡廳的座位散布在被書本包圍的每個房間裡，店家完全不擔心書本被弄髒或是客人位子占太久，來喝咖啡、用餐的客人桌上隨手從書牆上抽出感興趣的書本，一邊用餐一邊閱讀，書香和咖啡香和諧地融合在一起，Ampersand是愛書人的天堂。

1.看書配咖啡的好地點　2.戶外用餐空間牆上也繪有書牆　3.店旁巷子饒富興味的壁畫　4.在 Ampersand喝咖啡不聊天、不滑手機

雪梨 *Sydney*
周邊遊覽

雪梨周邊的景點往西有藍山國家公園(Blue Mountains)、捷諾蘭洞穴(Jenolan Caves)、首都坎培拉(Canberra)，往北有托布魯克牧場(Tobruk Sheep Station)、獵人谷(Hunter Valley)、史蒂芬港(Port Stepens)，往南可到臥龍崗(Wollongon)高空跳傘，這些景點中只有藍山國家公園適合乘坐大眾運輸工具前往，其他行程大眾交通大多沒有到達，需用更高的費用自行搭車前往，可說是一出雪梨，沒有車就跟沒有腳一樣；租車自駕行程彈性大且預算較低，但前提是要有位對右駕有信心的駕駛，而跟團行程沒有彈性，但可在最短時間內參觀最多景點，除了價錢以外，什麼都不用煩惱。建議依自己的習慣與需求選擇最合適的旅遊方式。

雪梨周邊相對位置圖

獵人谷 Hunter Valley
史蒂芬港 Port Stephens
托布魯克牧場 Tobruk Sheep Station
藍山國家公園 Blue Mountains
雪梨 Sydney
臥龍岡 Wollongong
大美麗諾羊 The Big Merino
高本 Goulburn
小人國 Cockington Green Gardens
坎培拉 Canberra
佛雷堡 Thredbo

景點距離表		
起迄地	距離(公里)	單程行車時間
雪梨←→藍山國家公園	118	1小時40分鐘
雪梨←→臥龍岡	82	1小時30分鐘
雪梨←→高本	197	2小時20分鐘
雪梨←→坎培拉	283	3小時15分鐘
雪梨←→獵人谷	163	2小時
雪梨←→史蒂芬港	207	2小時25分鐘
雪梨←→佛雷堡	496	5小時30分鐘
獵人谷←→史蒂芬港	98	1小時15分鐘
坎培拉←→佛雷堡	213	2小時35分鐘

周邊旅遊及交通指南

地點	交通方式	說明
獵人谷 P.202	自駕 / 團體行程	酒莊大多免費品酒,如果有自願不喝酒的駕駛,多人分攤租車相關費用較划算,亦可選擇想去的酒莊;而團體行程團進團出,品酒較沒壓力
藍山國家公園 P.210	大眾運輸 / 自駕 / 團體行程	團體行程一天之內參觀費德戴爾動物園(Featherdale Wildlife Park)、三姊妹(Three Sisters)、景觀世界(Scenic World)和捷諾蘭洞穴,行程緊湊;自駕或搭乘大眾運輸者建議在藍山國家公園過夜,隔天可在藍山健行或參加卡頓巴(Katoomba)出發的捷諾蘭洞穴一日遊
傑諾蘭洞穴 P.215	團體行程	往傑諾蘭洞穴道路不好行駛,上、下午各有單向通車管制,建議參加雪梨出發或是卡頓巴出發的團體行程
坎培拉 P.218	大眾運輸 / 自駕 / 團體行程	自由行可搭乘巴士到坎培拉,在當地轉搭公車、租腳踏車或租車,多人同行則建議租車自駕;若不打算在坎培拉過夜則建議參加雪梨出發的一日遊行程較划算
托布魯克牧場 P.228	自駕 / 團體行程	大眾運輸無法到達,團體行程價位有點高,建議直接跟農場預訂行程後再自駕前往最划算
史蒂芬港 P.229	自駕 / 團體行程	團體行程多會安排在爬蟲公園(Reptile Park)停留(額外收費AU$22～24),可和無尾熊和袋鼠拍照,如已安排去費德戴爾動物園則不建議參觀,不參觀需在門外等候,有點浪費時間。單程車程約3小時,當日來回行車時間偏長,建議在史蒂芬港過夜
臥龍崗(高空跳傘) P.229	團體行程	業者提供市區到小機場的免費接駁,訂高空跳傘行程時可直接確認接駁車時間及發車地點

獵人谷
Hunter Valley

概況
導覽

1820年，歐洲移民在雪梨北方160公里處的獵人谷種下第一株葡萄藤，引進歐洲釀酒技術後，澳洲最古老的葡萄酒產區自此誕生，發展至今有150多家酒莊，多採家族式經營、走少量精緻路線，全區產量不到澳洲葡萄酒總產量的2%。獵人谷最具代表性的酒款為賽美蓉(Semillon)白酒和西拉子(Shiraz)紅酒，具有獵人谷獨一無二的釀造風味；近年來霞多麗(Chardonnay)和華帝露(Verdelho)白酒品種漸受重視，在獵人谷葡萄酒也占有一席之地。

自雪梨出發約2小時車程，即可到達酒莊最集中的區域波高爾賓(Pokolbin)，參加1日團體行程或是三五好友租車自駕暢遊獵人谷，都是很不錯的選擇。

門市部可以輕鬆地品酒

Tulloch酒莊的酒標是2個工人扛著一串大葡萄

Café Enzo & Pukara
Estate & David Hook

Broke Rd.

McDonalds Rd.

德保利酒莊
DE BORTOLI

Wine Country Drive

獵人谷花園
Hunter Valley
Gardens

Ekerts Rd.

Hunter Valley
Cheese

Broke Rd.

彼得森之家酒莊
Peterson
House

瑞酒莊
rrell's
neyard

Thompsons Rd.

胡椒樹酒莊
Pepper
Tree

Halls Rd.

Hunter Valley
Chocolate

獵人谷
遊客中心
Hunter Valley
Visitor Centre

Wine Country Drive

往雪梨

塔洛克酒莊
Tulloch

McDonalds Rd.

De Beyers Rd.

奧黛麗威爾
金森酒莊
Audrey
Wilkinson

De Beyers Rd.

周邊旅遊攻略

獵人谷品酒行前須知

1. 酒莊門市在12/25聖誕節、12/26 Boxing Day、1/1新年多未營業，到獵人谷記得避開這些假日

2. 澳洲合法飲酒年齡為18歲，娃娃臉的朋友要攜帶年齡證明文件

3. 到酒莊品酒最忌扭扭捏捏，或貿然走入拍照卻不搭理酒莊人員，自然大方才是上策；絕大多數到酒莊品酒的遊客都不是葡萄酒專家，就抱著去農會展場試吃的輕鬆態度勇闖酒莊吧

4. 若仍是不習慣的遊客建議參加品酒團體行程；即使英文不好也沒關係，走近吧檯跟酒莊人員打招呼後主動說「I'd like to do a tasting, please.」，簡單幾句英語就可基本應對

5. 吧檯上會擺有酒單，品酒順序原則上是白到紅、乾到甜，指著酒單說「I'd like to try this one.」，酒莊人員即會為你準備品酒

6. 若要參觀多家酒莊，除非酒量很好，不合口味的酒淺嘗即可倒入一旁的桶子，無需飲盡所有試喝的酒

早期手工壓榨葡萄的木桶

獵人谷許多酒莊都有自己的葡萄園

203

19世紀至今的高品質酒莊
天瑞酒莊
Tyrrell's Vineyard

✉ 1838 Broke Rd., Pokolbin
☎ 1800-045-501
🕐 週一～六09:00～17:00，週日10:00～16:00；
　 每日10:30有導覽
💲 導覽(含品酒)AU$5
🌐 www.tyrrells.com.au　　MAP P.203

Tyrrell家族1858年開創的酒莊，釀酒事業已在家族內傳承5代，秉持著「釀製人人可享用的優質葡萄酒」的創業精神，歷年來在各葡萄酒評比中獲得超過5,000多個獎項。每日10:30有導覽，至門市登記繳費後，在導覽員的帶領下了解Tyrrell家族歷史、參觀葡萄園、釀酒設備、

瓶身上貼買金牌標章的Vat 1 Semillon
以及精選Vat 9 Shiraz

樸實的Tyrrell酒莊門市

酒窖，最後在門市吧檯品酒。Tyrrell酒莊門市是獵人谷酒莊協會2015年評比中的地區最佳門市(Cellar Door of the Year)；葡萄酒方面以The Vat系列的Vat 1 Semillon最出名，2月初提早採收的賽美蓉白葡萄經過榨汁、幾個月發酵後直接裝瓶，裝瓶後在控制溫濕度的酒窖裡靜靜地沉靜7、8年才上市銷售，是值得帶回家耐心多年收藏的逸品，如果是要馬上開瓶享用，則建議選擇The Lost Block系列酒品。

知 識 充 電 站

種植玫瑰可預警病蟲害
葡萄園的邊緣種上一叢玫瑰花可不是只因為美觀，玫瑰花和葡萄易患同樣的病蟲害，可藉由觀察玫瑰花的健康狀況達到葡萄園病蟲害防治的預警效果。

導覽員介紹葡萄園，說明釀酒就如烹飪一般，要煮出好菜就要有好食材

Hunter Valley

獵人谷景致最佳的酒莊

奧黛麗威爾金森酒莊
Audrey Wilkinson Winery

- ✉ Debeyers Rd., Pokolbin
- ☎ 4998-1866
- ⏰ 每日10:00～17:00
- 🌐 www.audreywilkinson.com.au
- MAP P.203

Wilkinson家族的兩兄弟在法國和德國學習釀酒後，1866年開始在獵人谷開墾葡萄園及釀酒，19世紀末酒莊就引進開放式水泥發酵槽、蒸氣動力的除梗機和輾壓機等釀酒新技術，20世紀初期Wilkinson家族釀造的葡萄酒即出口到倫敦。酒莊內有一小展示

製作釀酒木桶的工具

區，展示家族歷史及早期的釀酒設備和工具；酒莊位於視野極佳的斷背山丘(Brokenback Mountain Ranges)上，是獵人谷景致最好的葡萄酒莊，沿著山丘種植的葡萄園有20公頃，海拔從180到260公尺，面北的山丘讓葡萄園得到充分日照與優良排水，是適合葡萄生長的環境。

至酒莊門市品嘗限定酒品　酒莊門市部的淡藍色屋頂與天空融為一體

知識充電站

獵人谷的經典酒款——賽美蓉&西拉子

賽美蓉(Semillon)是皮薄的白葡萄品種，為避免秋天密集雨水造成葡萄果實感染黴菌，多數莊園會在初秋果實尚未完全成熟前採收，未完全成熟的葡萄甜度較低，釀造出的葡萄酒酒精濃度也較低，約10～11%，經過數年的熟成後，清新柑橘風味及淡薄的口感漸轉醇熟，呈現金黃色調，散發迷人的乾果、香料、蜂蜜香氣，優雅細膩，著名酒評家Jancis Robinson曾說：獵人谷的賽美蓉是上天賜給葡萄酒界的美好禮物。高檔的賽美蓉值得15年以上的耐心等候。

西拉子(Shiraz)紅酒一向是澳洲葡萄酒主力，為澳洲種植面積最廣的葡萄品種，不同於西澳、南澳西拉子的強勁，獵人谷西拉子紅酒屬於中度酒體，富含梅果味和特殊的泥土芬芳。

經典西拉子紅酒不容錯過

塔洛克酒莊
Tulloch

✉ Corner of McDonalds & De Beyers Rd., Pokolbin
☎ 4998-7580　　🕐 每日10:00〜17:00
http www.tullochwines.com　　MAP P.203

　　塔洛克具現代感的門市建築背後有著120多年的釀酒歷史，1895年，蘇格蘭移民後裔John Younie Tulloch的債務人用獵人谷地區43畝的土地抵債，包括5畝荒廢

親切的服務人員驕傲地祭出各年分的西拉子紅酒邀您品嘗

許久的西拉子葡萄園，意外地開始了塔洛克家族在獵人谷的酒莊事業，現在的酒莊主人是家族第四代的Christina Tulloch。門外擺著一瓶1952年的Pokolbin Dry Red label紅酒，這是 Tulloch很受歡迎的酒品，是獵人谷西拉子紅酒中的經典；Cellar Door Release系列是在酒莊門市限定的酒品，而華帝露(Verdelho)是葡萄牙原生的葡萄品種，延後採收的華帝露(Late picked Verdelho)，有清新果香、甜而不膩，很受女性喜愛。

單一葡萄園產釀的金牌酒款

胡椒樹酒莊
Pepper Tree

✉ 86 Halls Rd., Pokolbin
☎ 4909-7100
🕐 週一〜五09:00〜17:00，週末09:30〜17:00；咖啡販售至15:30
💲 咖啡AU$4〜6
http www.peppertreewines.com.au
MAP P.203

　　和其他百年酒莊相較，創立於1991年的Pepper Tree屬於年輕的一輩，小而美的酒莊門市提供遊客獨特而輕鬆的品酒體驗，2010〜2015年列入James Halliday澳洲酒莊評鑑中的5星級酒莊，Alluvius Single Vineyard Hunter Valley Semillon、Venus Block Single Vineyard Orance Chardonnay、14 Shores Single Vineyard Wratoonbully Merlot、Coquun Single Vineyard Hunter Valley Shiraz等單一葡萄園系列(Single Vineyard)，是依據各區葡萄園採收的葡萄特性釀製的葡萄酒，也是獲獎的金牌酒款；此外門市還有販售現場烘焙的咖啡，品酒之餘來杯熱咖啡也是不錯的選擇。

酒莊門市的木頭裝潢給人樸實不做作的感覺

↗Peterson House冰涼的氣泡酒很適合夏日派對

獵人谷唯一的氣泡葡萄酒莊
彼得森之家酒莊
Peterson House

✉ Cnr Broke Rd. & Wine Country Drive, Pokolbin
📞 4044-0879　　🕐 每日09:00～17:00
💲 氣泡早餐(Signature Bubbly Breakfast) AU$28(包含一杯氣泡酒)
🌐 www.petersonhouse.com.au　　MAP P.203

　　氣泡酒的愛好者絕對不能錯過獵人谷唯一一家專門生產氣泡葡萄酒的酒莊，從平易近人的Blush酒款到較高檔的Museum系列都在門市品酒單上。創辦人Ian

　　Peterson為了慶祝第一個孫女的誕生，想要買一批專屬於她的氣泡酒，卻在新南威爾斯州找不到可以小量生產氣泡酒的酒莊，因此契機開始自己釀製氣泡酒，用法國香檳地區傳統的Methodé方式，讓氣泡酒裝瓶後在瓶內2次發酵。粉紅色系的門市以及主打廣告語：「日子沒有泡泡就太平淡了」看得出以女性為酒莊的主要顧客群，附屬的餐廳Cuvee是獵人谷早午餐的熱門地點，搭配氣泡酒的早餐在獵人谷一點都不稀奇。

澳洲甜酒龍頭
德保利酒莊
DE BORTOLI

✉ 532 Wine Country Drive, Polkobin
📞 4993-8800　　🕐 每日10:00～17:00
💲 甜酒品嘗體驗(Sticky Experience) AU$8
🌐 www.debortoli.com.au　　MAP P.203

　　1928年，由北義大利的De Bortoli移民家族創立的DE BORTOLI酒

甜酒排排站等你來品嘗

莊是澳洲第六大葡萄酒公司，最出名的酒品是1982年研製的貴族一號「貴腐甜白酒(Noble One)」，利用貴腐菌(Botrytis Cinerea)的黴菌孢子於適當的溫濕度環境下在賽美蓉葡萄上繁殖，這種黴菌會吸取葡萄的水分，讓葡萄的糖分和味道更濃郁、有層次；貴族一號100%使用人工採收，並在法國橡木桶裡熟成12個月以上才裝瓶上市，色澤呈深金黃，富有杏仁、蜂蜜及柑橘香氣，口感圓潤，30多年來已在國際上得到400多個金牌，是澳洲產甜酒的龍頭。喜歡甜酒的話，推薦酒莊門市的甜酒品嘗體驗(Sticky Experience)，可以品嘗包括貴族一號在內的6種點心酒。

參觀愛麗絲仙境主題花園

獵人谷花園
Hunter Valley Gardens

✉ 2390 Broke Rd., Pokolbin
☎ 4998-4000　　🕐 每日09:00～17:00
💲 成人AU$28，兒童(4～15歲)AU$17，家庭(2大人+1小孩)AU$63；園內小火車成人AU$7，兒童(4～15歲)AU$5，家庭(2大人+2小孩)AU$20
🌐 www.huntervalleygardens.com.au
🗺 P.203

獵人谷花園占地25公頃，包括10多種不同的主題園區，包括玫瑰庭園、日式庭園、英式庭園、中式庭園、義式庭院及以愛麗絲夢遊仙境為主題的童話書花園，10、11月園內玫瑰花盛開以及11～1月聖誕燈夜間展示(另行購票)是遊客參觀的旺季，許多獵人谷一日遊行程都有包含此景點。花園外圍有獵人谷村莊(Hunter Valley Village)，由幾間小巧的商店聚集，有咖啡廳、書店、英式糖果店、聖誕節專門店、雜貨店、調味酒商店等，參觀完花園可順道一遊。

花園中對稱協調的歐式庭園
(圖片提供／Tourism Australia)

逛街購物

🌵 多種起士拼盤的美味體驗

Hunter Valley Cheese Co.

✉ 447 McDonalds Rd., Pokolbin
☎ 4998-7744　　🕐 每日09:00～17:30
💲 1人份的起司拼盤AU$6.95，起士拼盤3種AU$24、4種AU$30
🌐 www.huntervalleycheese.com.au　🗺 P.203

1995年成立的獵人谷起司工廠採用附近酪農出產的新鮮牛羊乳製作各種類起司，沒有提供試吃，可以買1人份的起司拼盤分享，或是點多種起司拼盤(含麵包、沾醬、餅乾)在起司工廠門市部外的野餐區享用簡易午餐。每天11:00及15:00有免費的起司製作導覽，不需預定。

←Fromage Blanc
法式新鮮白奶酪

↓一層白黴裏在灑上葡萄藤灰的起司外層，口味溫和柔軟

各式在地起士現買現吃

巧克力與果乾的絕妙滋味
Hunter Valley Chocolate

- 📧 2320 Broke Rd., Pokolbin
- 📞 4930-7388
- 🕐 每日09:30～17:00
- 💲 Chill Bark辣椒巧克力片100g AU$6.9
- http www.hvchocolate.com.au
- MAP P.203

　　獵人谷巧克力工廠使用上等比利時巧克力搭配澳洲乾燥果乾，以純水果精油調味，口味搭配樸實但真材實料，空間寬敞的賣場有上百種產品供遊客選購，並可透過玻璃窗觀賞巧克力及法奇乳脂軟糖(Fudge)的製作過程。

寬敞明亮的巧克力賣場

玻璃窗內是巧克力工廠的生產廚房

特色餐飲

咖啡、餐點、品酒一次滿足
Café Enzo & Pukara Estate & David Hook

- 📧 Corner of Broke and Ekerts Rd., Pokolbin
- 📞 4998-7233
- 🕐 每日09:00～17:00
- 💲 主餐AU$25～40
- http www.pepperscreek.com.au/index.php?page=cafe-enzo
- MAP P.203

　　來Café Enzo喝咖啡或用餐可不能趕行程，天氣好時悠哉地坐在庭園中，讓人不禁瞇著眼睛享受起溫暖陽光帶來的幸福感。餐廳前院右方是Pukara Estate門市，位於上獵人谷的橄欖園有2萬多棵成熟橄欖樹，門市提供各式橄欖油及紅酒醋試吃；餐廳前院左方則是David Hook，小批量產的酒莊門市，酒窖熟成多年的獵人谷西拉子(Aged Release Shiraz)值得品嘗。同一地點可以喝咖啡、用餐、試吃橄欖油和品酒，一舉多得。

↗品酒之餘的輕食午餐

Café Enzo讓人彷彿置身法國托斯卡尼鄉間

用牙籤串起小麵包塊沾橄欖油試吃

209

藍山國家公園
The Blue Mountains

◆ 概況
導覽

藍山國家公園距離雪梨市區100多公里,進入國家公園範圍後地貌景觀慢慢變化,廣袤的尤加利森林讓人把城市的喧嘩拋在身後,森林釋放出的精油粒子懸浮在空氣中,在日光下折射出藍色的氣蘊,遠近山巒染上漸層藍色,故得名藍山;藍山中,三疊紀塊狀砂岩積累而成的陡峭岩壁環繞著傑米遜山谷(Jamison Valley),奇特的三姊妹石(Three sisiters)矗立其中,2000年被聯合國教科文組織列為世界文化遺產。藍山旅遊多以卡頓巴小鎮(Katoomba)為中心,從中央火車站搭乘藍山線火車西行(可用澳寶卡),車程約2小時10分鐘,於卡頓巴鎮可轉乘當地686公車或是定點巡迴的觀光巴士前往各景點。

卡頓巴煤礦遺跡

景觀世界步道旁的針鼴雕像

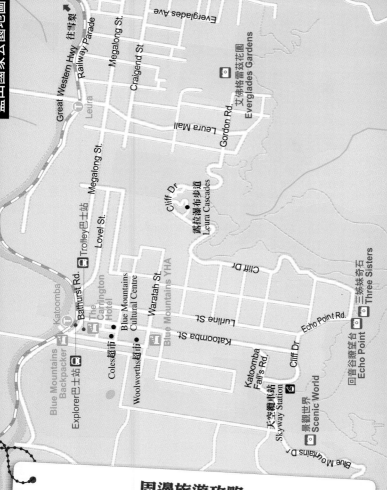

周邊旅遊攻略

藍山國家公園交通解析

1. 早上從中央火車站(Central Station)前往卡頓巴的建議班次為：07:20、08:15(週一～五加開06:20、06:50班次)，從車站4~15月台出發(實際出發月台見車站看板)；回程約1小時1班，末班車為22:22

2. 用澳寶卡(P.244)搭乘686公車可前往回音谷(Echo Point)和景觀世界(Scenic World)，費用較觀光巴士便宜。出火車站後沿著卡頓巴街(Katoomba St.)直走，公車站在馬路的右手邊(The Carrington Hotel 外面)

3. 686公車發車時間為09:30～16:45，每30分鐘一班；景觀世界回卡頓巴的末班車發車時間為17:05，回音谷發車時間為17:10

4. 686公車路線：The Carrington Hotel→回音谷→景觀世界→回音谷→The Carrington Hotel

5. 定點巡迴觀光巴士資訊詳見P.213

在溫帶雨林中體驗自然奇景
景觀世界
Scenic World

✉ Corner of Violet St. & Cliff drive, Katoomba
☎ 4780-0200　🕐 每日09:00～17:00
💲 成人AU$35，兒童(4～13歲)AU$18，家庭(2
大人+5小孩)AU$88；當日可無限次搭乘叢林
礦車、高空纜車、叢林纜車
➡ 搭乘686公車、觀光巴士即可抵達
🌐 www.scenicworld.com.au　🗺 P.211

　　1879年卡頓巴煤場在山谷邊緣開採煤礦，載運煤礦的礦車如今更新為載著無數遊客上下山谷的叢林礦車(Railway)，號稱為世界上最陡斜的鐵道車，沿著52度斜坡從山谷狹縫間、俯衝進入綠意盎然的溫帶雨林，叢林礦車底站銜接雨林棧道(Walkway)，棧道兩旁樹齡等雨林植物茂盛，還有早期礦坑洞口和採礦工具的展示解說，總長2.4公里，有10分鐘至50分鐘不等的路徑可供選擇，漫步在芬多精雨林中，深呼吸享受免費負離子，超紓壓！走到叢林纜車(Cableway)底站後，搭乘纜車回到峽谷頂端的景觀世界入口，再轉搭連接峽谷兩側的高空纜車(Skyway)懸空俯瞰可卡頓巴瀑布(Katoomba Fall)及三姊妹奇峰(Three Sisters)。

1.橫越天際的高空纜車(圖片提供／Scenic World)　**2.**舊煤礦坑遺址，1878年～1939年該處共有40多處煤礦坑，採礦隧道總長度近100公里，今日遊客乘坐的叢林礦車原為運送煤礦的礦車　**3.**穿出山谷狹縫的叢林礦車(圖片提供／Scenic World)

The Blue Mountains

遠眺奇岩與藍山的壯闊景致

回音谷瞭望台與三姊妹奇石
Echo Point n Three Sisters

📧 Echo Point Rd., Katoomba
📞 1300-653-408(遊客中心)
🕐 每日09:00～17:00(遊客中心)
➡️ 搭乘686公車、觀光巴士即可抵達；或從卡頓巴火車站步行約30分鐘
🌐 www.bluemountainscitytourism.com.au
🗺️ P.211

　　回音谷瞭望台為傑米遜山谷(Jamison Valley)邊緣的一塊平地，三姊妹奇石佇立在瞭望台旁，高度分別為922、918、906公尺，一整片的尤加利森林如海浪一般，隨著山谷地形高低起伏，早晨太陽升起後霧氣漸漸散去，淡微的藍色從山谷中渲染開來；黃昏時，落日將山谷邊緣的岩壁及三姊妹奇石染上一片金黃，隨著時間、氣候、季節的變化，傑米遜山谷展現不同的面貌。

↑遊客中心及公廁之間有一條步道可穿過蜜月橋(Honeymoon bridge)，通往三姊妹中最高的大姊岩，來回僅需30分鐘
←瞭望台是和三姊妹合影的最佳地點

旅行小抄

定點巡迴觀光巴士資訊

Explorer bus
📧 283 Main St. Katoomba　　📞 1300-300-915
💲 全票AU$40(YHA AU$35)，兒童(未滿18歲)AU$20，家庭(2大人+2小孩AU$100)；Explorer Bus+景觀世界套票：全票AU$75，兒童AU$38
➡️ 在卡頓火車站外　　🌐 www.explorerbus.com.au
ℹ️ 7日內可無限次數搭乘觀光巴士；4歲以上、未滿18歲為兒童
🗺️ P.211

Trolley bus
📧 76 Main St. Katoomba　　📞 4782-7999
💲 全票AU$25(YHA AU$20)，兒童AU$15；Trolley Tour+景觀世界套票：全票AU$60(YHA$55)，兒童AU$32
➡️ 卡頓巴火車站的馬路對面　　🌐 www.trolleytours.com.au
ℹ️ 4歲以上、未滿18歲為兒童
🗺️ P.211

三姊妹奇石的傳說

夢時代傳說之一

藍山地區的卡頓巴部落裡有3位美貌的姊妹，咪妮(Meehni)、溫拉(Wimlah)和干妮度(Gunnedoo)，三姊妹偏偏愛上敵對部落的三兄弟(這情節比羅密歐與茱麗葉還刺激3倍!)，兩部落為此互相責怪並引爆了戰爭，三兄弟企圖用武力搶奪三姊妹，卡頓巴部落的巫師為了保護她們的安全，施法將三姊妹變成石頭，本來打算戰後再將她們變回人形，沒想到巫師卻在戰亂中死亡，石頭三姊妹故至今仍佇立回音谷裡無法回復。

夢時代傳說之二

三姊妹的父親是巫醫Tyawan，Tyawan日常狩獵的路徑中要穿過一個危險的洞穴，洞穴裡住著邪靈Bunyip。一天Tyawan在外打獵的時候，咪妮拿石頭丟蜈蚣，沒想到石頭滾到洞穴裡惹毛Bunyip，生氣的Bunyip即將攻擊三姊妹之際，Tyawan急中生智將3個女兒變成石頭，為了要躲避Bunyip而將自己化身為琴鳥(Lyrebird)，沒想到卻在飛行中弄丟了魔法骨棒。到回音谷時仔細聽聽有沒有琴鳥的叫聲，那可能是Tyawan想要找回魔法骨棒把自己和3個女兒變回人形的著急呼喚。

三姊妹奇石

三姊妹傳說雕像

世界最美的洞穴

傑諾蘭洞穴
Jenolan Caves

- ✉ 4655 Jenolan caves Rd., Jenolan caves
- ☎ 6359-3911
- ◷ 09:00～17:00
- 💲 洞穴導覽AU\$35～48.5；Trolley Tours含來回交通＋洞穴導覽AU\$84～142，兒童AU\$65～85；YHA卡或是國際學生證可享Trolley Tours行程優惠，持洞穴門票票根一年內參加其他洞穴導覽可享50%折扣
- http www.jenolancaves.org.au
- ⁉ 捷諾蘭洞穴的外圍道路狹窄彎曲，建議跟團前往，如欲自駕要特別注意安全

傑諾蘭洞穴外的度假飯店

→原住民鳥類圖騰

　　傑諾蘭洞穴群總共有11個對外開放的洞穴，每個洞穴皆有不同特色，洞穴導覽門票包含Nettle Cave導覽機(有中文)以及1～2小時的洞穴導覽行程，Nettle Cave是半開放的洞穴，可依著導覽機

Nettle cave 自行導覽

的解說自行參觀，而其他洞穴則需依時間跟隨導覽人員進入參觀。傑諾蘭最著名的是最高最寬的盧卡斯(Lucas)洞穴和有世界最美洞穴稱號的東方(Orient)洞穴，含鐵的鐘乳石打上微弱燈光呈現特殊淡橘紅色，各式各樣的鐘乳石、石筍、石柱環繞洞穴四周，令人驚艷。卡頓巴的洞穴一日遊，每日10:30自卡頓巴火車站對面的Trolley Tours辦公室出發，需至少提早15分鐘到辦公室訂票。

在東方洞穴裡不禁讓人讚嘆大自然的鬼斧神工

卡頓巴和露拉小鎮的季節風光

卡頓巴是藍山國家公園內最熱鬧的小鎮，街上復古造型街燈和幾間骨董店是卡頓巴鎮的特色，優雅的卡靈頓旅館(Carrington Hotel)是20世紀士紳名流度假住宿、開辦舞會的場所，流露著舊日風華。露拉小鎮與卡頓巴僅隔一個火車站，觀光巴士皆有停靠點，出站後即是露拉商店街(Leura Mall)，遊客悠哉地參觀家飾店、禮品店或在小鎮咖啡廳歇歇腳，是讓人不自覺放慢步調的愜意小鎮。

卡頓巴街道上的復古時鐘

散發昔日風華的卡靈頓旅館

卡頓巴冬季奇幻慶典 Katoomba Winter Magic Festival

http www.wintermagic.com.au

每年冬天(6月)卡頓巴會舉行一天的冬季奇幻慶典，火車站前的2條主要道路將會封閉，預備讓遊行隊伍通過，由當地團體組成的遊行隊伍在行進中以熱情的表演回應道路兩旁人群的歡呼，整條街上也都設有攤位，有吃有玩又有得逛，主辦單位還安排多場音樂表演、娛樂節目和晚間煙火施放，熱鬧場景讓參與的遊客忘卻了冬天山區的冷冽。

精心打扮的遊行隊伍

戴銀面具的鼓隊很有聲勢的行進

露拉春季花園慶典 Leura Gardens Festival

http www.leuragardensfestival.com

　　每年春天(約9、10月)的露拉春季花園慶典都讓許多園藝愛好者期待了一整個冬天。春暖時節，街道兩排盛開的櫻花、桃花、蘋果花把露拉商店街妝點地如夢似幻，花園小鎮之美名不脛而走。為期9天的花園慶典，由主辦單位嚴選的露拉10大庭園將開放給所有購票的園藝愛好者參觀，當地居民多精心設計、細心照顧自家庭園，把入選為開放庭園視為一種驕傲。出火車站後在售票攤位購票(套票AU$25，單一花園AU$5)，隨票會有一本附地圖的小冊子介紹各個開放庭園的背景及地點，慶典盈餘則捐給藍山當地醫院。

露拉小鎮的櫻花行道樹在春季綻放

鬱金香等球根植物是花園慶典的一大特色

🌿 澳洲重要的歷史庭園　**同場加映**

艾佛葛雷茲花園
Everglades Gardens

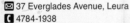

✉ 37 Everglades Avenue, Leura
📞 4784-1938
🕐 每日10:00〜17:00(秋冬到16:00)
💲 成人AU$13，兒童AU$4，持觀光巴士票AU$4
➡ 搭乘觀光巴士；或露拉火車站步行約20分鐘
http www.everglades.org.au　　　MAP P.211

　　占地12.5英畝的艾佛葛雷茲花園是澳洲重要的歷史庭園之一，1932年比利時出身的實業家Henri Van de Velde買下這塊荒棄的果園，他聘雇了丹麥出身的園藝造景師Paul Sorensen設計並監工，時值經濟大蕭條，許多歐洲來的工匠投入了庭園的建造，運用大量石作是Sorensen的造景特色，弧形石牆和彎曲的鋪道增加了庭園的層次感，園內杜鵑花盛開的春季是參觀的最佳時機。

對稱、修剪整齊的義大利風格庭園

坎培拉
Canberra

◆ 概況
導覽

不同於雪梨地理人文的多樣，整齊、大氣、有規畫是澳洲首都坎培拉給人的第一印象。1901年澳洲聯邦政府成立之際，雪梨和墨爾本兩大城市競爭成為澳洲首都，最後雙方達成協議：新首都設在新南威爾斯州，但是要距離雪梨至少160公里，在新首都建設期間，臨時政府設在墨爾本；1911年新南威爾斯州劃出澳洲首都特區(Australian Capital Territory)，並在雪梨西南方280公里，墨爾本東北方660公里建設新首都；1913年首都正式命名坎培拉，在當地原住民語言中有聚會場所(Meeting Place)的意思，澳洲最大內陸城市於焉而生。坎培拉市中心有2棟雙胞胎建築物，左右相稱，一棟叫做雪梨大樓，另一棟稱墨爾本大樓，彷彿兩城仍在較勁；國會大廈、戰爭紀念館、國家圖書館、國家博物館、國家美術館、皇家鑄幣廠……等國家級機構都設置在坎培拉，讓人口少於40萬的坎培拉成為公務員占居民比例最高的澳洲城市！

坎培拉一隅

坎培拉地圖

往雪梨
Novotel Canberra
Jolimont Centre
Rudd St.
Northbourne Ave.
Bunda St.
City Walk
Cooyong St.
Canberra Centre
London Circuit
Canberra YHA
Limestone Ave.
澳洲戰爭紀念館
Australian War Memorial
Fairbairn Ave.
Constitution Ave.
Anzac Parade
伯利·格里芬環湖地圖
P.224～225
Parkes Way
Flynn Drive
Commonwealth Ave.
King Edward Terrace
伯利·格里芬湖
Lake Burley Griffin
Alexandrina Drive
State Cir.
State Cir.
Kings Ave.
澳洲民主博物館
Museum of Australian Democracy
Brisbane Ave.
澳洲國會大廈
Australian Parliament House
Wentworth Ave.
Canberra

周邊旅遊攻略

坎培拉旅遊方式推薦

1. 旅遊公司有提供坎培拉的一日遊行程，低價位的華語團約AU$35元，需付司機小費AU$5，通常會安排前往小人國(Cockington Green Gardens)AU$19.5、午餐AU$20、國會大廈、戰爭紀念館……等。火車、國內航班雖然有到坎培拉，但火車站和機場離市區較遠，位置並不方便，建議租車自駕或是搭乘巴士前往

2. 若從雪梨搭MURRAYS巴士(www.murrays.com.au)到坎培拉，雪梨上車處在Central火車站旁的Pitt St.，下車處在坎培拉市區Northbourne Ave.的巴士總站Jolimont Centre，從這裡轉搭公車可至戰爭紀念館與國會大廈

知 識 充 電 站

格里芬密碼之國會三角

從地圖可以明顯看出，建築師伯利·葛里芬(Walter Burley Griffin)規畫坎培拉市時運用大量的幾何圖形，國會大廈佇立在國會丘的山頂，配長方形和圓形道路包圍，和舊國會大廈、紐澳聯軍大道、戰爭紀念館串聯成一直線，湖對岸的城市丘則是以六角形道路展開，而國會丘、城市丘和東北方的紅丘形成一正三角形，俗稱國會三角(Parliamentary Triangle)，三角區域中的土地發展受到聯邦的嚴格管制，多為政府組織和公園用地。

熱門景點

向戰爭英雄們致敬

澳洲戰爭紀念館
Australian War Memorial

✉ Treloar Crescent, Campbell
☎ 6243-4211
🕐 每日10:00～17:00　　　💲免費
➡ 從Mort St.上的City station公車站搭乘910公車可達,車程約8分鐘
🌐 www.awm.gov.au
❓每日90分鐘免費導覽(Free Daily Public Tours.):10:00、10:30、11:00、11:30、12:30、13:30、14:30;每日16:55有閉館儀式,每月第一、三個週三,16:30閉館儀式前有衛兵交接
🗺 P.219

認真演奏的風笛手

　　澳洲戰爭紀念館在1929年紐澳軍團紀念日(Anzac Day)開工,歷經經濟大蕭條的拖延,至1941年才完工,包含紀念陵、戰爭主題博物館、戰史資料館。紀念陵裡是無名士兵的代表性陵墓,長方形庭園兩旁牆上雕刻著阿富汗、馬來西亞等澳洲軍隊曾經參與的戰區,正中央的沉思池反映著紀念陵的倒影,兩旁長廊的榮譽牆上條列著10萬2千餘陣亡將士的名單,鮮紅色的罌粟花點綴其中,象徵著親友的思念。每日16:55的紀念陵閉館儀式是許多國內外遊客來戰爭紀念館的重點,聚集在紀念陵庭園的人群齊唱澳洲國歌,風笛手演奏悠揚樂聲,現役軍人口中講述出一位陣亡將士的生平事蹟,號角手吹奏《最後崗位》(The Last Post)響起,紀念陵的大門在夕陽的照射下緩緩關上。戰爭主題博物館裡展示著二次大戰退役戰機、坦克車、大砲,讓參觀民眾更加了解澳洲曾參與的重要戰役,也是戰爭迷不可錯過的景點。

戰爭紀念館庭園

佈滿鮮紅罌粟花的榮譽牆

Canberra

在水面倒影中呈現完美對稱的國會大廈

參觀澳洲最重要的決策中心
澳洲國會大廈
Australian Parliament House

✉ Parliament House Canberra
☎ 6277-7111
🕐 每日09:00～17:00　　💲 免費
🚌 City Station公車站7號候車亭搭乘934公車可達，車程約10分鐘
🌐 www.aph.gov.au
ℹ️ 每日35分鐘免費導覽：09:30、11:00、13:00、14:00、15:30，需於服務檯登記
🗺 P.219

仿Arthur Boyd創作的巨型織畫

1978年開始興建，1988年由英女王伊莉莎白二世剪綵啟用，占地25萬平方公尺、有4,700間房間、花費11億澳幣的國會大廈是當時南半球最貴的人造建築物，亦是目前澳洲舉行國會和辦公的所在，入內參觀須通過安檢，議事廳等部分區域要參加免費導覽才能入內參觀，可先至大廳服務檯登記參加免費導覽。參觀議事廳時可以注意眾、參議院的主題色，眾議院用的是象徵澳洲尤加利樹葉的淺綠色，參議院的主題色則是象徵澳洲內陸沙漠土地的暗紅色。國會大廈坐落於國會山頂，以前參觀民眾可從戶外緩坡直接踏上建築物屋頂，象徵人民至上的民主信念，現因安全考量，屋頂只能由室內電梯進出。

澳洲國旗長12.8公尺、寬6.4公尺，重達15公斤，約有半個網球場大，但當懸掛在81公尺高的旗桿上便顯得不這麼巨大了，高掛的國旗因為天氣磨損每4～6星期即要更新。參觀國會大廈，走道四周總是有很多時鐘，據統計整個建築總共有2,700個時鐘，鐘上配有兩個閃燈，紅色閃燈為參議院的提醒燈，綠色閃燈為眾議院的提醒燈，燈閃時附帶廣播，提醒散布大廈各角落的參眾議員們議會時程。閃燈提醒鐘在舊國會大廈中也處處可見。

舊澳洲國會所在地
澳洲民主博物館
Museum of Australian Democracy

- ✉ Parliament House Canberra
- ☎ 02-6277-7111
- Ⓒ 每日09:00～17:00
- 💲 成人AU$2，兒童AU$1
- ➡ 國會大廈(P.221)正對面，步行約7分鐘
- http www.moadoph.gov.au
- ⁇ 每日45分鐘免費導覽：10:45、11:45、13:45、14:45，需於服務檯登記
- MAP P.219

　　1927到1988年澳洲國會所在地，共有17任總理在此辦公，許多左右澳洲發展的政策皆在此醞釀成型，現為澳洲民主博物館。

舊國會議會廳

　　和現今國會大廈相比，舊國會大廈略顯簡樸，參眾兩院的議會廳、總理辦公室、議員辦公室、黨部會議室皆開放參觀，狹小辦公室內擺著以前使用的打字機、復古電話，可以想像1988年搬遷前澳洲總理、議員、國會工作人員們擁擠的辦公畫面。

舊國會總理辦公室

澳洲歷代總理介紹

旅行小抄

春季慶典──坎培拉花展Floriade

每年9月中～10月中在坎培拉舉辦的花展是澳洲春天最大的慶祝活動，以盛開的各色鬱金香花海為展示的重點，每年吸引40萬參觀人潮，若春天來到坎培拉，可列入旅遊行程之一。時間和地點每年可能不同，詳情請上網查詢。

http www.floriadeaustralia.com

1.在藍天的襯托下，紅、黃大色塊的鬱金香花海顯得更加出色　2.踩高蹺的蝴蝶仙子

單車環遊伯利‧格里芬湖

深度特寫

伯利‧格里芬湖(Lake Burley Griffin)是1963年阻塞莫朗格洛河(Molonglo River)而成的人工湖,以設計坎培拉市的建築師伯利‧格里芬(Walter Burley Griffin)命名,長11公里,最寬處有1.2公里。國家美術館、國家博物館、國家圖書館、澳洲國家大學等機關都依湖而建,租腳踏車沿著湖岸休閒步道漫遊、參觀各景點是認識坎培拉的最佳方式!

Novotel Hotel的單車租借站
(圖片提供／Spinway Canberra)

旅行小抄

Spinway Canberra單車租借

市區有3個租借地點:

Novotel Hotel
📧 65 Northbourne Ave., Canberra
Mercure Hotel
📧 77 Ainslie Ave., Canberra
Crown Plaza Hotel
📧 1 Binara St., Canberra
📞 0402-281-799
🕐 週一～四10:00～20:00,週五～六10:00～17:00,週日13:30～17:00
💲 1小時AU$11,4小時AU$22,24小時AU$33
🌐 www.mrspokes.com.au
⁉️ 1. 有1、4、24小時3個時段可選擇,超出原選擇時段則每小時收費AU$11
  2. 需帶信用卡,可請飯店櫃檯協助租借
  3. 租借後需至各租借點的飯店櫃檯索取安全帽、地圖、車鎖、車燈

環湖景點放大鏡

國家圖書館
📧 Parkes Place, Canberra
🕐 週一～四10:00～20:00,週五、六10:00～17:00,週日13:30～17:00
🌐 www.nla.gov.au
⁉️ 每日免費重點館藏導覽:11:30～12:00

國家博物館
📧 Lawson Crescent, Acton Peninsula
🕐 每日09:00～17:00
🌐 www.nma.gov.au

國家首都展覽館
📧 Barrine Drive off Commonwealth Avenue, Commonwealth Park
🕐 週一～五09:00～17:00,週六、日10:00～16:00

澳洲國家美術館
📧 Parkes Place, Parkes
🕐 每日 11:00～17:00
🌐 www.nga.gov.au
⁉️ 每日免費重點館藏導覽:10:30、11:30、12:30、13:30、14:30

國家肖像藝廊
📧 King Edward Terrace, Parkes
🕐 每日10:00～17:00
🌐 www.portrait.gov.au
⁉️ 每日免費重點館藏導覽:11:30～12:00

坎培拉玻璃工廠
📧 11 Wentworth Ave, Kingston
🕐 週二～日10:00～16:00
🌐 www.canberraglassworks.com

舊巴士站市集
📧 21 Wentworth Ave, Kingston
🕐 週日10:00～16:00
🌐 www.obdm.com.au

Brodburger
📧 11 Wentworth Ave, Kingston
🕐 週二～六11:30～15:00、17:30～22:00,週日12:00～16:00
💲 Brodburger AU$13.5,漢堡肉加倍的Broddeluxe AU$19.5,配餐薯條AU$2.5
🌐 www.brodburger.com.au

🚲 單車環湖地圖

國家博物館
National Museum of Australia

於2001年開幕，展覽著重原住民、歐洲殖民歷史與文化，入口處有一微型環狀劇場Circa，可免費觀看16分鐘的介紹短片。

國家圖書館
National Library of Australia

1968年建成的國家圖書館，館藏有1,000餘萬件，其中澳洲作者的作品、關於澳洲及澳洲人的圖書相關收藏極為豐富。

國家肖像藝廊
National Portrait Gallery

展出肖像藝術品的主題藝廊，參觀者可透過肖像的藝術形式增加對澳洲人的歷史、文化、創意、多元性等多方面的認識與欣賞。

國家首都展覽館
National Capital Exhibition

以坎培拉發展成澳洲首都的歷程、坎培拉原住民、坎培拉都市設計為主題的展覽館，館內有坎培拉全區的縮小模型，讓參觀者一窺坎培拉都市規畫全景。

澳洲國家美術館
National Gallery of Australia

館藏超過16萬件作品，種類廣泛，包括澳洲、原住民、亞洲、歐洲、美洲藝術家的作品，建議參加免費導覽以在有限時間內參觀重點館藏。

國家鐘樓
National Carillon

為慶祝首都坎培拉成立50周年，英國政府送給澳洲聯邦的禮物，內有55個一組、從7公斤到6噸不等的鐘所組成的排鐘。

Brodburger

原本是格里芬湖畔大受歡迎的紅色小餐車，被取締後移到現址，Brodburger漢堡裡的火烤牛漢堡肉是其賣點，有4種起司種類可供選擇(Blue、Brie、Swiss、Cheddar)，不怕重起司口味的人可以選擇在地人推薦的藍黴起司(Blue Cheese)。

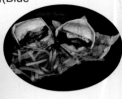

Novotel Hotel
Spinway
腳踏車租借

坎培拉大學
University of Canberra

澳洲戰爭紀念館
Australian War Memorial

Anzac Parade

Commonwealth Ave

伯利·格里芬湖
Lake Burley Griffin

Kings Ave

State Cir

State Cir

澳洲民主博物館
Museum of AustralianDemocracy

Brisbane Ave

澳洲國會大廈
Australian Parliament House

Wentworth Ave

Canberra

舊巴士站市集
Old Bus Depot Markets

1994年創始，位於舊巴士總站挑高倉庫內的週日市集，擁有超過200個小吃、手工藝、家居、新鮮蔬果等各式攤位，是坎培拉居民週日最熱門的去處。

坎培拉玻璃工廠
Canberra Glassworks

活用首都最古老的公共建築舊發電廠，作為推廣玻璃藝術、展覽與教學的場所，不定期會有玻璃藝術家進駐創作。

小人國
Cockington Green Gardens

✉ 11 Gold Creek Rd., Nicholls
☎ 6230-2273
🕐 每日09:00～17:00
💲 成人AU$19.5，兒童(4～16歲)AU$11.5，家庭(2大人+3小孩)AU$56
http www.cockingtongreen.com.au
MAP P.201

The George餐廳

1979年開放的小人國原為Doug & Brenda Sarah的私人庭園，世界各地特色建築物的縮小模型在精心維護的庭園內展出，不是令人驚奇的景點，但模型設計上有許多小巧思。小人國通常包含在華語團一日遊行程內(門票自費)，如果不參觀，可以到馬路對面的The George點杯飲料等待。

綠意盎然的小小世界 →足球場上裸奔的小人物

大美麗諾羊
The Big Merino

✉ Corner of Hume and Sowerby St., Goulburn
☎ 4822-8013
🕐 每日08:30～17:30
MAP P.201

從雪梨自駕沿著公路M31前往坎培拉的路上，會經過澳洲第一個內陸城市高本(Goulburn)，高本主要產業為畜牧及羊毛產業，1985年以附近農場的公羊藍波(Rambo)為模特兒，興建而成的世界最大、高15.2公尺的美麗諾綿羊(The Big Merino)便佇立在公路交流道旁，吸引許多遊客拍照留影，內部的紀念品店有販售當地羊毛織品。

與世界最大的綿羊合影

Canberra

坎培拉近郊 冬夏皆宜的旅遊勝地

佛雷堡
Thredbo

✉ Thredbo resort
📞 6459-4198
💲 國家公園費每輛車收AU\$17(6～10月旺季 AU\$29)，若搭乘冬季滑雪專車多已含國家公園費；滑雪纜椅1 Day Kosciuszko Pass成人 AU\$35、兒童(5～17歲)AU\$18
➡ 夏季可從坎培拉或雪梨租車自駕前往，冬季可搭乘滑雪專車到佛雷堡(P.231)
🌐 www.thredbo.com.au
🗺 P.201

山嵐籠罩的健行步道，需注意多變的天氣

佛雷堡位於坎培拉西南方212公里，6～9月雪季期間為滑雪勝地，雪季以外的月分是攀登澳洲最高峰、海拔2,228公尺高柯茲山(Mt. Kosciuszko)的門戶，每年夏天有超過10萬登山客來訪。

搭乘柯茲山纜椅(Kosciuszko Express)可直上山腰，纜椅全長1.8公里，高低差560公尺，出站後可見保護自然植被的鐵網步道，步道沿途標示明顯，到最高峰來回13公里，預估健行時間約4小時，途中經過海拔2100公尺的羅森登山口(Rawson Pass)，羅森登山口公廁是澳洲海拔最高的公廁。

1.搭雪椅輕鬆前往滑雪道坡頂 2.佛雷堡也是小朋友的滑雪學校 3.佛雷堡山腳在雪季仍維持綠意

托布魯克牧場、史蒂芬港、臥龍崗
Tobruk Sheep Station, Port Stephens, Wollongong

概況導覽

除了獵人谷、藍山國家公園等著名景點，雪梨周邊還有一些較動態的特殊體驗行程。北方的托布魯克牧場特別設計的牧場體驗，包含剪羊毛、牧羊犬趕羊、荒地野炊等活動，是老少皆宜的活動；尋求刺激的遊客則可至史蒂芬港參加與海豚共游、從40公尺高的沙丘俯衝滑沙等行程；還不夠刺激？臥龍崗的海邊跳傘體驗，在4,200公尺高空上從小飛機跳出，自由落體高速掉落，絕對讓你有驚心動魄的極速快感！

Sydney Suburbs

澳洲傳統的牧場體驗
托布魯克牧場
Tobruk Sheep Station

- ✉ 5050 Old Northern Rd., Maroota
- ☎ 4566-8223
- 💲 牧場體驗(需自行前往)：成人AU\$69，兒童(4～12歲)AU\$49，家庭(2大人+2小孩)AU\$175
- http www.tobruksheepstation.com.au
- ⁉ 自行前往要在10:30活動開始前抵達
- MAP P.201

活躍的牧羊犬指揮著羊群行進的方向(圖片提供／Tourism Australia／Tobruk Sheep Station)

　　位於雪梨市區北方70公里的托布魯克牧場占地70餘公頃，原為牧羊場，現轉型為觀光牧場，提供遊客澳洲牧場體驗，遊客可品嘗用傳統野營方式製作的比利茶(Billy Tea)和用營火餘燼烘烤的烤餅，特別有澳洲荒野的興味；牧場工作人員展示牧羊犬趕羊群、剪羊毛、迴旋鏢(Boomerang)投擲、打鞭(Whip cracking)等表演，讓遊客一覽牧場生活的必備技能。

賞海豚、沙漠探險之旅

史蒂芬港
Port Stephens

賞海豚行程(Tamboi Queen Cruise)

✉ 導航設定至史蒂芬港遊客中心 60 Victoria Parade, Nelson Bay，碼頭在遊客中心旁

📞 4981-1959；遊客中心電話：1800-080-900

🕐 10:15、12:15、14:15(行程約1.5小時)，更多出發時間請上網查詢

💲 **賞海豚遊船：**成人AU$23，兒童(4～14)AU$10，家庭(2大人+2小孩)AU$54
賞海豚＋滑沙：成人AU$39，兒童(4～14)AU$27，未滿4歲AU$10，家庭(2大人+2小孩)AU$122

🌐 www.tamboiqueencruises.com.au

❓ 可網站訂票後前往，或直接至遊客中心購票

滑沙行程(Port Stephens 4WD)

✉ James Paterson St., Anna Bay，行進至路尾看到車棚和四輪驅動車即是

📞 4984-4760

🕐 10:00～16:00，每30分鐘四輪驅動車出發至滑沙區

💲 成人AU$28，兒童(4～14，未滿4歲免費)AU$20，家庭(2大人+2小孩)AU$78.5

🌐 www.portstephens4wd.com.au

❓ 可網站訂票後前往，或直接至車棚現場付款

🗺 P.201

史蒂芬港d'ALBORA碼頭

位於雪梨市區北方210公里、車程約2.5小時的史蒂芬港是雪梨居民度假的去處，觀光的兩大賣點為賞海豚以及沙丘滑沙；史蒂芬港內平靜的水面棲息著百餘隻的野生海豚，賞海豚遊船有95%以上的海豚目擊率，夏季在船尾的繩網上與海豚接觸或是下水與海豚共游是很受歡迎的活動；安娜灣沙丘需乘業者的四輪驅動車才能進入，用特製滑沙板從40公尺高的沙丘頂高速滑下，驚呼時嘴巴張太大可是會吃滿嘴沙！

一生難忘的海岸高空跳傘

臥龍崗
Wollongong

✉ North Wollongong Beach

📞 1300-663-634

🕐 不定(視接駁人數，要等所有人都跳完後才啟程回雪梨)

💲 AU$269～319(週末較貴)，照片及攝影需另外收費(AU$149～169)

➡ 業者免費市區接駁：在中央火車站旁的Wake up! Sydney背包客棧外上車

🌐 www.skydivethebeach.com.au

❓ 因氣候關係行程可能會在當日早上變更，最好提供雪梨當地電話方便業者聯絡

🗺 P.201

若想擁有獨特的海岸高空跳傘體驗，可前往位於雪梨南方1小時車程的臥龍崗，經過詳細的安全訓練、整裝完畢，搭乘小飛機直上4,200公尺高空，與教練合體、以每小時200公里的時速墜落，刺激感爆表！降落傘拉起後享受像小鳥自由自在飛翔的快感，360度鳥瞰臥龍崗海岸全景，絕對是一生難忘的回憶。

教練綁在後面讓你勇氣大增(圖片提供／阿賢)

雪梨周邊Tour與租車自駕
Group Tours and Self Drive

擔心在澳洲駕駛座左右顛倒、開車搞不清楚方向？或是自助旅行沒有人分攤租車費和油錢？別擔心，無論是獵人谷、藍山國家公園、坎培拉、史蒂芬港……，有不少從雪梨市中心出發的團體行程可供選擇，除了利用網路事先預訂，亦可透過遊客中心(P.248)及多數飯店櫃檯推薦及協助報名各式當地Tour，預算有限或對英語沒把握的遊客，則可選擇華語旅行社的一日遊經濟行程，雖然便宜但要注意行程內需自費的項目。如果對右駕有把握，不妨出發前換取國際駕照，租車自由行除了比團體行程更有彈性，多人分攤租車費及油錢亦較划算。

▌周邊景點Tour推薦

獵人谷、藍山國家公園、坎培拉、史蒂芬港等雪梨周邊景點，因為路途較遠、交通難度相對較高，相關Tour已是許多旅行者的優先選擇，以下介紹從雪梨出發的熱門團體行程。

＊出團日期、集合時間及地點等資訊，請詳見各行程網站說明
＊行程內容與費用僅供讀者參考，請於出發前再次向各旅行社網站查詢

■ 獵人谷品酒體驗1日遊

💲 成人AU$185，兒童(2～15歲)AU$93
❓ 一些行程有最低年齡限制；出團日期、集合時間與地點詳見各旅行社網站。

搭乘巴士一日遊，包含酒莊深度品酒、午餐、獵人谷村莊，有些也包含品嘗起士、巧克力等行程。

Tour資訊站

AAT Kings http www.aatkingscom/J14
Zepher Tours http www.zephertours.com.au
Hunter Valley Wine Tasting Tours http www.huntervalleywinetastingtours.com.au

■ 藍山國家公園1日遊

💲 成人AU$85～169，兒童(2～15歲)AU$60～85

❓ 一些行程有最低年齡限制；費德戴爾動物園門票、景觀世界、原住民表演、帕瑪塔渡船視行程不同可能需自費

搭乘巴士一日遊，行程包括景觀世界、原住民表演、回音谷、三姊妹奇石、露拉小鎮、費德戴爾動物園等，回程可選擇順著帕拉瑪塔河(Parramatta River)返回環形碼頭，有些行程還包含藍山短途健行及原住民歷史岩雕。另也有包括卡頓巴小鎮、回音谷、三姊妹石、捷諾蘭洞穴導覽等行程。

Tour資訊站

> **AAT Kings** 🔗 www.aatkings.com/J15、www.aatkings.com/J32
> **Barefoot Downunder**
> 🔗 www.barefootdownunder.com.au
> **OZ Trails** 🔗 www.oztrails.com.au

■ 坎培拉市區1日遊

💲 成人AU$175，兒童(2～15歲)AU$88

包含國會大廈導覽、戰爭紀念館、國家博物館或國家美術館，坐車巡覽格里芬湖及周遭景點。

Tour資訊站

> **AAT Kings** 🔗 www.aatkings.com/J11

■ 佛雷堡、瑞雪(Perisher Blue)1～3日滑雪體驗

💲 AU$265起

❓ 7、8月雪季期間才出團；初學者可另加價報名滑雪課程，或選擇已包含課程的行程；設備租借不包含手套、外套、雪褲等個人用品，若有需要請於現場租借或購買

滑雪地點在佛雷堡或是附近的瑞雪(Perisher Blue)滑雪場，可自行選擇；有當日來回～3日的滑雪行程，包含住宿床位、雪梨或坎培拉至住宿點的來回交通、住宿點至滑雪場每日來回交通、國家公園費、3天早晚餐；可加購滑雪場——佛雷堡或是瑞雪(Perisher Blue)滑雪套組，包括3天雪椅通行證及滑雪設備租借。

Tour資訊站

> **OZ SNOW** 🔗 ozsnowadventures.com.au
> (點選Australia→Three day snow trip)
> **Murrays** 🔗 www.murrays.com.au/Sydney SnowService.aspx

■ 托布魯克牧場體驗半日遊

💲 成人AU$159，兒童(2～15歲)AU$80

詳見P.228，包含來回交通、保險與牧場體驗、BBQ午餐等。

圖片提供／
Tourism Australia／Tobruk Sheep Station

Tour資訊站

> **AAT Kings** 🔗 www.aatkings.com/J2

■ 史蒂芬港1日遊

S 成人AU$185，兒童(2~15歲)AU$93

　詳見P.229，行程包含爬蟲公園(Australian Reptile Park)門票、賞海豚遊船、滑沙等。

Tour資訊站

AAT Kings 🔗 www.aatkings.com/J86S

租車自駕

　雪梨市區大眾運輸方便且停車費昂貴，不需要租車，如果安排藍山、坎培拉、獵人谷等市區之外的景點，租車是不錯的選擇，臺灣國際駕照可在澳洲使用，行前須至各地監理處辦理。

■ 租車注意事項

1. 要有信用卡才能租車
2. 雪梨大橋、隧道和部分快速道路會收過路費，租車公司會於結算時自信用卡扣除；如有交通罰單也是自信用卡扣款
3. 7歲以下兒童必須使用合格的安全座椅，租車時可租用安全座椅
4. 取車時要注意油箱是否已加滿，取車時油箱是滿的，還車前也要把油箱加滿，還車時沒加滿租車公司將直接在信用卡中扣款。反之，如果取車時油箱沒有加滿(租車時要雙方確認)，而還車時油箱是滿的，租車公司會退油錢
5. 澳洲加油站為自助加油，加好油後再到櫃檯付錢

複雜的停車標誌2P Ticket代表需買票，只能停2個小時

旅行小抄

報名Tour需注意

報名時要確認時間及地點、有無包括團體旅遊保險，另外許多行程(尤其是華語團)都有相關自費行程及小費規定，行前要問清楚，當天額外費用大多需現金付。以下介紹幾家旅行社，有需要可上網進一步查詢。

華語團1日遊集合地點，多在中國城旁Holiday Inn對面的雪梨娛樂中心(Qantas Credit Union Arena，P.123／C3)外

AAT Kings訂位諮詢中心
- ✉ 環形碼頭6號登船口外
- 🕐 週一~日09:00~17:30
- 🔗 www.aatkings.com
- 📞 1300-228-546
- ➡ Circular Quay火車站出站往碼頭方向，6號登船口在左邊
- 🗺 P.39／C3

宏城旅遊
- ✉ 781 George St., Sydney
- 📞 9211-8218
- 🕐 週一~五09:00~18:00，週六09:30~18:00，週日10:00~17:00
- ➡ Central火車站出George St.右轉，在左手邊
- 🔗 www.grandcitytours.com/cn
- 🗺 P.123／C4

宏城旅遊

6. 租車時要問清楚加哪種汽油

7. 建議加買全險，若有1位以上駕駛，在租車時要告知並增購保險

■ 澳洲開車10大提醒

1. 左右邊相反，澳洲駕駛座在右邊，行車在道路左邊；方向燈在右手邊，可別打到雨刷

2. 禮讓行人，沒有紅綠燈的路口遇到行人，一定要讓行人先行

3. 嚴格遵守時速限制，市區50公里，學校附近40公里，其他路段依路牌指示

4. 沒有紅綠燈的路口或圓環，右邊的車有優先路權

5. 若路口有STOP標誌，必須停車確認左右無來車後再繼續行駛

6. 圓環行車方向為順時鐘，出圓環要先打左方向燈

7. 超車道為內車道

8. 非必要不亂按喇叭

9. 駕駛和前後座乘客均繫安全帶

10. 開車者不能接、撥手機；喝酒不開車

學校周圍在上下課時間限速40公里

圓環行進方向為順時鐘

旅行小抄

租車公司推薦

Bayswater和East coast這兩家租車公司為澳洲本地公司，價錢合理，可在雪梨機場或雪梨市區(近Kings Cross火車站)領、還車。機場地點有提供來回航站的接駁車。亦可先上www.rentalcars.com/au，能比較多家租車公司價格。

Bayswater
- ✉ 180 William St., Kings Cross
- 📞 9360-3622
- 🕐 週一～五07:00～18:30、週六08:00～15:30、週日09:00～15:30
- ➡ Kings Cross火車站Darlinghurst Rd.出站右轉，再右轉William St.，在右手邊
- 🌐 www.bayswatercarrental.com.au

Bayswater租車

East Coast
- ✉ 151 William St., Kings Cross
- 📞 1800-327-826
- 🕐 週一～日08:00～17:00
- ➡ Kings Cross火車站Darlinghurst Rd.出站右轉，再右轉William St.，在左手邊
- 🌐 www.eastcoastcarrentals.com.au/cn (中文)

East Coast租車

預算跟地點是選擇雪梨住宿最重要的考量，住宿地點靠近火車站可讓整個旅程安排更順暢；預算足夠或是浪漫蜜月旅行可選擇樓層高、面港灣的房間，窗簾拉開就是雪梨灣風光，是雪梨住宿的一大奢侈；YHA青年旅館在雪梨、藍山、坎培拉等地點，品質都不錯，還有公用廚房、豐富的旅遊資訊以及認識世界各國旅客的機會，住宿天數多建議辦張YHA會員卡較優惠。

家庭或小團體旅遊可考慮附簡易廚房的公寓式住宿，自超市採購當地食材自行烹煮，是節省預算的不二法則；想要體驗雪梨海灘文化可選擇東海岸附近的住宿，衝浪、日光浴後可以就近回房間休息，隔天一早還可欣賞海邊日出；搭乘渡船到鸚鵡島上露營或是入住動物園裡的豪華帳棚則是人難忘的特殊住宿體驗。

> 貼心小提醒
> 12～1月的聖誕及新年假期(尤其是跨年)、3月分的 Mardi Gras同志遊行、4月復活節假期、5～6月初Vivid雪梨燈光藝術節、7月和9～10月的學校假期是雪梨住宿的旺季，建議提早訂房。

雪梨住宿訂房Step by Step

現今住宿訂房網站十分發達，許多自助旅遊者都會直接上網訂房，網站上飯店和住客評價的資訊比旅遊書多許多。以下介紹的HotelsCombined可以比較各家訂房網站的價格，十分實用喔！

http www.hotelscombined.com

點選右上角選擇貨幣和語言，輸入目的地或特定飯店名稱、日期、人數後開始搜尋。

選擇語言、貨幣

輸入住宿條件，開始搜尋

點選左下角的打開地圖，在地圖上搜尋適合的旅館。

移動滑鼠指標至欲
投宿的圓點,會顯
示飯店名稱與價
錢,再選擇適合的
飯店。

查看選擇的飯店照
片、介紹、旅客評
價。

飯店照片

飯店介紹　　　旅客評價

**選擇便宜、符合
需求的訂房網站**

確定旅館後,選擇最便
宜、符合需求的訂房網站
(要考慮訂房網站的會員回
饋計畫,像是Hotels.com
有訂10晚送1晚),點入單
一訂房網站後即可訂房。

旅行小抄

私人公寓及短租房

雪梨當地屋主刊登的短租房,價位一般比飯店便
宜,同時較多短租公寓或獨棟房可供選擇,部分
有規定最短住宿天數(3~7天不等),非常適合小
團體旅遊,多人分攤,價位會比青年旅館划算。
airbnb除了整間公寓、房子出租,大部分為空房出
租,和屋主同住是和雪梨當地人交流的好機會。

http www.airbnb.com.au、www.stayz.com.au

🈳 私人出租住宿不受政府安全規範管制,訂房時儘量
選擇評價高的屋主

訂房價格對照表

預算	符號
低於AU$100	$
AU$100~$200	$$
AU$200~$300	$$$
AU$300~$400	$$$$
AU$400以上	$$$$$

＊以上金額皆以雙人房/每晚為基準
＊雪梨飯店房價隨房型和日期有很大
　的變動,訂房前請務必再次確認

奢華海景飯店

■ 岩石區

君悅飯店
Park Hyatt Sydney

$ $$$$$
✉ 7 Hickson Rd., The Rocks
☎ 9256-1234
http www.sydney.park.hyatt.com MAP P.39／A3

　　4層樓的雪梨君悅飯店擁有155間客房，位於岩石區和環形碼頭之間的雪梨灣岸，地點絕佳且坐擁雪梨灣水景，獲評2014 Condé Nast Traveler Gold List世界最佳住宿飯店，屋頂有可觀賞雪梨大橋和歌劇院的露天游泳池是一大特色。

Pullman Quay Grand Sydney Harbour

$ $$$$$
✉ 61 Macquarie St., Sydney　☎ 9256-4000
http www.pullmanquaygrandsydneyharbour.com
MAP P.39／C4

　　雪梨北方，位於環形碼頭東邊的烤吐司機(P.40)豪華公寓大樓內，從海景公寓的私人陽台可以俯瞰雪梨灣、環形碼頭以及雪梨大橋，近大眾運輸，空間大且附有廚房，是結合奢華享受與便利交通的住宿選擇。

Shangri-La Hotel Sydney

$ $$$$
✉ 176 Cumberland St., Sydney　☎ 9250-6000
http www.shangri-la.com　MAP P.39／C2

　　雪梨香格里拉飯店位於岩石區的山坡上，高樓層的270度雪梨海港景觀房落地窗可眺望雪梨大橋、環形碼頭及雪梨歌劇院，面西的景觀房則有達令港及帕拉瑪塔河(Parramatta River)景色，價位較高的景觀房是浪漫旅遊的最佳選擇。

交通便利的經濟型旅館

注意：需留意房間是否共用衛浴。

■ 市中心

Metro Hotel on Pitt

$ $$
✉ 300 Pitt St., Sydney
☎ 9283-8088
http www.metrohotels.com.au
MAP P.93／B3

　　C/P值很高的經濟酒店，小而美的房間設備齊全且舒適乾淨，海德公園、皮特購物商圈、Town Hall火車站都在2分鐘步行範圍內，附有私人衛浴的雙人房(Compact Room)是市中心難得的經濟住宿。

The Occidental Hotel

$ $$
✉ 43 York lane, Sydney
☎ 9299-2531
http www.theoccidental.com
MAP P.93／A2

　　位於Wynyard火車站轉角，正市中心地點到各景點都很方便，房間雖不豪華但設施符合旅客基本需求，共用衛浴的雙人房以市中心地點來說十分划算，還有4人家庭房可供選擇。

■ 中國城

Aarons Hotel Sydney

$ $$
✉ 37 Ultimo Rd., Sydney
☎ 9281-5555
http www.aaronssydney.com.au
MAP P.123／C4

　　位於Paddy's市場旁，近Central火車站、達令港及中國城，舊磚造建築改建的旅館，客房空間不大，裝潢簡約但基本設施齊全，另有適合小團體經濟旅遊的6人家庭房。

Pensione Hotel Sydney

⑤ $ $
✉ 631-635 George St., Sydney
☎ 9265-8888
http www.pensione.com.au
MAP P.123／C3

　　鄰近中國城的經濟型精品住宿，擁有68間客房，乾淨舒適的房間價格合理，房間雖小但設施齊全，公用區域有廚房、洗衣機、免費wifi供房客使用，有4～6人房可供選擇，適合小團體旅遊，網上預訂多天住宿可享優惠。

YHA青年旅館

■ 岩石區

Sydney Harbour YHA

⑤ $
✉ 110 Cumberland St., The Rocks
☎ 8272-0900
http www.yha.com.au
MAP P.39／B3

　　位於岩石區的青年旅館，建築在岩石區考古挖掘原址上，屋頂的露台可以看到雪梨大橋和歌劇院美景，步行到環形碼頭、Wynard火車站都很方便，乾淨、舒適的住宿品質及公共區域堪稱4星級背包住宿，櫃檯服務人員可提供友善的旅遊諮詢，多人住宿有獨立的衛浴，適合小團體訂下整間房。床位旁有插座及個人櫃子(自備鎖)可供使用。

■ 中國城

Railway Square YHA

⑤ $
✉ 8/10 Lee St., Sydney
☎ 9281-9666
http www.yha.com.au
MAP P.123／C4

　　位於Central中央火車站旁，離中國城很近，附近很多餐飲選擇，搭火車來往機場和藍山很便利，8人房間挑高不顯擁擠，火車車廂造型的房間風格特殊但空間較小，提供免費Wi-Fi還不定期舉辦活動，是認識各國背包客的好地方，共用廚房廚具一應俱全。沒有提供免費儲物，需使用投幣式儲物櫃。

飯店服務的公寓住宿

Meriton和Adina皆在TFE Hotels旗下，與Mantra同為全球連鎖的飯店集團，服務品質有保障，公寓式住宿附設客廳和小廚房，適合家族、小團體旅遊短住。

Meriton Serviced Apartments

$ $ $ $ $
http www.meritonapartments.com.au

Pitt Street(市中心)
✉ 329 Pitt St., Sydney
☎ 8263-7400　　　**MAP** P.93/B4

World Tower(市中心)
✉ 95 Liverpool St., Sydney
☎ 8263-7500　　　**MAP** P.93/A4

Kent Street(市中心)
✉ 528 Kent St., Sydney
☎ 8263-5500
MAP P.93/A4

Campbell Street(中國城)
✉ 6 Campbell St., Haymarket
☎ 9009-7000　　　**MAP** P.123/C3

Adina Apartment Hotel

$ $ $ $
http www.tfehotels.com

Kent Street(市中心)
✉ 551 Kent St., Sydney
☎ 9274-0000　　　**MAP** P.93/A4

Harbourside(達令港)
✉ 55 Shelley St., Sydney
☎ 9349-7000　　　**MAP** P.123/C2

Central(中國城)
✉ 2 Lee St., Hay market
☎ 8396-9800　　　**MAP** P.123/C4

市中心店　　　　　中國城店

Mantra

$ $ $ $
☎ 13-15-17
http www.mantra.com.au

Bond Street(市中心)
✉ 2 Bond St., Sydney　　**MAP** P.93/A1 & B1
Kent Street(市中心)
✉ 433 Kent St., Sydney　　**MAP** P.93/A3

歷史老宅特色飯店

■ 皇家植物園

雪梨洲際酒店
InterContinental Sydney

$ $ $ $ $
✉ 117 Macquarie St., Sydney　☎ 9253-9000
http www.intercontinental.com/Sydney
MAP P.75/A2、P.93/C1

洲際酒店位於皇家植物園旁，步行至環形碼頭火車站僅需3分鐘，景觀房及31層樓高的洲際會所(Club Intercontinental)可眺望雪梨灣景色；飯店大廳保留底層1841年砂岩老建築，是現代與歷史的完美結合。入住時在櫃檯免費加入IHG Reward 會員可使用免費Wi-Fi。

■ 市中心

The Westin Sydney

$ $ $ $ $
✉ 1 Martin Place, Sydney　　☎ 8223-1111
http www.west.tn　　　　　**MAP** P.93/A2

威斯汀飯店位於馬丁廣場1號，在雪梨砂岩建築中顯得古色古香，原為雪梨郵政總局，房間有挑高的天花板，建築內有多家餐廳可選擇，市中心景點及購物商場皆可步行前往，地點非常便捷。

Accommodations

熱鬧酒吧區旅館

注意：需留意房間是否共用衛浴。

岩石區

The Russell Hote

§ $$$
✉ 143a George St., the Rocks
☎ 9241-3543
http www.therussell.com.au   MAP P.39／C3

位於岩石區的拉賽爾飯店位置相當好，步行到環形碼頭火車站僅需1分鐘，1887年建築內的房間風格古雅、設備齊全，部分房間為共用衛浴，樓下為酒吧難免會有噪音，房價附早餐，曾被評為世界上以鬧鬼出名的住宿，適合不怕吵、不怕鬼的遊客。

The Australian Heritage Hotel

§ $$
✉ 100 Cumberland St., Sydney
☎ 9247-2229
http www.australianheritagehotel.com
MAP P.39／B3(餐飲)

位於岩石區的拉賽爾飯店位置相當好，步行到環形碼頭火車站僅需1分鐘，1887年建築內的房間風格古雅、設備齊全。

Lord Nelson Brewery Hotel

§ $$
✉ 19 Kent St., the Rocks   ☎ 9251-4044
http www.lordnelsonbrewery.com
MAP P.39／B2(餐飲)

Lord Nelson重新整修過的房間整潔溫馨，讓遊客可以舒適地體驗岩石區1841年罪犯建造、傳統砂岩建築的歷史韻味，旅館樓下則是雪梨著名精品啤酒廠和酒吧。3、4樓的住宿沒有電梯，行李較多的旅客要注意，13:00後才可登記入住，不能提前寄放行李。

海洋風度假住宿

庫基海灘

Crowne Plaza Coogee Beach Sydney

§ $$$
✉ 242 Arden St., Coogee
☎ 9315-7600
http www.ihg.com
MAP P.144

庫基海灘沒有邦黛熱鬧，是海濱度假小鎮氛圍的住宿選擇，面海的房間可坐在陽台欣賞美麗海景、傾聽海浪聲，清晨早起還可欣賞東海岸日出，步行至庫基海灘，亦可由此沿著海岸步道步行前往邦黛海灘。

邦黛海灘

Bondi Beach House

§ $$
✉ 28 Sir Thomas Mitchell Rd., Bondi Beach
☎ 9300-0369
http www.bondibeachhouse.com.au
@ mail@bondibeachhouse.com.au
MAP P.144

坐落在喧鬧的邦黛海灘後方，但給人一種放鬆幽靜的感覺，提供開放式廚房和戶外BBQ設備，房間裝飾擺設用心，有別於大飯店標準化的裝潢，像是在自己家一樣自在；5分鐘可以步行到邦黛海灘，附近許多餐廳可供選擇。

■ 曼利海灘

The Sebel Sydney Manly Beach

💲 $ $ $
✉ 8/13 S Steyne, Manly 📞 9977-8866
🌐 www.accorhotels.com 🗺 P.153

到此住宿建議預訂面海附陽台的房間，住宿區有兩端，北端(North Tower)裝潢較新，南端則略顯老舊。從環形碼頭搭乘渡船至曼利後步行前往即可，從旅館亦能步行至曼利海灘及科索大道，逛街購物及用餐皆十分便利。

城市叢林風帳篷住宿

■ 鸚鵡島

Glamping at Cockatoo Island

💲 自備露營設備AU$45、含帳篷AU$89、高級帳篷AU$130(以上為2人價，金額隨日期變動)
✉ Cockatoo Island
📞 8969-2111
🌐 www.cockatooisland.gov.au/stay/glamping

搭渡船前往鸚鵡島體驗帳篷過夜是獨一無二的住宿體驗，可自行帶帳篷、現場租用設備或是選擇較高檔的Glamping，並有半露天廚房可烹煮餐點(有冰箱但食材要自行攜帶)，是附雪梨灣夜景最便宜的住宿選擇。

沒有露營設備但想體驗雪梨露營，鸚鵡島是最好的選擇，島上已經有搭設好的帳篷，只要攜帶衣物和食物即可入住，AU$100以下即可入住水岸第一排

■ 塔龍加動物園

Roar & Snore at Taronga Zoo

💲 $ $ $ $ (成人AU$320，兒童AU$205，一個帳篷至少2人)
✉ Taronga Zoo 📞 9978-4791
🌐 www.taronga.org.au/accommodation
@ roarandsnore@zoo.nsw.gov.au

雪梨灣北岸的塔龍加動物園一天一夜的Roar & Snore行程，包括點心、晚餐、夜遊、隔天早餐、動物園門票及動物近距離接觸等，舒適的野營帳篷可眺望雪梨灣美景，價位偏高，適合喜歡動物的遊客。

圖片提供／Roar & Snore at Taronga Zoo, Tourism Australia

■ 蘭恩克夫國家公園

Lane Cove River Tourist Park

💲 $
✉ Plassey Rd., Macquarie Park
📞 9888-9133
🌐 www.nationalparks.nsw.gov.au(點選camping-and-accommodation→Near欄位填入Land Cove即可。若填入Sydney可以搜尋雪梨附近的各露營地)

雪梨北方(距離North Ryde火車站1公里)蘭恩克夫國家公園內的公立露營地，有公用廚房、游泳池、電視間、衛浴和投幣洗衣機，有2人的含電力提供的露營空間1天只要AU$39，1週AU$234，多1人加AU$10，12歲以下免費，沒有露營設備者，亦有小木屋可供選擇。

Accommodations

雪梨周邊住宿

■ 藍山

The Carrington Hotel

$ $$

✉ 15-47 Katoomba St., Sydney
☏ 4782-1111
🌐 www.thecarrington.com.au
📍 P.211

　　飯店建築為州立古蹟，距離卡頓巴火車站僅200公尺，客房裝潢典雅復古，充滿懷舊的魅力，前門的彩繪玻璃門窗極有特色，飯店設有餐廳、酒吧及SPA中心，搭火車、公車和觀光巴士都很方便。

Blue Mountains YHA

$ $

✉ 207 Katoomba St., Sydney　☏ 4782-1415
🌐 www.yha.com.au　　📍 P.211

　　從卡頓巴火車站沿著卡頓巴街步行約10分鐘，公共區域(廚房、餐廳、大廳)及多人房空間寬敞乾淨，服務人員十分友善，可以提供藍山健行建議，很適合作為深入藍山旅遊的據點，鄰近Aldi超市及多家餐廳、咖啡廳。

■ 坎培拉

Novotel Canberra

$ $$ $$

✉ 65 Northbourne avenue, Canberra
☏ 6245-5000　　🌐 www.accorhotels.com
📍 P.219

　　位於坎培拉商業中心附近286間客房的大型飯店，周圍有很多餐廳、商店，地理位置理想，離巴士站近，房間裝潢現代舒適，雙人房可入住2位15歲以下兒童不加床不加價，是坎培拉物超所值的住宿選擇。

Canberra YHA

$ $

✉ 7 Akuna St., Canberra
☏ 6248-9155　　🌐 www.yha.com.au
📍 P.219

　　距離巴士站5分鐘路程，YHA是坎培拉最佳的經濟住宿，乾淨房間與廚房符合背包客的基本需求，還設有室內游泳池、頂樓BBQ區、電視間、咖啡廳，離澳洲戰爭紀念館僅5分鐘車程。

■ 佛雷堡

佛雷堡度假村

$ $$

✉ Thredbo Alpine Village
☏ 1300-020-589
🌐 www.thredbo.com.au
　(點選ACCOMMODATION & PACKAGES
　→THREDBO ACCOMMODATION)

　　不論是短期滑雪度假或是澳洲最高峰柯茲山健行，佛雷堡度假村內有多家公寓、飯店、獨棟住宿可供選擇，7、8月為滑雪旺季，需提早訂房。雪季期間，各住宿多有免費接駁車至滑雪區，亦可選擇位於雪具租借站和滑雪區步行範圍內的Thredbo Alpine Hotel。

TRAVEL INFORMATION
實用資訊

遊客在行程上所需要的所有資訊盡皆囊括其中，讓您的行程規畫得更為完整，確保旅遊的平安與舒適。

Travel in Sydney

雪梨旅遊黃頁簿

前往與抵達
DEPARTURE & ARRIVAL

簽證

　　欲前往澳洲旅遊，需透過澳洲移民部指定的旅行社代辦電子觀光簽證(ETA，Subclass601)，提供簽證申辦所需文件，約3～5個工作天即可辦理完成，效期自核發日起12個月；若護照效期少於12個月，其效期與護照效期相同。持ETA簽證可在效期內多次入境澳洲，每次入境最長可停留3個月，不可在澳洲境內工作。要注意的是，就算持有合法簽證，澳洲海關仍有權拒絕入境。

簽證申辦所需文件
- 個人基本資料表(每家旅行社格式略有不同)
- 護照正本，有效期6個月以上
- 身分證影本，未滿14歲者附戶口名簿影本
- 機票訂位紀錄

簽證申辦指定旅行社
　　可至以下網站辦理電子觀光簽證，掛號寄送申辦文件或是親送門市皆可，約4個工作天。

旅行社	收費
易遊網 http www.eztravel.com.tw	NTD500
可樂旅遊 http www.colatours.com.tw	NTD500
雄獅旅遊 http www.liontravel.com	NTD300

*以上費用可能會變動，請洽相關旅行社

航空公司

　　中華航空直飛雪梨，航程約9小時20分鐘；廉價航空則可選擇在

新加坡轉機的酷航，或是在馬來西亞吉隆坡轉機的亞航。

中華航空China Airlines
🌐 www.china-airlines.com

酷航Scoot
🌐 www.flyscoot.com

亞洲航空AirAsia
🌐 www.airasia.com

行前保險

澳洲醫療費用極為昂貴，建議行前購買旅遊險或私人醫療險。

入境審查

飛機降落前空服員會發放入境卡(Incoming Passenger Card)，入境卡有中文版本(需以英文填寫)，入境審查時將護照和入境卡給海關檢查，就算持有合法簽證；但機場移民局仍有權拒絕入境，建議準備住宿、旅遊計畫、旅費證明(如現金及信用卡等，證明可自行負擔旅費)及回程機票等文件備查，一般會詢問來澳洲的目的、計畫停多久、預定行程、住宿地點及在澳親友聯繫電話(如果有的話)等。

行李查驗

蛋類、肉品、動、植物種子、木製品、泥土均嚴格禁止攜入，如果有不確定的行李，建議在入境卡上勾選需要申報，把不確定的物品包在一起方便海關檢查，不要抱持僥倖心理，以免被罰款。入境時現金及有價票券超過AU$10,000需申報，18歲以上旅客攜帶酒精飲料入境的上限為2.25公升，香菸上限為50根或50克的菸草/雪茄。

有關入境澳洲禁止及必須申報物品的詳情細目，請參閱澳洲農業部中文版網址。

澳洲農業部
🌐 www.daff.gov.au/languages/chinese

Incoming Passenger Card：入境卡填寫範例(僅供參考，填表時請照實填寫)

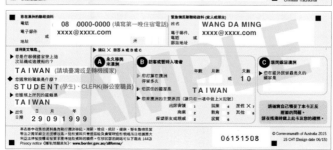

機 場 與 交 通
TRANSPORTATION

機場至市區交通方式

雪梨機場(Kingsford Smith Airport)，包括國際航站(International Airport)T1和國內航站(Domestic Airport)T2、T3，位於雪梨市中心南方約10公里，可循機場指標選擇搭乘火車、小巴或計程車至雪梨市區。

搭火車

機場線火車相接國內航站、國際航站以及雪梨Central火車站，入境後循指標可步行至火車站，每5～15分鐘發車，班次頻繁，國際航站與Central火車站中間只隔5站，15分鐘以內即可抵達，相當方便。單程紙本票價(含機場費)成人AU$17.4、兒童(4～15歲)AU$14，如果是使用澳寶卡：成人AU$16.78，兒童AU$13.69(離峰時段更便宜)。

搭小巴

小巴接送成人單程AU$16，來回AU$30，兒童(4～9歲)單程AU$10，可電話、網路、E-mail預約，市區飯店至機場出發時間為每日05:00～19:00，國際機場至市區出發時間為每日07:00～21:00，約每小時1班車，至市區約45分鐘。

☎ 9666-9988
@ info@airbussydney.com.au
🌐 www.airbussydney.com.au

搭計程車

入境後依循指標至計程車排班處搭乘，車費約AU$40上下，車程約25分鐘，超過4人需搭乘大型計程車。

澳寶卡(Opal)

澳寶卡是自助遊雪梨的最佳利器，火車、公車、輕軌、渡船都可使用，不需掏零錢買票也不用擔心買錯票，在票價上更是優惠多多，交通費不會超出上限，再也不用擔心超出預算！可在機場購買澳寶卡，旅行7天建議先儲值AU$50，之後可於市區各火車站服務窗口或有掛OPAL卡標誌的商店儲值。

掛有Opal卡標誌的商店門口可以購買及儲值澳寶卡

🌐 www.opal.com.au

澳寶卡使用說明

1. 上下車或出入站時要記得「嗶」卡，使用方法類似悠遊卡，小螢幕同時會顯現餘額。嗶1聲代表感應成功，嗶2聲表餘額不足，嗶3聲則提醒乘客低餘額

2. 週一～六，全天車資如果累積超過AU$15(兒童AU$7.5)就不再計費；週日04:00至週一03:59任意搭乘只收費AU$2.5

3. 週一～日搭滿8個旅程數之後就不再計費，例如從A站上車B站下車算一旅程，如果60分鐘內從B站上車C站下車，算同一旅程

4. 週一～日累積車資超過AU$60後不再計費(但進出機場站仍要加收機場費)

5. 離峰時段(週一～五07:00～09:00，16:00～18:30)使用澳寶卡搭火車打7折

6. 機場費單程成人AU$13、兒童AU$11.6，每週(週一～日)機場費上限為成人AU$23、兒童AU$20.5

→澳寶卡
(Opal Card)

雪梨常見交通工具

火車(Train)

雪梨火車有7條市區火車線(市區鐵路網路圖詳見封底)及郊區火車(北至Newcastle，西往藍山Katoomba)，除了東海岸和城東特色小區外，大多數景點搭乘火車前往皆十分便利；上下車要注意車門與月台間的空隙，進門後可循樓梯通往上下兩層車廂，乘客可依行進方向自行調整椅背方向。

紙本火車票

兩層車廂

渡船(Ferry)

雪梨渡船以環形碼頭為中心，西行可至達令港、鸚鵡島、奧林匹克公園，再順著帕拉瑪塔河至終點站帕拉瑪塔(Parramatta Wharf)，全程約1.5小時，澳寶卡AU$7.18，非常划算，回程可搭渡船折返或是步行15分鐘至帕拉瑪塔火車站轉乘

復古造型的公共渡船

西行入帕拉瑪塔河的是淺底Rivercat渡船

火車回市中心；往雪梨灣北岸至Milsons Point Wharf，可至齊利必利和月神公園，東行至曼利和華生灣的渡船路線更是不容錯過。

輕軌(Light Rail)

輕軌可使用澳寶卡搭乘，從Central火車站可轉搭輕軌，流線造型的輕軌車循著路面上的軌道西行行經中國城派蒂市場(Paddy's Markets)、環形碼頭南緣(Convention)、星城賭場(The Star)、雪梨魚市場(Fish Market)等景點；雪梨市政府2015年已規畫延伸現有路線，新路線將從環形碼頭沿著喬治街經中央車站、百年公園、新南威爾斯大學，預計2018完工。

在路面上行駛的電力輕軌

公車(Bus)

　　雪梨和藍山的公車都可以使用澳寶卡,雖然仍可向司機購買紙本票,但如果車外有貼Prepay Only,車上就沒有售紙本票;庫基、邦黛海灘附近沒有火車站,公車是最好的交通工具選擇。

雪梨市區公車已全面適用澳寶卡

計程車(Taxi)

　　雪梨市區計程車隨招隨停,起跳價AU$3.6(夜間22:00～06:00加AU$2.5),其後每公里收費AU$2.19,夜間加收20%,若行經雪梨大橋、雪梨跨海隧道或高速公路,過路費另收(AU$2.5～6.68不等)。小客車型計程車限載4人,大型車(Maxi-Cab)加50%車資。

電話/網路訂車
[C] 1800 192 650
[http] www.taxiscombined.com.au

市區計程車隨叫隨停,最為方便

雪梨觀光巴士
(Sydney's Explorer Bus)

　　顯著的紅色雙層巴士循著固定路線在雪梨各景點巡迴,票價分為24、48小時票,1票可搭乘市區和邦黛兩條路線,途中可隨意上下車,上層的露天座位讓遊客搭巴士輕鬆參觀雪梨,適合行動不便或是旅遊時間短的遊客。

市區路線

　　第一班車08:30從首站環形碼頭(Alfred St.和Pitt St.路口)出發,每20分鐘一班,共26站,岩石區、歌劇院、植物園、海德公園、Central火車站、動力博物館、達令港、雪梨魚市場、國王十字區等重要景點皆在範圍內,全程搭完約90分鐘。

邦黛海灘路線

　　第一班車09:30從A站Central火車站(Eddy Avenue)出發,每30分鐘一班,共10站,包含中國城、帕丁頓、邦黛海灘、玫瑰灣(Rose Bay)、雙灣(Double Bay)等,全程搭完約90分鐘。

[$] 24小時票:成人AU$40,兒童(5～16歲)AU$25,YHA會員AU$35,老人(60歲以上)AU$30,家庭(2大人+2小孩)AU$110
　　48小時票:成人AU$60,兒童(5～16歲)AU$40,YHA會員AU$50,老人(60歲以上)AU$45,家庭(2大人+2小孩)AU$170
[http] www.theaustralianexplorer.com.au
[?] 最後一班車約17:00從首站出發,請與司機確認末班回程車時間

坐在雙層巴士露天頂層遊覽雪梨各大景點

雪梨到其他城市交通方式

　　因為澳洲幅員廣闊,往來各主要城市的首選交通方式為國內線飛機,從Central火車站搭乘機場火車線至國內航站(Domestic Airport)

只要15分鐘，十分方便；如不想錯過途中的景色，可選擇長途火車及巴士。

飛機

澳洲航空
🌐 www.quantas.com

捷星航空(澳洲航空經營的廉價航空)
🌐 www.jetstar.com

Virgin Australia
🌐 www.virginaustralia.com.au

火車

城際鐵路Intercity

連接雪梨、坎培拉、墨爾本、布里斯本，從Central 火車站搭乘。國外遊客可至Central火車站購買Intercity Discovery Pass(分2週及1、3、6個月票)，期間無限制搭乘Intercity鐵路網絡。
🌐 www.nswtrainlink.info

大南方鐵路Australian Great Southern Railway

連接雪梨、阿德雷德、伯斯，從阿德雷德可轉墨爾本、愛麗絲泉、達爾文，車票從背包客／學生座位到包廂臥鋪價差很大。持ISIC學生證或YHA會員卡可購買背包客車票。
🌐 www.greatsouthernrail.com.au

巴士

灰狗巴士

連結雪梨、坎培拉、墨爾本、阿德雷德、布里斯本、凱恩斯等大城市的長途巴士，有區間、隨上隨下、計里程的套裝票可供選擇。
🌐 www.greyhound.com.au(點選Passes)

墨瑞巴士

雪梨至坎培拉、雪季到滑雪場。
🌐 www.murrays.com.au

消費與購物
SHOPPING

貨幣

目前澳洲流通的紙幣面額有AU\$100、AU\$50、AU\$20、AU\$10、AU\$5；硬幣則有AU\$2、AU\$1、50c、20c、10c、5c。

匯兌

在澳洲銀行和大多數匯兌行不能直接用臺幣換澳幣，澳幣現金在行前兌換較方便，AE旅行支票可在到雪梨市區Westpac銀行換現金；ATM可直接用信用卡提取澳幣，或直接用信用卡消費，行前請詢問發卡銀行相關手續費和匯率計算方式，雖然Visa和Mastercard信用卡商店接受度很普及(美國運通則不普及)，但難免會有消費金額太低不收信用卡或是要收取信用卡手續費的狀況，建議還是要準備足夠的澳幣現金。

臺灣銀行匯兌／旅支服務
🌐 www.fctc.bot.com.tw

臺灣銀行匯率查詢
🌐 www.rate.bot.com.tw

Westpac銀行
✉ 341 George St.
📞 9455-6804
🕐 週一～週四09:30～16:00，週五09:30～17:00
🗺 P.93／A2

247

安盈換匯

✉ Shop 9, Chinatown Centre, Corner of Little Hay St and Dixon St, Sydney

☎ 9281-8610

🕐 週一～五09:00～19:00，週六、日10:00～17:00

🗺 P.123／C3

在 中 國 城 裡 安 盈 換 匯 是 少 數 收 臺 幣 的 兌 換 行。

退稅

所有標示或出售的價格都包含10％商品服務稅(GST)，海外遊客符合以下條件可在機場申請退稅，出海關之後有退稅櫃檯，需於起飛前30分鐘前辦理完成。

1. 同一間店消費超過AU$300，同一間店、不同日期的發票可累積計算

2. 離境時要手提欲退稅物品上飛機(體積過大或是禁止攜帶上機的物品除外)

3. 離境前60天內購買的物品才可退稅

4. 退稅物品需為本人購買

5. 持有原始發票

小費

澳洲一般沒有給小費的習慣，有的餐廳／咖啡廳櫃檯會有小費筒，讓客人把找零的硬幣當小費投入，高級餐廳的帳單上會有填寫小費金額的欄位，通常有特別滿意的服務才會給小費；少部分餐廳會收取假日加價費(Public Holiday Surcharge)，AU$2.5～10％不等。

248

觀 光 客 服 務 台
TRAVEL INFORMATION

遊客服務中心

提供免費旅遊資訊、旅遊諮詢以及預訂住宿、票券、行程等。

岩石區遊客中心

✉ Corner of Argyle and Playfair St.,

☎ 9240-8788

🕐 每日09:00～17:00

🗺 P.46

達令港遊客中心

✉ 33 Wheat Rd. (Behind IMAX)

☎ 9211-4288

🕐 每日09:00～17:00

🗺 P.123／B3

曼利遊客中心

✉ Outside Manly wharf

☎ 9976-1430

🕐 週一～五09:00～17:00，週末及假日10:00～16:00

🗺 P.153

岩石區遊客中心

←免費旅遊小冊子後面的各景點折價券

遊客中心提供免費旅遊小冊子

旅遊諮詢亭

旅遊局人員於每日09:00～17:00進駐在路旁的小服務亭，提供當地旅遊諮詢及免費旅遊小冊子。

環形碼頭Circular Quay
✉ Corner of Pitt and Alfred St.

市中心Town Hall
✉ Corner of George and Bathurst St.

中國城China town
✉ Corner of Dixon and Goulburn St.

國王十字區 Kings Cross
✉ Corner Darlinghurst Rd. and Springfield Ave.

旅遊資訊網站

重視觀光產業發展的新南威爾斯州旅遊局設有官方網站,景點及各式活動資訊都會在網站上即時更新;非官方旅遊資訊則以Weekend Notes和Timeout兩家為主,Weekend Notes為業餘旅遊作家介紹雪梨當地的好吃好玩的點的網路平台,Timeout則是以出版全球各大城市的旅遊指南聞名。

新南威爾斯州旅遊局
🌐 www.sydney.com、www.visitnsw.com

Weekend Notes
🌐 www.weekendnotes.com/sydney

Timeout
🌐 www.timeoutsydney.com.au

網路購票

團購折價網站
🌐 www.allthedeals.com.au/local/sydney

不時推出高空跳傘、賞鯨等行程及優惠門票,行前可多加留意優惠資訊。

大型藝文活動及體育賽事門票
🌐 www.ticketmaster.com.au
　www.ticketek.com.au

小型藝文活動門票
🌐 www.moshtix.com.au

體育賽事門票
🌐 www.sporttix.com.au

Last Minute折價票券
🌐 www.lasttix.com.au

日 常 生 活 資 訊
BEING THERE

時差

雪梨與臺灣時差為2小時(臺灣早上7點=雪梨早上9點),但每年10月底到隔年3月底的日光節約期間(Daylight Saving)時差為3小時(臺灣早上7點=雪梨早上10點)。

電壓和插座

澳洲電壓為220V,與臺灣110V不同,普遍來說手機和電腦都可通用,其他像是吹風機、電刮鬍刀等電器用品,使用前要特別注意。澳洲插座為三相分叉型,台灣帶來的電器插頭需要接轉頭才可使用。

郵寄

明信片寄回臺灣需要貼郵票AU$1.95。郵筒通常來說,紅色郵箱是一般件,黃色是快遞,國際明信片投紅色的即可。

Australia Square Post Shop
✉ 264a-278 George St., Sydney
🕐 週一09:00～17:00,週二～五08:30～17:00;週六、日休息

Sydney GPO Post Shop
✉ 1 Martin Place, Sydney
🕐 週一～五08:15～17:30,週六10:00～14:00

馬丁廣場1號Sydney GPO Post Shop外面的郵筒,海外信件投最左邊的信箱

撥打電話

新南威爾斯州境內打雪梨／坎培拉市話	直接撥電話8碼
從澳洲其他州打雪梨／坎培拉市話	02+書中8碼
台灣打到雪梨市話	002或005+國碼61+雪梨區碼2+電話8碼
台灣打雪梨手機	002或005+國碼61+手機號碼去0
從雪梨打到台灣市話	0011+台灣國碼886+台灣縣市區碼去0+電話7碼或8碼
從雪梨打台灣手機	0011+台灣國碼886+手機號碼去0

Sim卡及網路

國際機場入境後即可見澳洲電信公司Optus的門市,可申辦手機電信／網路等方案。除了Optus的門市,亦可到中國城徒步區的電信行購買預付Sim卡,講華語的店員可協助開卡。

Optus方案介紹

方案名稱	方案內容
Optus Daliy Plus	AU$10(含Sim卡)可用5天,每天基本費用AU$2,網路數據量500MB Data／日,單日收費上限是AU$4/1GB;打回台灣的手機通話費每分鐘AU$0.15,市話AU$0.05
My Prepaid Ultimate	為期28天,AU$30/1.5GB/月+AU$5國際電話通話額度,或AU$40/4GB/月+AU$5國際電話通話額度的方案

*以上所有方案,澳洲境內通話、簡訊均免費
*以上資料時有異動,請以官方公布之訊息為主

Optus機場櫃檯
◎ 每日06:00～22:00

Optus市區門市
✉ 280 George St.;397 George St.
◎ 週一～五09:00～18:00,週六10:00～16:00;週日公休
🌐 www.optus.com.au

Optus顯眼的黃色招牌

緊急連絡電話

緊急事件(警察／救護車／消防隊)可用市話直播000或是用手機撥打112,非緊急事件的警察協助專線為131-444;擔心語言溝通問題,可先撥打專線電話131-450,請求安排華語口譯人員協助。

另有台北經濟文化辦事處的急難救助電話(如車禍、搶劫、有關生命安危緊急情況等),非急難重大事件,請勿撥打;一般護照、簽證等事項,請於上班時間以辦公室電話查詢。

駐雪梨台北經濟文化辦事處
✉ Suite 1902, Level 19, M.L.C. Centre King St., Sydney NSW 2000
☎ 9223-3233;24小時緊急電話:0418415572

藥局與診所

藥局除了止痛藥、感冒藥等一般成藥外,轉換插頭、電池、雨具、防曬乳、洗髮精等遊客必需品皆有販售,也有藥師可供諮詢;國外就醫要索取醫療費用收據正本、費用明細和診斷書,於返台後6個月內向健保局申請核退。

藥局Priceline Pharmacy
✉ 309 George St., Sydney(近Wynyard火車站)
◎ 週一～五07:00～19:00,週六10:30～17:30

診所George St. Medical Centre
✉ 308 George St.
☎ 9231-9211　◎ 週一～五07:30～17:00

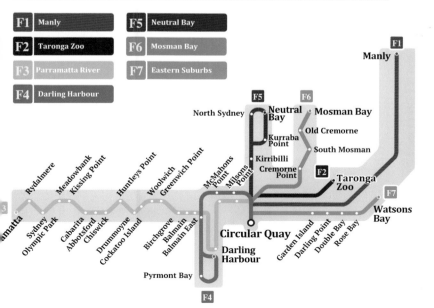

雪梨四季氣候、節慶對照表

澳洲大陸東南岸的雪梨位處南緯34度、東經151度,屬於溫帶型氣候,季節與北半球相反,是來自北半球的遊客避暑或避寒的最佳旅遊地。

http 即時氣象雲圖請參考:www.bom.gov.au/products/IDR712.loop.shtml

月分	1 夏	2 夏	3 秋
平均降雨量	104	117	133
平均最高溫	26	26	25
平均最低溫	18	19	17
新南威爾斯州國定假日 ＊商店和景點多為公休	1/1新年＊ (若為週末,週一補假一天) 1/26 國慶日 Australia Day (若為週末,週一補假一天)		
節慶／大型活動	雪梨藝術節 Sydney Festival **http** www.sydneyfestival.org.au 國慶日慶祝活動 Australia Day celebrations 雪梨網球公開賽 Apia International **http** www.apiainternational.com.au	同志狂歡節 Sydney Gay and Lesbian Mardi Gras Festival **http** www.mardigras.gov.au 曼利國際衝浪賽 Australian Open of Surfing **http** www.australianopenofsurfing.com 世界盃板球賽 ICC Cricket World Cup 2或3月舉行 **http** www.icc-cricket.com 短片節 TropFest	未來音樂節 Future Music Festival Soundwave Festival 同志大遊行 Mardi Gras parade 藝術月 Art Month 每年3月在雪梨各藝廊舉辦演講、導覽、特別展出 皇家農業展 Sydney Royal Show **http** www.eastershow.com.au

月分	7 冬	8 冬	9 春
平均降雨量	99	80	70
平均最高溫	16	18	20
平均最低溫	8	9	11
新南威爾斯州國定假日 ＊商店和景點多為公休		銀行節 Bank Holiday 8月第一個週一金融機構放假	
節慶／大型活動	岩石區咖啡節 The Rocks Aroma Festival **http** www.therocks.com/whats-on/the-rocks-aroma-festival 咖啡師的拉花比賽	City to Surf路跑 **http** www.city2surf.com.au 露拉春季花園祭典中用綠籬修剪成的大鯨魚	澳式足球總決賽 AFL Grand Final(在墨爾本) 雪梨馬拉松 **http** www.sydneymarathon.org 公共藝術節 Art & About 9～10月在雪梨設置公共藝術並在海德公園展出雪梨生活為主題的攝影作品 露拉春季花園慶典 Leura Gardens Festival

卡頓巴冬季奇幻慶典　　　　　聖誕節　　　　　雪梨至荷巴特帆船競賽

4 秋		5 秋		6 冬	
126		121		131	
22		19		17	
15		11		9	
復活節週末前後的週五和週一受難日* Good Friday to Easter Monday **4/25紐澳軍團紀念日** ANZAC Day				**英國女王生日** Queen's birthday 6月第二個週一	
雪梨喜劇節 Sydney Comedy Festival http www.sydneycomedyfest.com.au **紐澳軍團紀念儀式** ANZAC Day Ceremony  紐澳軍團紀念館前的莊嚴儀式		**雪梨燈光藝術節** Vivid Sydney 5或6月舉行 http www.vividsydney.com **雪梨作家節** Sydney Writer Festival http www.swf.org.au **澳洲時尚週** Fashion Week Australia **州際橄欖球賽** NRL State of Original 5或6月舉行		**雪梨電影節** Sydney Film Festival http www.sff.org.au **卡頓巴冬季奇幻慶典** Katoomba Winter Magic Festival http www.wintermagic.com.au  遊行隊伍中的美麗舞者	

10 春		11 春		12 夏	
77		83		79	
22		24		25	
13		16		17	
勞動節 Labour day 10月第一個週一				12/25***聖誕節** Christmas day 12/26**節禮日** Boxing Day (12/25、12/26若為週末，週一補假一天)	
橄欖球總決賽 NRL Grand Final **曼利國際爵士節** Manly International Jazz Festival **邦黛海邊雕塑展** Sculpture by the Sea 10或11月舉行 http www.sculpturebythesea.com **雪梨春季賽馬嘉年華** Sydney Spring Carnival		**墨爾本杯賽馬** Melbourne Cup  雪梨跨年煙火(圖片提供／Tourism Australia)		**聖誕節** **雪梨至荷巴特帆船競賽** Sydney to Harbour Yacht Racing **跨年煙火** http www.sydneynewyearseve.com **20/20板球賽事** T20 Cricket Test 12或1月舉行	

個人旅行 *109*

雪梨(附坎培拉、獵人谷、藍山國家公園)

作　　者	Mei

總 編 輯	張芳玲
發想企劃	taiya旅遊研究室
書系管理	張焙宜
主責編輯	李辰翰
封面設計	林惠群
美術設計	林惠群
地圖繪製	林惠群、余淑真

太雅出版社
TEL：(02)2882-0755　FAX：(02)2882-1500
E-mail：taiya@morningstar.com.tw
郵政信箱：台北市郵政53-1291號信箱
太雅網址：http://taiya.morningstar.com.tw
購書網址：http://www.morningstar.com.tw
讀者專線：(04)2359-5819 **分機230**

出 版 者	太雅出版有限公司
	台北市11167劍潭路13號2樓
	行政院新聞局版台業字第五〇〇四號

法律顧問	陳思成律師

印　　刷	上好印刷股份有限公司　TEL：(04)2315-0280
裝　　訂	東宏製本有限公司　TEL：(04)2452-2977

初　　版	西元2016年05月10日
定　　價	370元

(本書如有破損或缺頁，退換書請寄至：台中市工業30路1號 太雅出版倉儲部收)

ISBN 978-986-336-119-0
Published by TAIYA Publishing Co.,Ltd.
Printed in Taiwan

國家圖書館出版品預行編目資料

雪梨 / Mei作. -- 初版. -- 臺北市：太雅, 2016.05
　　　面；　公分. -- (個人旅行；109)
　　　ISBN 978-986-336-119-0(平裝)

　　　1.自助旅行　　2.澳大利亞雪梨

771.7519　　　　　　　　105003061

這次購買的書名是：

雪梨 附坎培拉、獵人谷、藍山國家公園　　　（個人旅行109）

＊01 姓名：＿＿＿＿＿＿＿＿＿＿　　性別：□男 □女　生日：民國＿＿＿＿ 年

＊02 手機(或市話)：＿＿＿＿＿＿＿＿＿＿＿＿＿＿＿＿＿＿＿＿

＊03 E-Mail：＿＿＿＿＿＿＿＿＿＿＿＿＿＿＿＿＿＿＿＿＿＿

＊04 地址：□□□□□ ＿＿＿＿＿＿＿＿＿＿＿＿＿＿＿＿＿

05 你對於本書的企畫與內容，有什麼意見嗎？

＿＿＿＿＿＿＿＿＿＿＿＿＿＿＿＿＿＿＿＿＿＿＿＿＿＿＿＿＿

＿＿＿＿＿＿＿＿＿＿＿＿＿＿＿＿＿＿＿＿＿＿＿＿＿＿＿＿＿

06 你是否已經帶著本書去旅行了？請分享你的使用心得。

＿＿＿＿＿＿＿＿＿＿＿＿＿＿＿＿＿＿＿＿＿＿＿＿＿＿＿＿＿

＿＿＿＿＿＿＿＿＿＿＿＿＿＿＿＿＿＿＿＿＿＿＿＿＿＿＿＿＿

很高興你選擇了太雅出版品，將資料填妥寄回或傳真，就能收到最新的太雅出版情報及各種藝文講座消息！

填問卷，抽好書 (限台灣本島)

凡填妥問卷(星號＊者必填)寄回、或完成「線上讀者情報上傳表單」的讀者，將能收到最新出版的電子報訊息！並有機會獲得太雅的精選套書！每單數月抽出10名幸運讀者，得獎名單將於該月10號公布於太雅部落格。太雅出版社有權利變更獎品的內容，若贈書消息有改變，請以部落格公布的為主。參加活動需寄回函正本始有效(傳真無效)。活動時間為即日起～2017/06/30

以下3組贈書隨機挑選1組

放眼設計系列2本	居家烹飪2本	黑色喜劇小說2本

太雅出版部落格	太雅愛看書粉絲團	旅遊書王(太雅旅遊全書目)
taiya.morningstar.com.tw	www.facebook.com/taiyafans	goo.gl/m4B3Sy

填表日期：＿＿＿＿年＿＿＿＿月＿＿＿＿日

- - - - (請沿此虛線壓摺) -

| 廣 告 回 信 |
| 台灣北區郵政管理局登記證 |
| 北 台 字 第 1 2 8 9 6 號 |
| 免 貼 郵 票 |

太雅出版社 編輯部收

台北郵政53-1291號信箱
電話：(02)2882-0755
傳真：(02)2882-1500
(若用傳真回覆，請先放大影印再傳真，謝謝！)

- - - - (請沿此虛線壓摺) -

太雅部落格 http://taiya.morningstar.com.tw

有 行 動 力 的 旅 行 ， 從 太 雅 出 版 社 開 始